企业人力资源管理丛书

绩效管理
Performance Management

主　编　顾琴轩
副主编　郭培方　吴湘萍

第三版
Third Edition

上海交通大学出版社
SHANGHAI JIAO TONG UNIVERSITY PRESS

内容提要

本书从现代绩效管理概念出发,围绕绩效管理系统展开阐述;在讨论绩效管理系统开发和设计基础上,着重讨论绩效评价指标、绩效评价方法、绩效沟通与指导,以及绩效管理的培训、实施与监控,最后分析了绩效管理的发展趋势。本书理论结合实践,每章开头都有反映绩效管理现实的案例作为引导,既应用我国经实践检验有效的理论和方法,又借鉴国外较先进的理论和方法作深入的分析,具有一定的理论深度和可操作性、应用性。本书适合于企业中高层直线管理人员、人力资源管理专业人员的阅读和参考,也适合于工商管理(或企业管理)专业、人力资源管理专业的学生学习和参考。

图书在版编目(CIP)数据

绩效管理 / 顾琴轩主编.—3 版.—上海:上海交通大学出版社,2015(2020 重印)
(企业人力资源管理丛书)
ISBN 978-7-313-04158-6

Ⅰ.绩... Ⅱ.顾... Ⅲ.企业管理:人事管理 Ⅳ.F272.92

中国版本图书馆 CIP 数据核字(2009)第 015356 号

绩效管理
(第三版)

主　　编:顾琴轩
出版发行:上海交通大学出版社　　　　　地　　址:上海市番禺路 951 号
邮政编码:200030　　　　　　　　　　　电　　话:021-64071208
印　　制:常熟市文化印刷有限公司　　　经　　销:全国新华书店
开　　本:710mm×1000mm　1/16　　　印　　张:16. 5
字　　数:308 千字
版　　次:2005 年 11 月第 1 版　　　　　印　　次:2020 年 9 月第 18 次印刷
　　　　　2015 年 6 月第 3 版
书　　号:ISBN 978-7-313-04158-6
定　　价:30. 00 元

总　序

　　光阴似箭。回顾人力资源管理在我国所走过的道路,一路春色。

　　"人力资源"一词是由当代著名的管理学家彼得·德鲁克于 1954 年在其著名的《管理的实践》一书中提出来的。20 世纪 60 年代以后,"人力资源管理"一词开始在西方逐渐流行起来,然而,直到 80 年代以后才受到西方企业的普遍重视。无独有偶,当人力资源管理在西方受到格外重视的同时,我国的人才学研究也开始起步发展,并与之相互耦合:前者是发达国家在智力开发方面的理论先导,后者则是在发展中国家的理论呼应。随后,在我国人才学者和其他相关学科领域学者对人力资源管理学说的大力推介下,随着改革开放的日渐深入,三资企业对人力资源管理的引入,人们对人力资源管理逐渐由不知、疑惑和不解过渡到了解、认同和重视。到了 90 年代中后期,中国企业逐步掀起人力资源管理的热潮。时至今日,战略性人力资源管理、人力资源规划、素质模型、绩效管理、薪酬制度、招聘面试、人力资源外包等,已成为我们生活中媒体上出现频率很高的词汇。可以说,人们对人力资源管理的关注达到前所未有的程度。

　　在全球化竞争和知识经济时代来临的今天,人力资源开发已成为推动经济发展的重要动力。德鲁克曾指出,人力资源和其他所有资源相比较而言,唯一的区别就是它是人,并且是经理们必须考虑的具有"特殊资产"的资源。这一观点越来越受到学者和企业家的普遍认同和推崇。而且,随着企业竞争的日益加剧,人力资源作为企业的核心能力受到学者和企业家的广泛关注和重视,并由此派生出对人力资源管理知识和技能的巨大需求。在今天的中国,人力资源管理专业成为最热门的专业之一,人力资源经理也成为企业最抢手的人才之一。人们越来越认识到,在企业的人力资源管理的过程中,不仅人力资源管理者必须具备人力资源管理的知识和技能,其他各级领导和管理者也同样必须具备人力资源管理的知识和技能。但由此亦引出这样一个问题,那就是中国企业的人力资源如何管理? 如何实际操作? 这个问题一直困扰着企业家并令其非常头疼。正是在这种背景下,赵永乐教授组织学者编写的这套企业人力资源管理丛书应运而生,其主要目的是为我国企业提供人力资源管理的基本知识和技能,强调可操作性,以期能够很好地解决我国企业在人力资源管理中的技术操作难题,实实在在地为我国企业提高人力资源管理技能提供服务。我想,这对我国的广大企业来说,无疑是雪中送炭。

　　我国企业在管理人力资源的过程中,并不缺乏先进的人力资源管理思想,但是,却十分缺乏如何将这些先进的人力资源管理思想转化为适合中国企业特点的可操作的制度、措施和技术手段。正像有的学者所强调的那样,如果说中国企业不能在人力资源管理、技术和方法方面有所突破,那么中国企业要和国际企业竞争,并创立中国的一流企业,将是很困难的。可以说,技术是理论得以实现的工具和桥梁,没有技术,再好的理论也只能置之楼阁。我认为,人力资源管理技术是人力资源管理理论和人力资源管理工作的中介和纽带。对人力资源管理理论来说,人力资源管理技术则是它的支撑和延伸;对于人力资源管理工作来说,人力资源管理技术则是它的指导和工具。人力资源管理理论主要告诉我们人力资源管理是什么以及人力资源管理为什么是这样的,而人力资源管理技术主要告诉我们人力资源管理应该做什么以及应该怎么做。当前我国企业要想实现从传统的人事管理向现代人力资源管理的转变,必须掌握适合我国国情的现代人力资源管理技术,否则,我们的目的就不能实现。

为此,"企业人力资源管理丛书"的作者们,借鉴国际上先进的通行的人力资源管理理念、方法和技术,并从我国企业的人力资源管理的实际出发,设计了一套适用的既相互关联又可独立操作的技术体系。这个体系主要包括:人力资源规划、招聘面试、人员素质测评、职业生涯管理、培训管理、绩效管理、薪酬体系与机制设计、劳动合同管理与劳动争议处理、工作分析与设计等项具体技术。在以上的技术体系中,各项既相互联系,相互依存,相辅相成,同时又相互区别,相互独立,各自成书。

这套丛书与其他的人力资源管理书籍相比,具有两个显著的特征:一是系统性,该丛书基本上从整个人力资源管理技术体系如人力资源规划、招聘、培训、绩效管理和薪酬管理等所需要的实用技术出发,以更加细化的方式加以完整体现,使企业的领导、人力资源经理、各级各类直线经理和管理人员及人力资源管理专业的学生,能够全面地对每项技术的各个部分、各个环节有深入的了解、认识和把握。二是技术性和可操作性,该丛书并不过分关注理论,不是教科书,在解决人力资源管理是什么和为什么的基础上,注重解决人力资源管理应该做什么以及应该怎么做的问题,将目光和重点紧扣在技术的应用上。为了便于读者能够尽快地了解、掌握和运用,每项技术都既有理论说明,又有实际操作说明,并精选了大量的案例,从而增加了丛书的可读性,突出了实用性,可以较好地满足企业当前的实际需求。

从该套丛书的作者可以看出,他们都是研究人力资源管理方面问题的资深学者或年轻才俊。这套丛书可以说既是他们长期教学科研的结果,又是他们多年来进行人力资源管理咨询经验的总结,是他们的辛勤劳动所浇灌出的硕果。我衷心希望本套丛书的出版能为我国企业人力资源管理技能的改进、提高和完善,发挥积极的作用,作出应有的贡献。

21 世纪是知识经济的时代,也是人力资源管理的时代。愿人力资源管理的技术能在我国广大企业中扎根、开花,并结出丰硕的果实,进而推动我国经济持续、健康、稳定、快速发展。

应永乐诚邀,发感想一通。权以为序。

中国人才研究会副会长兼秘书长、
中国人事科学研究院院长、研究员
王通讯
2005 年 4 月 24 日于北京

第三版前言

如果你问企业的人力资源部门管理人员,哪个人力资源管理模块最复杂又最容易引起员工不满又最不容易见成效? 得到的答复常常是:员工绩效考评。如果你问企业的老总什么事情让他最头痛? 得到的答复很可能是:员工绩效管理。在企业现实中往往出现的现象是:从老总到员工"茫,盲,忙"。每年度绩效考评完成之后,还是"一人一把号,各吹各的调"。若干高绩效的员工组成了低绩效的团队,导致企业整体绩效上不去。如何有效改变这种现状,企业进行科学有效的绩效管理则显得非常重要和迫切。

绩效管理(Performance Management)是人力资源管理的一个核心内容,它是一切管理者,包括直线管理者和职能管理者,都应该具备的一项重要的管理技能。一个管理者能否有效管理员工绩效,将直接影响员工积极性的发挥和潜能的开发,并直接影响员工的生产率和人才的保留率。

现代意义上的绩效管理强调员工绩效与组织绩效的融合,将员工绩效管理提升到战略管理层面,突出其系统性、目标性、指导性和过程性等特征。通常,人们谈到绩效管理就会想到绩效评价(Performance Appraisal)。确实,绩效管理与绩效评价密切相关,但又不完全相同。尽管两者都是人力资源管理的重要职能,但绩效管理职能中包含绩效评价职能,同时绩效管理的内涵要丰富得多。另外,从时间序列上看,绩效评价的概念应用先于绩效管理的概念应用。国外人力资源管理学者对绩效评价和绩效管理有不同侧重的研究。例如,克雷曼(L. S. Kleiman)在所著的《人力资源管理:获取竞争优势的工具》书中,伽勒(D. Gary)在所著的《人力资源管理》书中,舍曼(A. Sherman)、勃兰德(G. Bohlander)和斯耐尔(S. Snell)在合著的《人力资源管理》书中,都是作为绩效评价的概念进行研究。梅嘉(L. R. Gomez-Mejia)、巴肯(D. B. Balkin)和卡狄(R. L. Cardy)在合著的《人力资源管理》书中,则将绩效评价与管理并列在一起进行研究。诺伊(R. A. Noe)、霍伦贝克(J. R. Hellenbeck)、格哈特(B. Gerhart)和莱特(P. M. Wright)在合著的《人力资源管理:获取竞争优势》及《人力资源管理基础》书中,则作为绩效管理概念进行研究。在这些学者的著作中,凡是研究的是绩效评价或者是绩效评价与管理,其侧重点关注的是行政性管理目标和员工开发目标,即服务于员工加薪、晋升、辞退、奖惩及员工培训、职业发展指导和开发等。凡是研究的是绩效管理,其关注的不仅有行政性管理目标和员工开发目标,而且有战略性目标,即将员工绩效管理与组织绩效管理相结合,即重视绩效管理的系统性、目标性和过程性等特点。因此,绩效管理研究者威

1

廉姆（R. S. Williams）认为：绩效管理是绩效评价的延伸和发展。本书在采纳威廉姆这一研究观点的同时，明确研究的绩效管理目标是战略性、行政管理性和员工开发性三个目标，立足于现代绩效管理概念，围绕绩效管理系统展开阐述。本书理论结合实践，每章开始都有反映管理现实的案例为引导，既结合应用在我国得到实践检验有效的理论和方法，又借鉴国外较先进的理论和方法作进一步分析，因此，既具有理论深度，又具有可操作性和应用性。

本书主编顾琴轩教授对绩效管理的教学和研究已有 20 余年。1995 年，上海交通大学招录第一届人力资源管理专业本科生，顾琴轩教授承担每届该专业学生的绩效管理课程的教学。教学的内容从最初侧重于绩效评价到逐步转向绩效管理系统，同时承担过 MBA 人力资源管理方向课中的绩效管理部分教学和企业人力资源专业人员绩效管理培训。此外，还致力于绩效管理的理论研究和管理咨询，曾为上海医药集团公司、上海石化化工事业部、江南重工股份有限公司、贵州钢绳集团公司、上海宏波工程咨询公司、贵阳新光电子有限公司等许多家企业提供绩效管理咨询服务。在本书编写中，顾琴轩教授承担了主体编写工作。本书编写的两位合作者：郭培方博士和吴湘萍教授在绩效管理方面的研究也各有特色。郭培方博士以理论研究和咨询见长，是一家咨询公司的高级咨询顾问。吴湘萍教授尤以管理实践经验见长，她在多年的人力资源管理实践工作中不断探索和理论总结，积累了较丰富的实践经验和具有较独特的见解。

本书受到广大读者的喜爱，自 2006 年第一版和 2009 年第二版以来，本书持续 20 多次重印。本版在第二版的基础上，对第 1 章、第 2 章、第 3 章、第 4 章、第 6 章、第 9 章都作了内容补充或更新。

本书在讨论绩效管理基本概念、绩效管理系统开发和设计的基础上，着重讨论绩效评价指标、绩效评价方法、绩效沟通与指导，同时讨论绩效管理的培训、实施与监控，最后，结合 6σ 质量管理、团队建设、员工开发分析了绩效管理的发展趋势，并结合 2008 年 1 月开始实施的新《劳动合同法》，分析了企业绩效管理面临的新挑战及应对措施。

本书第 1 章、第 2 章、第 6 章、第 7 章、第 8 章、第 9 章由顾琴轩教授编写，第 3 章、第 4 章由顾琴轩教授与郭培方博士共同编写，第 5 章由吴湘萍教授与顾琴轩教授共同编写。顾琴轩教授负责全书统稿。

在本书第三版的编写中，上海交通大学安泰经济与管理学院人力资源管理方向的研究生张冰钦、吴丽薇、胡冬青协助部分增补书稿打印和文字校阅。另外，本书在前后三版中都参考了国内外许多优秀的研究资料和书籍。编者在此一并表示衷心的感谢！

主编　顾琴轩

2015 年 3 月于上海

目　　录

第1章　绩效管理概论 ……………………………………………… 1

1.1　绩效管理及其相关概念 …………………………………… 3
1.2　绩效管理系统内涵 ………………………………………… 11
1.3　绩效管理的误区与问题 …………………………………… 18
1.4　绩效管理的地位与作用 …………………………………… 24

第2章　绩效管理系统的开发与设计 ……………………………… 28

2.1　组织环境的分析与诊断 …………………………………… 30
2.2　绩效目标的建立 …………………………………………… 36
2.3　绩效管理系统的设计 ……………………………………… 42

第3章　绩效评价指标 ……………………………………………… 58

3.1　绩效评价指标与标准 ……………………………………… 60
3.2　结果导向的评价指标 ……………………………………… 67
3.3　过程导向的评价指标 ……………………………………… 70
3.4　过程与结果评价的动态平衡 ……………………………… 80

第4章　常用的绩效评价方法 ……………………………………… 87

4.1　与认同目标相比的评价方法 ……………………………… 88
4.2　与工作标准相比的评价方法 ……………………………… 94
4.3　不同个体相互比较的评价方法 …………………………… 105

第5章　新兴的绩效评价方法 ……………………………………… 113

5.1　360° ………………………………………………………… 116
5.2　关键绩效指标 ……………………………………………… 123
5.3　平衡计分卡 ………………………………………………… 140

第6章　绩效沟通与指导 ·· 153

6.1　绩效沟通的一般艺术 ·· 155

6.2　绩效评估面谈 ·· 160

6.3　绩效改进指导 ·· 168

第7章　绩效管理培训 ·· 174

7.1　绩效管理培训需求分析 ·· 175

7.2　绩效管理培训计划 ·· 183

7.3　绩效管理培训实施与评估 ··· 191

第8章　绩效管理的实施与监控 ··· 196

8.1　绩效管理实施的试点与准备 ·· 199

8.2　绩效管理实施流程 ·· 201

8.3　绩效评估中政治行为与主观偏差监控 ··························· 216

第9章　绩效管理的趋势与挑战 ··· 223

9.1　6σ与绩效管理 ·· 225

9.2　团队与绩效管理 ·· 228

9.3　员工开发与绩效管理 ··· 233

9.4　新劳动合同法与绩效管理 ··· 239

参考文献 ·· 250

第1章　绩效管理概论

本章学习要点

1. 绩效基本概念及绩效主要影响因素。
2. 绩效评价与绩效管理的基本概念与关系。
3. 绩效管理系统的不同层面与主要构成。
4. 绩效管理中存在的主要误区与问题。
5. 绩效管理的地位与作用。

案例

摩托罗拉的绩效管理

在摩托罗拉，关于管理与绩效管理有一种观点：企业＝产品＋服务，企业管理＝人力资源管理，人力资源管理＝绩效管理。绩效管理在摩托罗拉公司管理中占据重要位置。

摩托罗拉这样定义绩效管理：绩效管理是一个不断进行的沟通过程，在此过程中员工和主管以合作伙伴的形式就6个问题达成一致：员工应完成哪些工作；员工所做的工作如何为实现组织目标作贡献；用具体内容描述怎样才算做好工作；员工和主管怎样才能共同努力帮助员工改进绩效；如何衡量绩效；确定哪些是影响绩效的障碍并将其克服。

从这个并不烦琐的定义可看出，在摩托罗拉，绩效管理关注的是员工绩效的提高，而员工绩效的提高又为实现组织目标服务，这就将员工和企业的发展绑在一起，同时也将绩效管理的地位提升到战略层面。

同时，定义特别强调员工和主管是合作伙伴关系。这种改变不仅是观念的改变，而且是深层次的观念创新，给予员工更大的自主和民主，也在一定程度上解放管理者的思维。随着这种观念的深入，员工和主管的关系将更和谐，他们之间将会有更多的互助和互补，达到共同进步。这也正是绩效管理致力要做到的工作。

另外，定义也强调可操作性，工作内容的描述要具体、衡量的标准要具体、影响

1

绩效的障碍要具体。只有具体的东西，才有解决的操作性。

在明确绩效管理概念基础上，摩托罗拉进一步强调绩效管理是一个系统，用系统观点看绩效管理。将绩效管理置于系统中，使其各个组成部分互相作用，并以各自独立的方式一起工作去完成既定的目标。在摩托罗拉，绩效管理是公司人力资源战略的一部分，是评价员工绩效的一种方式，是着重提高员工个人综合技能的一种过程，是将员工绩效与公司的任务与目标相联系的一种工具。

在摩托罗拉，绩效管理由五个部分组成：绩效计划与目标制定，持续不断的绩效沟通，事实的收集、观察和记录，绩效评估会议，绩效诊断和提高。

1. 绩效计划与目标制定

主管与员工就下列问题展开讨论和沟通：

（1）员工应该做什么？

（2）工作应该做多好？

（3）为什么要做该项工作？

（4）什么时候要做该项工作？

（5）其他相关的问题：环境、能力、职业前途、培训等。

在此过程中，主管和员工达成一致意见，并形成签字的记录。这样，也就确立员工的绩效目标。绩效目标是整个绩效管理循环的依据和绩效考评的依据，因此，需要花费必要的时间和精力来完成。在摩托罗拉，大约用一个季度的时间。摩托罗拉的第一个日历季度就是绩效目标制定的季度。

摩托罗拉的绩效目标包括两方面：一是业务目标（Business Goals）；二是行为标准（Behavior Standard）。这两方面构成员工的全年绩效目标。它们相辅相成，互为补充，共同服务于员工绩效的提高和组织绩效目标的实现。

2. 持续不断的绩效沟通

在摩托罗拉，沟通贯穿在绩效管理的整个过程，不是仅仅年终的考核沟通。摩托罗拉强调全年的沟通和全通道的沟通。这一点在摩托罗拉手机的广告词中也有体现：沟通无极限。

沟通的过程是双向的，目的是追踪绩效的进展，识别障碍，为双方提供所需信息。沟通的内容具有前瞻性，防止问题的出现或者及时解决问题。沟通的形式分为定期与非定期、正式与非正式，就某一问题进行专门对话。主管在沟通中形成必要的文字记录，并在必要时，主管与员工双方签字认可。

3. 事实的观察、收集和记录

为年终的考核作准备，主管需要在平时注意事实的观察和收集，并做必要的信息记录。注意收集与员工绩效有关的信息，记录员工工作中好与不好的行为。收集信息应该全面，记录的好与不好的员工行为，在必要时应该经主管与员工签字认可。

4. 绩效评估会议

摩托罗拉的绩效评估会议很注重效率，一般在某个时间，主管们集中在一起进行全年绩效评估。它主要包括以下四个方面：

（1）做好准备工作，包括员工自我评估。

（2）对员工的绩效达成共识，根据事实而不是印象。

（3）评出绩效的级别。

（4）不仅是评估员工，而且是解决问题的机会。

最终形成书面的讨论结果，然后，主管以面谈沟通的形式将结果告知员工。考核结束，不是说绩效管理到此为止，而是还有一个非常重要的诊断过程。

5. 绩效诊断和提高

关于这点，摩托罗拉有一套具体有效的衡量工具，它包括以下 10 个方面：

（1）我有针对我工作的具体、明确的目标。

（2）这些目标具有挑战性，但通过努力可以达到。

（3）我认为这些目标对我有意义。

（4）我明白我的绩效是如何被评估的。

（5）我觉得那些绩效标准是恰当的，因为它们测量的是我应该做的事情。

（6）我在实现目标过程中做得如何，我能得到及时的反馈。

（7）我觉得自己得到足够的培训。

（8）公司给我提供了足够的资源，例如：资金、设备、人员等，使我达到目标成为可能。

（9）当我达到目标时，我得到赞赏和认可。

（10）奖励体系是公平的，我因为自己的成功而得到奖励。

每一项有 5 个评分等级，通过打分可以得知一年中的绩效管理的水平如何，差距在哪里，从而能针对性地改进和提高绩效管理的水平。

此外，摩托罗拉的绩效考核表没有分数，而是运用等级法，采用强迫分配法，这样既能区分员工绩效的差别，又尽可能地避免因为几分之差而无休止的争论。

在与薪酬管理挂钩上，摩托罗拉也采取大致的强迫分配法，而不是精确的联系，因为绩效管理致力的是员工绩效的提高，而不仅仅是为薪酬管理服务。

（摘编自：赵日磊.摩托罗拉的绩效管理[J].IT 时代周刊，2004-10-15.）

〰〰〰〰〰〰〰〰〰〰〰〰〰〰〰〰〰〰〰〰〰〰〰〰〰〰〰

上述案例"摩托罗拉的绩效管理"，展示了现代意义上的先进的绩效管理概貌，为我国许多企业提供参考和借鉴。同时也给许多企业管理者一个启示，即：绩效管理对公司持续发展起着重要作用，它必须受到充分的重视，才可能做好；而绩效管理做得好，才可能不断提高和激励员工，从而不断提高公司绩效，推进公司持续稳定发展。

1.1　绩效管理及其相关概念

在现实中，如何才能像摩托罗拉那样做好绩效管理呢？首先，我们需要从概念上弄清楚什么是绩效与绩效管理，绩效管理与通常所说的绩效评估之间有什么关系。然后，才可能根据企业的实际情况，应用绩效管理的相关理论与方法进行科学有效的绩效管理。

1.1.1 什么是绩效

绩效(performance)，又称工作表现。它一般包括两个方面：一方面指工作结果，相当于通常所说的业绩，如工作的效率、工作产生的效益或利润等；另一方面指影响工作结果产生的行为、技能、能力和素质及态度等。因此，绩效既包括静态的结果内容，也包括动态的过程内容。两者相辅相成，结果是工作的最终目标，过程则影响和控制目标的实现。在现实中，绩效与业绩经常被互用，其实，两者的含义并不完全相同。

在企业中，绩效一般又分为组织绩效和人员绩效两类。这两种绩效所包含的内容及其评估和管理方法都不尽相同。组织绩效是强调一个集体性绩效，对企业组织而言，组织绩效通常包含产量、盈利、成本等财务性内容，同时也包含客户满意度、员工满意度、员工士气、员工成长与发展等非财务性内容。人员绩效一般指个体性绩效，对人员绩效而言，绩效既表现为人员的工作结果，也表现为人员的工作过程，如人员的行为、技能、能力和素质等。尽管组织绩效和人员绩效有差异，但两者又密切相关。组织绩效是通过人员个体绩效实现的，离开人员个体绩效，也就无所谓组织绩效。在一个企业组织内，组织绩效又被分为组织整体绩效和部门或团队绩效。因此，企业内绩效一般分为三个层面：组织整体绩效、部门或团队绩效、员工个体绩效，如图 1-1 所示。一方面，员工个体绩效是根基，部门或团队绩效、组织整体绩效都建立于个体绩效之上；另一方面，部门或团队绩效是员工个体绩效的整合和放大，组织整体绩效又是部门或团队绩效的整合和放大。

图 1-1　企业组织内绩效的三个层次

在人力资源管理领域，绩效管理主要关注个体绩效和团队绩效。团队是由两个及以上的成员组成，通过相互协调、相互督促、能力互补来实现共同的团队目标。团队通过所属成员的共同努力，产生积极的协同效应，使团队整体绩效水平高于单个成员绩效之和的群体，即团队能发挥"一加一大于二"的效应。团队绩效通常包括团队任务的完成情况,团队成员满意度、士气及对团队承诺等,团队成员能力提升和团队潜能激发等方面。团队绩效与个体绩效密切相关,两者相互依存、相互影响。团队绩效依赖于个体绩效,但个体绩效的达成未必能达成团队绩效。如果成员绩效目标与团队绩效目标不相关甚至相冲突,就会产生团队绩效与个体绩效相背离。因此,团队中个体目标需要依据团队目标而制定,这样,成员在工作中相互合作,个体绩效形成团队绩效,团队绩效也会影响个体绩效。两者关系及影响如图1-2所示。

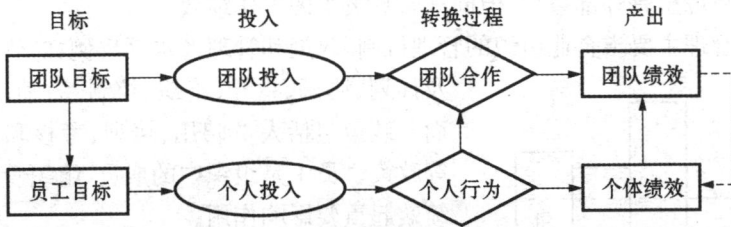

图 1-2　个体绩效与团队绩效的关系

由于员工个体绩效是形成组织绩效和团队绩效的基础,因此,在绩效管理中较多关注的是人员个体绩效。但需要指出的是,团队绩效正成为绩效管理中的一个新内容,本书在侧重探讨人员个体绩效管理的同时,也适当探讨团队绩效管理。

1.1.2　什么是影响人员工作绩效的主要因素

在企业中,由于组织绩效取决于人员工作绩效,因此,了解并控制影响人员工作绩效的因素则至关重要。一般地说,分析这些影响因素有两种方式,一种是从关键因素角度进行,另一种是从系统角度进行。

1. 关键因素分析

人员工作绩效的关键因素有五个:工作者、工作本身、工作方法、工作环境和组织管理。

工作者主要指员工本人的工作态度、工作技能和能力、工作知识、工作动机及个性特点等。以往,理论学者常从员工所具有的 KSAP,即知识、技能、能力和个性等方面研究人—岗匹配,认为只有人—岗匹配,才会在工作中产生高绩效。现在,很多学者则强调人—岗匹配的同时,强调员工要具备工作胜任力。所谓工作胜任力,主要指影响工作绩效的知识、技能、能力、态度、价值观、工作动机和个性等。本书在第二章中将对胜任力具体阐述。

工作本身主要包括工作目标、计划、资源需求、工作复杂程度、工作过程控制等。例如,工作目标是否明确,工作计划是否可行、工作的时间等资源是否充分、工作过程是否容易控制和掌握,诸如这些因素都将影响员工工作绩效。

工作方法主要包括工作手段、工具、流程、协调等。工作手段、工具的使用会直接影响工作速度和质量,工作流程涉及工作步骤和工序,工作协调则涉及工作各工序之间、各工种之间的衔接与有序性。工作手段、工具是否合理,流程设计是否科学,工作协调是否高效,这些都将影响员工的工作绩效。

工作环境主要包括工作文化氛围、工作条件等。工作文化氛围涉及员工的精神风貌、民主参与还是垄断集权等,工作条件涉及工作场所的物质条件和资源配备等。工作环境虽是外部条件,但同样影响员工的工作绩效。

组织管理主要指企业组织的管理机制、政策和管理者水平。例如,管理机制涉及计划、协调、指导、组织、控制、激励、反馈等方面。政策包括人员聘用、培训、考核和薪酬奖惩等政策。员工是组织中的成员,组织管理对员工绩效起重要影响作用。

上述五种因素不同程度地影响员工绩效,如图1-3所示。这些因素对员工绩效的影响效应往往是一种"木桶效应"。也就是说,如果有一种因素起消极作用,就会降低员工绩效。

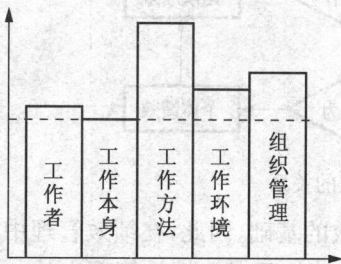

图1-3 影响员工绩效的主要因素

2. 系统分析

从系统角度,将影响人员绩效因素分为两类:个人和情景。个人因素主要包括个性、能力、技能、知识、经验和动机等。情景因素主要分为工作任务特征、目标特征、工作角色特征、物理环境特征、社会环境特征和组织特征等。这两种因素形成互动关系,影响人的工作行为和工作结果,反过来,人的工作行为和工作产出对个人和情景也产生影响,如图1-4所示。

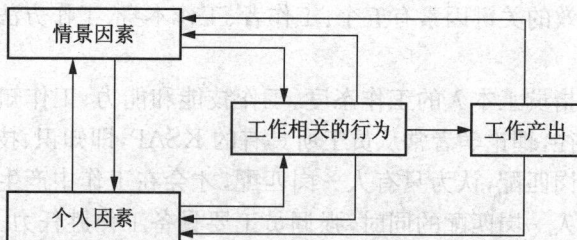

图1-4 影响工作绩效的个人与情景因素

在个人和情景因素互动的影响系统中,情景是比较复杂和丰富的因素。一般地说,情景因素又分为几个方面:

1）工作任务特征

（1）任务的一致性和连贯性，工作任务内容的相关性、稳定性和连贯性会影响工作绩效。

（2）与任务相关的不同技能层级，在工作分析中都有对任职资格条件的确定，其中就包括技能和知识的要求。知识和技能的不同层级对工作绩效有影响。

（3）工作任务的结构，任务结构简单还是复杂，会对工作绩效有影响。

（4）工作任务的时间充裕情况，完成任务的时间紧张还是宽松，是否存在时间压力等，会对工作绩效有影响。

（5）工作任务的知识和技能变化程度，工作任务所需要的知识和技能的更新快慢和发展速度，会对工作绩效有影响。

（6）工作任务的自主性，工作任务自主性的高或低，与其他环节的关联性强或弱等，会对工作绩效有影响。

2）工作目标特征

（1）工作目标的专一性，工作目标是否明确指定、相对稳定，会影响工作绩效。

（2）工作目标的复杂性，工作目标是简单还是复杂，是单个还是多个或系统，是相对不变还是易变，都可能会影响工作绩效。

（3）工作目标的难度，一般来说，工作目标越复杂，其实现的难度也越大，当然，一些不复杂的目标，其实现的难度也可能大。工作目标的难度越大，其失败的可能性就越大，从而可能影响工作绩效。

（4）与其他工作目标的协调性，工作目标与其他工作目标是协调还是冲突，会影响工作绩效。

（5）与工作目标达成相关的回报大小，这与工作目标的效价相似。通常，工作目标的效价高，目标达成的回报大，会影响工作者的努力程度，从而影响工作绩效。

3）物理环境特征

（1）工作的周围条件情况，如光线、噪声、温度、粉尘、散发的气味或气体等。如果光线适宜、温度适中、噪声很低的良好环境将对工作绩效产生积极影响。

（2）工作时辰的差异性，工作时间在白天还是晚上、是深夜还是凌晨，不同时辰的工作，可能会影响工作绩效。

（3）危险性，工作场所存在的伤害人员身体的潜在危险性，可能会影响工作绩效。安全的环境及安全的保证会积极影响工作绩效。

（4）工作场所的设置特征，如办公室的设置是开放性还是相对封闭，或者单个的，强调工作个体性，这些可能会影响人员的工作态度、行为，进而影响其工作业绩。

（5）工作的不同场所，随着科学技术的不断发展，管理的多元化和灵活性，工作场地并不一定在公司的办公室，可能在家里或其他场所，不同的工作场所会影响工作绩效。

4) 社会环境特征

(1) 工作同事的个性,包括主管、下属和同级同事的个性,同事的个性是开明、热情、积极、善于合作,还是孤僻、冷淡、被动、不善合作等,同事不同的个性特点,可能会影响工作绩效。

(2) 直接上司的管理风格,老板的管理风格是民主还是专制,是任务导向还是人际关系导向,不同的管理风格可能会影响工作绩效。

(3) 工作群体的凝聚状况,工作的部门是否具有凝聚力,凝聚力对工作士气有直接影响,进而影响工作绩效。

(4) 工作的社会支持情况,这种支持主要来自同事、家人和朋友,不同方面的支持及其支持的不同力度都会影响工作绩效。

5) 工作角色特征

(1) 工作角色的明确程度,工作角色的设置是明确还是模糊,会影响工作绩效。

(2) 工作角色承担的负荷状况,过重或过轻的工作负荷都会影响工作绩效。

(3) 工作角色的协调情况,工作角色的设置是否协调,是否存在与其他工作角色的冲突,这些都会影响工作绩效。实际工作中有时出现的工作岗位重复或交叉设置,会降低员工的工作绩效。

6) 组织特征

(1) 组织价值观特征。不同组织具有不同的组织文化,价值观是组织文化的核心。积极向上、团结合作、克己奉献的价值观将促进员工工作绩效的提高,反之,则对员工工作绩效产生消极影响。

(2) 组织报酬体系特征。报酬作为激励员工工作积极性的一种常用手段,报酬体系是否合理和公平,是否有效回报员工的工作付出和绩效,是否真正体现人力资本价值,将直接影响员工的工作行为和士气,进而影响工作绩效。

(3) 组织的变化程度。组织是处在一个相对稳定阶段,还是处在一个变化急剧的阶段,不同的组织变化程度对员工工作绩效的影响也不同。企业的快速成长期或者急剧衰退期,或者领导交替阶段,一般都是组织变化急剧的阶段,同时也是个人绩效和组织绩效不同的阶段。

(4) 组织结构特征。组织结构通常有职能制、直线职能制、事业部制、矩阵制等形式。不同的组织结构特征可能会影响工作绩效,因此,采用适合于工作性质和要求的组织结构则非常重要。在一个企业,组织结构不是一成不变,需要根据工作需要设计相适应的组织结构。

(5) 管理政策与程序特征。组织内管理政策的制定过程和方法是否科学合理,政策的执行过程是否有力和公正,反馈机制是否健全,都将影响工作绩效。

（6）组织中员工所有权特征。在企业组织所有权构成中，员工是否拥有企业股权，员工拥有多少股权，这些都在不同程度上影响员工的观念和行为，进而影响其工作业绩。

除了上述情景因素，个人因素也是一种重要影响因素。如前所述，个人因素主要包括个性、能力、技能、知识、经验和动机等。如对这些个人因素进一步划分，可分为基础性因素和决定性因素。基础性因素包括人的个性和能力，其中，能力主要指人的知觉、逻辑思维等一般能力。决定性因素包括工作所需要的知识、技能、经验和工作动机。个人因素和情景因素交织在一起，从不同方面、不同程度对人员工作绩效产生影响。从系统角度来看，情景因素与个人因素作为一种输入，通过互动环节，产生工作行为过程及其行为结果的输出。因此，可将图1-4进一步转变为图1-5。

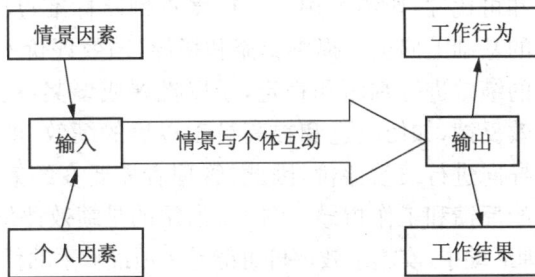

图 1-5　系统分析工作绩效的影响因素

1.1.3　什么是绩效评价

随着企业间竞争的不断加剧，绩效问题已成为众多企业特别关注的热点。企业都关注自身的发展问题，越来越多的企业都希望通过绩效评价来促进自身的发展。

绩效评价(performance appraisal)，又称绩效考核，或者绩效考评，或者绩效评估。不论在早期人事管理还是现代人力资源管理中，绩效评价都是其中的一个重要环节。美国联邦政府于1842年开始对其员工进行考核，当时国会通过了一个法律修正案，要求政府部门对办事员进行每年一度的工作评定。此后，绩效评价程序开始流行于大大小小的政府和私人企业。美国管理大师杜拉克(Peter F. Drucker)曾说过：如果不能评价就不能管理。因此，如果一个管理者不能对员工绩效作出评价，也就不能对员工及其绩效进行管理。

绩效评价作为人力资源管理的一个重要环节，不同的理论研究者往往对其有不同的界定。例如，有的学者认为：绩效考评是上司与下属之间的一次正式讨论，讨论的目的是了解下属工作表现的现状及原因，并讨论如何使下属在未来更有效地工作，从而使下属、上司及组织都获益。这里，强调的是绩效评价中上司与下属的沟通与反馈,在评价已有的工作表现基础上侧重于以后工作的改进和提高。有的学者认为:绩效考评是定期考察和评价个人或小组工作绩效的正式制度。有的学者认为,在绩效评价是正式制度化的同时,也可以是非正式的,所有的经理人员都会监控员工的工作方式,并评定这种工作方式是否符合企业的要求。

我们认为,绩效评价是对组织中人员绩效进行识别、衡量和反馈的过程。识别绩效是根据工作分析对工作评价内容进行合乎理性和制度的识别和分析,以此确定工作的标准,识别的内容应集中于影响组织成功的绩效,而不是与绩效无关的年龄和性别等;衡量是依据对员工绩效的识别及工作标准的确定,对员工绩效进行好与差的管理判断,什么是"好"的绩效,什么是"差"的绩效,这些判断必须在整个企业组织中具有一致性和可比性,切不可用双重或多重判断标准;反馈是在绩效衡量的基础上向员工提供交流和指导,绩效评价不仅是对员工已有的绩效进行判断和肯定,予以批评或褒奖,更重要的是通过绩效反馈,如何改进和提高员工以后的绩效,即以一种未来开发导向进行绩效评价,因此,管理者需要在绩效评价中给予更多的反馈和工作指导。图 1-6 所示的是绩效评价模式。

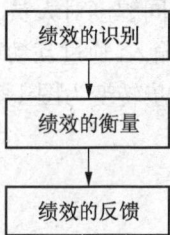

图 1-6　绩效评价的一般模式

在人力资源管理活动中,实施绩效评价可能是一项最棘手的任务。在国外,管理学者曾对采用绩效评价制度的 92 家俄亥俄州的公司进行的研究表明:大约有 65% 的公司对他们的评价制度有一定程度上的不满。另一份资料则表明:80% 以上的公司都对其评价制度不满意。全面质量管理理论的先驱爱德华·戴明(W. Edward Deming)认为:绩效评价是美国企业管理的七大致命性弊病之一。诚然,大多数管理者仍然认为绩效评价有很多优点,而且是不可缺少的环节。但同时需要看到:绩效评价在现代企业管理特别是在全面质量管理中受到挑战。许多企业正在根据企业发展需要不断改进其绩效评价体系,绩效评价的理论随实践的发展而发展。

1.1.4　什么是绩效管理

绩效管理是一个完整的系统,它将员工绩效和组织绩效相融合,将员工绩效管理提升到战略管理层面。这个系统包括目标/计划、指导/教练、评价/检查、回报/反馈、改进/提高等关键部分。组织管理者和员工共同参与,管理者与员工通过持续沟通,将企业的战略和目标、管理者的职责、员工的工作绩效目标、管理者与员工的伙伴关系等传递给员工,并在持续不断沟通的过程中,管理者帮助员工消除工作过程中的障碍,提供必要的支持、指导,与员工一起完成绩效目标,从而实现组织的战略目标。

绩效管理与绩效评价密切相关,可以说,它是绩效评价的延伸与发展,同时绩效评价是绩效管理的一个重要组成部分,但又不等同于绩效管理。两者关系在下一节的绩效管理系统中将作进一步的阐述。章首的案例充分体现绩效管理的内涵。

绩效管理通常具有以下几个主要特点：

1. 系统性

绩效管理强调对绩效的系统管理，涵盖组织和人员两方面，将人员绩效与组织绩效融为一体，因而它不是单纯的一个步骤或一个方面。同时，绩效管理是一种管理手段或方法，它体现管理的主要职能，即计划、组织、指导、协调、控制。在绩效管理中，管理职能都是围绕提高员工绩效的具体目的而履行。因此，绩效管理是一个以绩效为导向的整合性的管理系统。

2. 目标性

目标管理的一个最大好处就是员工明白自己努力的方向，管理者明确如何更好地通过目标对员工进行有效管理，并提供支持帮助。同样，绩效管理也强调目标管理，目标＋沟通的绩效管理模式被广泛提倡和使用。

只有绩效管理的目标明确了，管理者和员工的努力才会有方向，才会更团结一致，共同致力于绩效目标的实现，更好地服务于企业的战略规划和远景目标。

3. 强调沟通与指导

沟通与指导在绩效管理中起着决定性的作用。制定绩效目标要沟通与指导，帮助员工实现目标要沟通与指导，年终评估要沟通，分析原因寻求改进要沟通与指导。总之，绩效管理的过程就是员工与管理者持续不断沟通的过程，也是管理者对员工不断指导的过程。离开了沟通与指导，企业的绩效管理将流于形式。

许多管理活动失败的原因，在很大程度上是因为沟通和指导出现了问题。绩效管理需要致力于管理沟通和指导的改善，全面提高管理者的沟通意识，提高管理者的沟通和指导技巧，进而改善企业的管理水平和管理者的管理素质。

4. 重视过程

绩效管理不仅强调工作结果，而且重视达成目标并不断改进的过程。换言之，绩效管理是一个持续改进的循环过程，这个过程中不仅关注结果，更强调目标引导、沟通与指导、评价和反馈。

1.2　绩效管理系统内涵

正如绩效管理概念所界定的，系统性是绩效管理的首要特点。绩效管理是一个系统管理,它是组织绩效与人员绩效相融合的系统管理。在这个系统中包含两个不同层面的绩效管理:组织层面与人员层面,这两个层面的绩效管理互为一体,构成一个有机的绩效管理系统。

1.2.1 两个不同层面的绩效管理

1. 组织层面的绩效管理

组织层面的绩效管理特点是作为一种企业制度,它主要包含一些作为管理周期性的程序,如确定企业相关政策、目标和原则,明确界定系统绩效的计划、目标和指标,定期并系统地评估绩效等。

国外管理学者 H. Bredrup & R. Bredrup 研究认为,组织层面的绩效管理由三个程序构成:绩效计划、改进和检查。在绩效计划程序中,确立组织发展目标和战略,依据组织目标和战略,结合企业组织利益相关者包括股东、客户等的要求,明确什么是绩效以及优先绩效,确立的优先绩效在绩效检查中充分验证。在绩效改进程序中,包括通过业务流程再造、组织结构重组、不断的过程改进、标杆管理和全面质量管理等活动,在组织层面改进绩效。在绩效检查程序中,对照绩效计划,参考竞争对手的绩效和可比较的标杆,同时自我检查绩效改进流程,进行绩效评估,评估哪些绩效是稳定持久的,哪些是短暂临时的。这种计划—改进—检查的组织层面的绩效管理如图 1-7 所示。

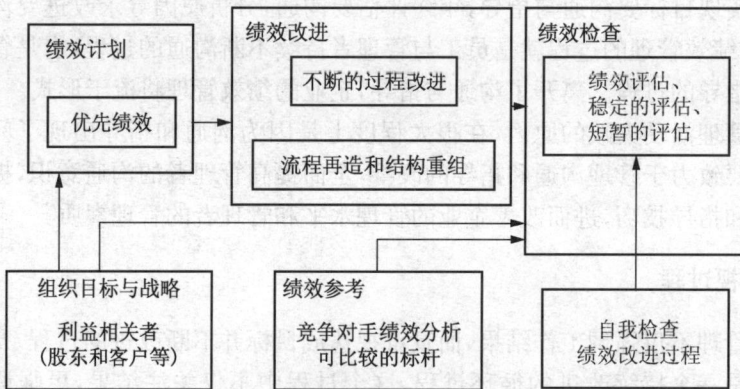

图 1-7 计划—改进—检查的组织层面的绩效管理

2. 人员层面的绩效管理

组织层面的绩效需要通过员工来实现,例如,绩效改进程序中的流程再造、组织结构重组,以及随之而来的新技术应用和推广,这些活动的效果如何都直接取决于人员绩效的高低。人员层面的绩效管理与组织层面的绩效管理既密切相关又有区别。对人员层面的绩效管理,国外许多学者从不同角度进行研究。代表性的如 M. Ainsworth & N. Smith 研究提出三步曲循环。三步曲循环认为人员绩效管理由绩效计划、绩效评价和绩效反馈三环节形成一个周期。绩效计划环节包括制定绩效目标、认同绩效目标并致力于绩效目标的实现。绩效评价环节包括客观评价实际绩效,对照目标绩效计划,进行分析和总结。反馈绩效环节,即对照绩效计划和绩效评价结果,通过彼此交流,采取相应的积极行为,致力于绩效改进和员工开发的目标。三步曲循环如图 1-8 所示。

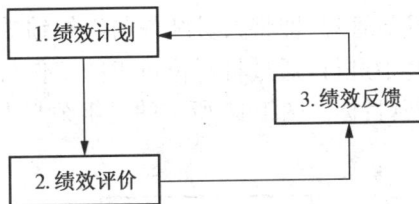

图 1-8　人员绩效管理的三步曲循环

D. Torrington & L. Hall 研究提出与此相似的三步曲:绩效计划、支持和检查。管理者与被管理者应该具有共同的想法,即期望员工达到什么样的绩效,这也就是绩效计划。参与是达成这种想法的一种直接途径。支持绩效是直线管理者的职责,直线管理者同时也是绩效评估者之一。这里,强调绩效检查是管理者与员工共同做的事情,既是管理者的职责,也是员工本人的职责。同时,绩效检查是一种不间断的活动,而不是一年中一到两次的活动。

此外,学者 W. J. Heisler, W. D. Jones & P. O. Benham 研究提出绩效管理过程的四要素:指导、鼓励、控制和回报。指导主要包括指导关键成果领域、绩效指标和要求的工作行为;鼓励主要包括设立绩效目标、建立行为期望目标;控制主要包括监控员工绩效、提供绩效反馈、不断指导和开发;回报主要指依据绩效评价给予合理的回报,是绩效评价结果的一种应用。

结合有关学者已有的研究,我们认为:人员绩效管理侧重于四个环节:绩效计划、绩效促进与辅导、绩效评估与反馈、绩效评估结果应用,是一个四部曲的循环,如图 1-9 所示。绩效计划指制定工作绩效目标、绩效标准、员工发展目标及行动计划等。绩效促进与辅导指绩效执行,在绩效目标执行过程中,对员工进行绩效指导、支持、鼓励和沟通,并根据实际情况进行必要的调整或更新。绩效评估指依据绩效计划所制定的绩效目标与标准,在绩效促进与辅导的基础上,采用绩效评估方法对员工工作绩效进行评估,并对员工进行绩效评估反馈。绩效评估结果应用于人力资源管理实践中,为人员管理决策提供依据和服务。

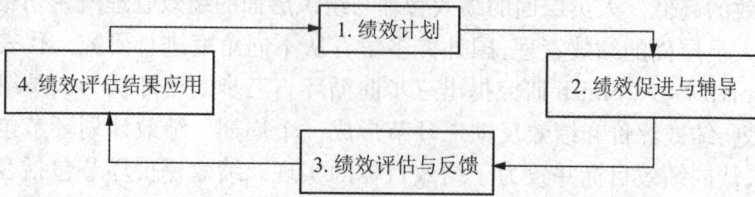

图 1-9　人员绩效管理的四步曲循环

1.2.2　组织与人员整合的绩效管理

组织与人员整合的绩效管理,即将人员绩效与组织绩效融为一体。人员绩效管理是在组织目标的范畴中进行,通过将每位员工的工作与工作部门的使命相结合,从而支持组织整体经营目标。图 1-10 所示的是组织与人员整合的代表性绩效管理模式。

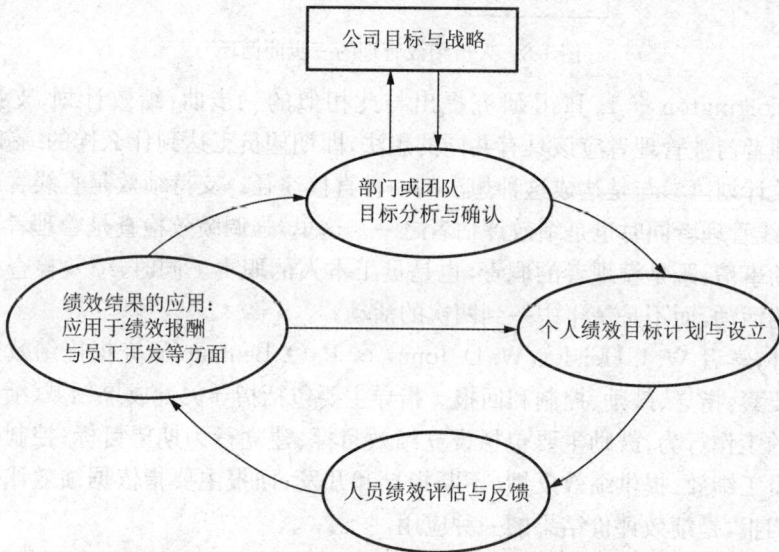

图 1-10　组织与人员整合的绩效管理模式

在组织与人员整合的绩效管理体系中,强调公司目标与战略、部门或团队目标、员工个体绩效目标之间的内在关联和一致性,人员绩效评估与反馈是依据绩效目标和计划进行,通过绩效评估与反馈不断开发员工,并依据绩效给予员工合理回报等。同时,将绩效评价产生的结果与员工绩效目标及组织绩效目标相对照,分析是否与设立的目标相符合,是否需要对下一轮的绩效管理加以改进。从图 1-10 所示的代表性组织与人员整合的绩效管理模式来看,组织与人员整合的绩效管理实质上是支持、贯彻组织目标与战略的人员绩效管理系统。这在表1-1中充分体现。在表1-1中,学者R. S. Williams将典型的绩效管理系统、绩效管理的主要构成、绩效管理过程的要求、组织绩效的改善与员工贡献的提高四个方面相融合,作了简要概括。

表 1-1   绩效管理可整合的模式

"范例"式绩效管理系统	绩效管理的主要构成	绩效管理过程的要求	组织绩效的改善及员工贡献的提高
组织有其共享的愿景或者使命,并把这一使命与所有员工沟通	开发组织的使命和组织目标	清楚陈述组织使命——即组织需要做什么才能在目前的经营环境中生存和发展	为了使绩效最大化,将组织的努力集中于明确的、富有挑战的、现实的目的和目标上
组织建立个人绩效管理目标,这些目标既与部门目标相联系,又与组织范围内的目标相联系	与此相关,开发企业业务经营计划	能使组织中个人绩效与组织使命相结合的机制和调整绩效要求以适应可能出现新挑战的方法	在传递这些目标的过程中关注和提高员工对目标的理解、承诺和贡献
根据组织目标,对员工的进步与绩效进行定期的、正式的检查与评估	加强组织内部的交流与沟通,使员工不仅能意识到组织目标和经营计划,而且能为目标和计划的实现作出贡献	一套人力资源管理政策,用以支持企业战略目标和激励员工朝着自己目标努力工作。这有关创立一个积极鼓励高绩效的环境和与公司目标保持一致的人力资源政策	通过目标管理支持对一线员工的责任授权
将检查与评估过程用于判别培训、开发和报酬效果	明确各人责任和义务(意味着具有职务说明书、清晰的角色界定等,并愿意承担责任)	清楚陈述组织未来的目标——组织的愿景及未来发展方向	为衡量个人和组织绩效提供定量和定性的标准
评估整个过程的有效性及对整个组织绩效的贡献以便进行改变和提高	界定和衡量个人绩效(重点在于针对个人目标进行衡量,而不是与他人进行比较)实施适当的报酬策略开发员工、促进绩效提高及未来职业的发展	这一过程能使组织内关键因素开发成为绩效管理过程的一部分。这特别与员工的开发相关——员工的胜任力、技能和知识是能力开发的关键部分	向组织和个人提供有关实际绩效的反馈明确和实施培训及其他必要的活动以改进员工绩效

1.2.3 绩效管理系统的关键环节

组织和人员整合的绩效管理是一个系统的绩效管理,亦可称为绩效管理系统。表1-1对绩效管理系统已作了概括性分析。这里,我们联系章首的案例,对绩效管理系统的关键环节作进一步的分析。

如前所说,"摩托罗拉的绩效管理",展示了现代意义上的绩效管理系统概貌。与摩托罗拉的绩效管理系统相似,一般绩效管理系统由五个部分组成,即:制定绩效计划、持续不断的沟通与指导、收集信息和做必要记录、绩效评估与结果应用、绩效的诊断和提高五个部分。

1. 绩效计划

绩效计划是绩效管理的开始,即依据企业战略与目标,制定绩效目标,并根据绩效目标制定相关的绩效标准、员工发展目标、行动计划等。通常,一份有效的绩效目标必须具备符合这样几个条件:服务于公司的战略规划和目标;基于员工的职务说明书而做;目标符合 SMART 原则,即 Specific(明确的)、Measurable(可衡量的),Attainable(可获得的),Relevant(相关的),Time-bounded(有截止期限的),它具有一定的挑战性和激励作用。

在这个阶段,管理者和员工通过沟通主要完成以下任务:

(1) 员工的主要工作任务和职责是什么。

(2) 如何衡量员工的工作,即工作绩效标准是什么。

(3) 每项工作的时间多长,即完成工作任务和目标的时间周期。

(4) 员工的权限是什么,员工从事和完成工作具有的怎样的权利和条件。

(5) 员工需要的支持和帮助是什么。

(6) 管理者如何帮助员实现目标,即管理者如何支持和鼓励员工开展工作,为员工创造怎样的条件和气氛。

(7) 其他相关的问题:员工开展工作所需的技能和知识等,改进员工工作、提高员工绩效的培训和职业发展等。

以上是在制定绩效目标过程中主要讨论的内容,组织与员工达成共识,然后形成管理者和员工共同签字的文字记录。这种文字记录,通常被称之为绩效目标。

2. 持续不断的沟通与指导

沟通与指导是一切管理所必不可少的重要手段,在沟通中指导,在指导中注重沟通。持续不断的沟通与指导在绩效管理中起关键性作用。在绩效管理中,沟通应符合以下几个原则:

1）真诚的沟通

真诚是沟通的前提，而不是管理者流于交差的沟通。真诚的沟通为预防问题和解决问题而做，因此，必须尽可能地从员工那里获得信息，进而帮助员工解决问题，同时不断提高管理者的沟通技能和沟通效率。

2）及时的沟通

绩效管理具有前瞻性，在问题出现前或出现时就通过沟通将之消灭于无形或及时解决，因此，及时性是沟通的又一个重要的原则。

3）具体的沟通

沟通应该具有针对性，具体事情具体对待，不能泛泛而谈。泛泛的沟通既无效果，也不讲效率。因此，管理者必须珍惜绩效沟通的机会，关注于具体问题的探讨和解决。

4）定期的沟通

管理者与员工之间的绩效沟通不是时有时无，而是定期的连续性沟通。管理者与员工一般确定好沟通的时间和时间的间隔，以确保沟通的连续性。

5）建设性的沟通

沟通的结果应具有建设性，为改进员工未来绩效提供建设性的意见，帮助员工提高绩效水平。

与此同时，绩效管理中的指导必须是具体的、及时的、有效的、过程导向的。

3. 信息的收集和必要的记录

设立的绩效目标最终需要通过绩效评估进行衡量和判断。因此，有关员工绩效的信息资料的收集就显得特别重要。

在此环节中，管理者需要注意考察员工的行为表现和行为结果，并做必要的记录，同时要注意保留与员工沟通与指导的结果记录，必要的时候，请员工签字认可，避免在年终考评时出现意见分歧。

做必要的文字记录的一个最大好处是在绩效评估时尽可能以事实说话，促使评估的结果有据可依，体现客观公平，从而令人信服。

4. 绩效评估与结果应用

绩效评估大多在年底进行，在年中或季度有绩效检查。员工绩效目标完成得怎么样，企业绩效管理的效果如何，通过绩效评估得到反映。

绩效评估也是一个总结提高的过程，总结过去的结果是为了以后工作得更好。分析以往工作中问题出现的原因，以制定改进工作的策略和方法；或者分析以往工作中成绩取得的经验，进行总结和推广，以持续提高工作绩效，从而提高企业组织绩效和绩效管理水平。

同时,绩效评估的结果也是企业薪酬分配、职务晋升、培训和发展、用工管理等决策制定的重要依据。

5. 绩效的诊断和提高

没有完美无缺的绩效管理体系,任何绩效管理都需要不断改善和提高。因此,在绩效评估活动结束后,需要对照设立的绩效目标,跟踪和评估绩效评估的效果,全面审视企业绩效管理的政策、方法、手段及其他相关活动,并进行诊断和分析,制订必要的改进或完善措施,不断改进和提高绩效管理水平。

1.3 绩效管理的误区与问题

目前,越来越多的企业开始接受绩效管理的概念,并在管理实践中,或者借助外脑或者自己动手,设计和实施绩效管理体系。然而,不少企业似乎都遇到一个同样的问题,即绩效管理的方案迟迟推行不下去,结果是企业花费了大量的时间、精力和财力,却收效甚微,甚至出现员工紧张、直线管理者反感,人力资源管理部门伤透脑筋的现象。

这种现象与我国目前企业管理现状有关,如企业管理不完善、管理者的观念没有转变或存在认识偏差、企业员工的素质参差不齐等,导致了绩效管理中的误区和问题。

这里,将绩效管理的误区与问题作相对区分,前者主要围绕企业管理者特别是企业高层管理者对绩效管理认识上的误区,后者侧重于绩效管理特别是在绩效评价中存在的具体问题。

1.3.1 绩效管理的误区

一般地说,当前企业绩效管理中主要存在以下误区:

1. 绩效评价等同于绩效管理

这是一种比较普遍的误解。企业管理者没有真正理解绩效管理的含义,没有将之视为系统,而是简单地认为是绩效评价,认为作了绩效评价就是绩效管理。其实,绩效管理与绩效评价并不等同。绩效管理强调管理者和员工之间的持续的双向沟通过程。在此过程中,管理者和员工就绩效目标达成协议,并以此为导向,进行持续的双向沟通,帮助员工不断提高工作绩效,完成工作目标。如果简单地认为绩效评价就是绩效管理,就忽略了绩效沟通,缺乏沟通和共识的绩效管理肯定会在管理者和员工之间设置一些障碍,阻碍绩效管理的良性循环,造成员工和管理者之间认识的分歧,员工反感,管理者能避则避,就在所难免。如前所述,绩效评价只是绩效管理的一个环节,是对员工前期工作的总结和评价,远非绩效管理的全部,如果只把员工固定在绩效评价上面,必然要偏离实施绩效管理的初衷。

另外,只注重绩效评价的管理者会认为绩效评价的形式特别重要,总想设计出既省力又有效的绩效评价表,希望能够找到万能的评价表,以实现绩效管理。因此,他们在寻找绩效评价工具和方法上花费了大量的时间和精力,却难以得其法,难以找到能解决一切问题、适合所有员工的评价方法和工具。

这种现象与一些企业管理者的观念有关。观念上没有转变,或者没有真正地花些时间去研究绩效管理的原理,而想当然地认为绩效管理就是以前的绩效评价,往往认为只要方法改进。如果这种观念不转变,企业实施绩效管理就只能停留在书面和口头上,不可能有任何实质性的改变。

2. 角色分配的偏颇

不少企业有一种普遍的认识是:人力资源管理是人力资源部的事情,绩效管理是人力资源管理的一部分,当然由人力资源部来做。一些高层管理者只做一些关于实施绩效管理的指示,剩下的工作全部交给人力资源部。如果做得不好,那是人力资源部的责任。这种认识是一些企业绩效管理得不到有效实施的重要原因之一。

应该说,人力资源部对绩效管理的实施负有相当责任,但绝不是全部责任。人力资源部在绩效管理中主要扮演的角色是流程和程序的制定者、活动的组织者和监督者、咨询顾问等角色。绩效管理中的方向性决策、绩效管理的推行必须依靠直线高层管理者。高层管理者的支持和鼓励起着决定性的作用。离开高层管理者的努力,人力资源部的工作则过于苍白。高层管理者的努力远不是开始阶段的动员那么简单,而是要贯穿整个过程。同时,绩效管理的贯彻和实施还需要依靠中、基层的直线管理者。各级直线管理者与人力资源职能部门共同合作,形成工作伙伴关系,行使绩效管理中的各自责任。

3. 过于追求完美

追求完美是许多管理者的一个共同特点,凡事总想找到一个完美的解决方案,希望它能够解决一切问题。有些管理者在绩效管理方法上表现出极大的关注,绩效管理方案改了又改,绩效评价表设计了一个又一个,却总找不到感觉,总没有满意的,使得人力资源部疲于应付。这种认识造成了人力资源部大量的工作浪费,无形中浪费了许多人力资本,也挫伤了人力资源部的积极性,影响了他们的工作热情和创造性,努力的工作却没有成就感,得不到认可。其实,绩效计划和持续的沟通,是绩效管理中的主要方面,绩效管理绝不是简单解决考核一个问题,更多地转变管理者的管理方式和员工的工作方式,提醒大家关注绩效,管理者和员工共同就绩效进行努力并取得成果,这是最重要的。

4. 绩效管理只是管理者单方面的事

这种认识也与观念有关,一些企业认为只要管理者知道绩效管理就可以了,员工知不知道则不重要。更为严重的是,一些企业除了人力资源部和总经理之外,没有人知道绩效管理是怎么回事,这也是绩效管理得不到有效推行的一个重要原因。

无论什么东西,理解了才会用,完全不理解的东西,硬塞给管理者和员工,结果肯定是没人会用,没人愿意用。直线经理不明白,他们就没法认真执行,更谈不上融会贯通,员工不明白,本身就对考核持有恐惧和反感心理,一种新的管理手段实施,员工更加会敬而远之。因此,必要的培训不可或缺,要让员工明白绩效管理对他们的好处,他们才乐意接受,才会配合管理者做好绩效计划和绩效沟通。让经理明白对自己的好处,经理们才愿意接受、参与和推动。因此,在正式实施绩效管理之前,必须就绩效管理的目的和意义、方法等问题对管理者和员工进行必要的培训沟通,取得管理者与员工共同的支持。

1.3.2 绩效管理的问题

在许多企业中,除了绩效管理认识上存在误区,同时还存在不少实际操作性问题,集中表现在绩效评价环节。主要存在的问题有以下几方面:

1. 绩效管理目标的狭隘性

目前,许多企业的绩效管理等同于绩效评价,绩效管理目标等同于绩效评价目标,并没有上升到与企业战略目标相结合的战略高度,也没有突出改进员工工作和发展员工的目标。停留于绩效评估阶段的企业往往将绩效考核局限于"秋后算账",即当员工完成工作后,再就员工的工作绩效进行评价和衡量,并根据考核结果给予物质或精神的奖励和惩罚。这种考核目的的狭隘性使员工对考核往往谈虎色变,有违于绩效管理目标。

2. 绩效评价方案设计的非科学性

绩效考核方案设计的非科学性主要表现为考核目的不明确,有时甚至是为了考核而考核,企业考核方和被考核方都未能清楚了解绩效考核只是一种管理手段,并非管理的目的。同时,绩效考核方案的非科学性还表现为考核原则的不一致性,甚至自相矛盾。在考核内容、指标设定以及权重设置等方面表现出无相关性,随意性突出,常常体现长官意志和个人好恶,且绩效考核体系缺乏严肃性,任意更改,难以保证政策上的连续性和一致性。

3. 对绩效评价方案理解的差异性

有些企业在制定和实施一套新的绩效评价方案时,不重视与员工进行及时、细致、有效的沟通,员工对绩效评价方案的目的和行为导向不清楚,各人仅凭各人想当然的了解,戒备地看待该方案对自己的影响,往往产生各种曲解和敌意,并对所实施的绩效评价方案的合理性、实用性、有效性、客观性和公平性等表现出强烈的怀疑,对方案的认识产生心理上和操作上的扭曲。

4. 评价过程的形式化

一些企业认为已制定和实施了较完整的绩效考核工作,但是很多员工内心却认为绩效考核只是管理当局的一种形式主义,每年必须走过场,无人真正对绩效考核结果进行认真和客观的分析,没有真正利用绩效考核过程和考核结果来帮助员工切实改进和提高其业绩、行为、能力和态度。

5. 绩效评价信息来源的单一性

在许多企业的绩效评价中,往往是上司对下属进行审查或考核,考核者作为员工的直接上司,他(或她)与员工的私人友情或冲突、个人的偏见或喜好等主观因素在很大程度上影响绩效评价结果。评价者的一家之言有时由于相关信息的欠缺而难以给出令人信服的评价意见,甚至会引发上下级关系的紧张。

6. 评价者态度的极端化

评价者在进行绩效考核时,特别是对被考核者进行主观性评价时,由于考核标准的不稳定等因素,考核者很容易自觉不自觉地出现两种不良倾向:过分宽容和过分严厉。有的考核者奉行"和事佬"原则,对员工的绩效考核结果进行集中处理,使得绩效考核结果大同小异,难以真正识别出员工在业绩、行为和能力等方面的差异。另一种倾向就是过分追究员工的失误和不足,对员工在能力、行为和态度上的不足过分放大,简单粗暴地训斥、惩罚和威胁绩效考核不佳者,使得员工人人自危。

7. 绩效评价方法的选择不当

理论学者和管理人员开发出了多种绩效考核方法和考核技术,如量表评价法、行为锚定量表法、关键事件法、目标管理评价法、混合标准量表法、短文法、平衡计分卡法等。这些方法各有千秋,有的方法适用于将绩效考核结果用于员工奖金的分配,但可能难以指导被考核者识别能力上的欠缺,而有的评价方法和技术可能非常适合利用绩效考核结果来指导企业制定培训计划,但却不适合于平衡各方利益相关者。准确地选择和组合考评技术和方法对考核者和绩效考核方案设计者提出了很高的要求。然而,目前不少企业既无意识、也无能力适当地选择、组合和运用成熟的评价方法和评价技术。

8. 关键绩效指标的空泛化

不少企业确定的关键绩效指标过于空泛化,只是根据现成的指标库或模板生搬硬造,而没有根据企业的战略规划、业务流程、行业特性、发展阶段、组织特性、评价对象特性等进行深入的分析,导致考核的关键绩效指标具有普遍性,而不具有适合企业特征的针对性。由此必然导致考核结果的失真,并且难以获得员工的认同。

9. 考核对象角度的片面性

很多企业推行绩效考核时,只关注单个员工的业绩好坏,而忽视了对团队的考核,这是不科学的,从管理角度看也会带来不可忽视的恶果。首先它会错误地引导员工培养"独狼意识",并不惜牺牲同事的利益,破坏组织内部的协调关系;其次,它会产生"木桶效应",由于业绩上存在一个"短木板",而降低整个"业绩桶"的承重能力或使用寿命。因此,科学的绩效考核体系,应该同时兼顾企业、团队、个人三个层面的考核,并通过一定的权重分配来准确衡量一个人的价值和业绩。

另外,这种片面性还表现为只考评基层人员、不考评高层管理人员的现象。出于种种考虑,一些企业所有者和人力资源经理错误地认为,企业高层管理人员不宜考核、不易考核、不能考核。其实,在企业中,由于高层管理人员掌握更多的资源,他/她的绩效表现,对企业的整体绩效影响更大,高层管理人员的考评意义重大。

10. 评价反馈与面谈的忽视

评价无反馈主要表现为对评价结果缺乏反馈。绩效评价结果无反馈的表现形式一般分为两种:一种是评价者主观上和客观上不愿将考核结果及其对考核结果的解释反馈给被考核者,考核行为成为一种暗箱操作,被考核者无从知道考核者对自己哪些方面感到满意和肯定,哪些方面则需要改进。出现这种情况往往是考核者担心反馈会引起下属的不满,在将来的工作中采取不合作或敌对的工作态度,也有可能是绩效考核结果本身无令人信服的事实依托,仅凭长官意志得出结论,如进行反馈势必引起巨大争议;第二种是指考核者无意识或无能力将考核结果反馈给被考核者,这种情况出现往往是由于考核者本人未能真正了解人力资源绩效考核的意义与目的,加上缺乏良好的沟通能力和民主的企业文化,使得考核者缺乏驾驭反馈绩效考核结果的能力和勇气。

评价无反馈与绩效评价面谈的忽视相关。绩效评价面谈可以有效地检查员工目前的工作绩效,使员工有机会提出改进工作绩效的想法或建议,主管也得以借此修正员工的工作责任、目标及绩效指标,并可以进一步了解员工是否需要接受更多的培训和辅导。此外,考评面谈还能提供一种主管与员工联系和沟通的渠道。但许多企业忽视绩效评价面谈,评价往往"打闷包"。

11. 评价结果的资源浪费

企业在实施绩效评价中,通过各种资料、相关信息的收集、分析、判断和评价等流程,会产生各种中间考核和最终考核结果的信息资源,这些结果信息资源本可以充分运用到用人决策、员工的职业发展、培训、薪酬管理等多项工作中去,但目前一些企业对绩效考核结果的信息资源弃之一旁。

12. 绩效评价的政治化

与一些企业浪费考核结果资源相反,在另一些企业中,绩效评价充满政治色彩。管理者往往凭借绩效评价之名,将平时与管理者关系不好或有冲突的员工给予打击报复,而不是利用考核结果信息资源来激励、引导、帮助和鼓励员工改进绩效和发展员工。

13. 评价结果全部由最高管理者审定

企业的每层上司都有权修改员工的考评评语。尽管各层管理者由于所站的角度不同,可能会产生意见分歧,但是,官大说了算,最终以最高管理者的评定为准。这样,一方面,被考评者的直接上司感到自己没有实权而丧失了责任感;另一方面,员工也会认为直接上司没有权威而不服从上司,走"上层路线",使企业内的正常指挥秩序遭到破坏。此外,考评结果的最终裁决权掌握在最高管理者手中,在很多情况下,考评结果最终会送到最高管理那里去审批。结果,实际上是把员工对考评结果可能存在的不满转嫁到最高管理者身上,现实中员工对企业领导人的不满大多数就是这样产生的。

14. 岗位分析缺失或不规范

在我国不少企业中,岗位分析并未受到应有的重视。一些企业岗位分析缺失,凭企业管理者的经验进行人员配置;一些企业虽然有岗位分析和岗位责任书,但不规范和科学,由此产生的岗位职责模糊,或者交叉重叠。这样,一是失去了判断一个岗位工作完成与否的依据,岗位目标难以确定,导致难以进行科学考评;二是各岗位忙闲不均,存在同一职级的不同岗位之间工作量的大小、难易程度差别较大。结果,在其他表现差不多、工作任务也都完成的情况下,往往工作量大、工作难度高的岗位上的员工没有得到应有的评价和认可。

15. 传统消极文化意识和观念的影响

中华传统文化博大精深,其中的一些不适应现代社会发展的方面,必然反映到考评系统中。比较典型的如求同心理、官本位、人情、关系网等。求同心理反映到考评中,就是你好、我好、大家都好,而拉不开差距;官本位反映到考评中,多表现为强调政治素养而且长官意识十分严重;人情和关系网反映到考评中,则是关系好或是网中人,评价结果就较好,反之则较差。

16. 对国际新理念盲目跟从

不少企业往往热衷于追捧国际最新的管理理念和方法,而不考虑该理论和方法与企业的适用性。比如360°考核,要求企业对客户资源控制力度高,能及时采集客户的信息。如果做不到这一点,采用客户评价的360°考核就只是浮于纸上,强制推行也只能浪费时间、金钱和精力,实在得不偿失。平衡计分卡也存在同样的毛病。

综上所述,我们列举了目前我国企业在绩效管理,特别在绩效评价中存在的主要问题。这些问题在不同程度地影响企业管理水平和效果,严重妨碍和削弱了人力资源绩效管理应起的作用。绩效评价已成为企业管理人员的最棘手的问题。根据某机构对国内500多家企业的高层管理人员的调查反馈,在"中国职业经理人的十大困扰"中,"绩效考评"排在第一位。

1.4 绩效管理的地位与作用

绩效管理是一个整合的管理系统,是人力资源管理的核心。要使绩效管理真正发挥其整合管理的作用,尽可能避免绩效管理的误区与问题,进一步明确绩效管理的地位与作用则非常必要。

1.4.1 绩效管理的地位

与绩效评价不同,绩效管理是整合组织绩效与个人绩效的系统管理,具有战略性地位。这意味着绩效管理的一个定位问题,即绩效管理的目标与方向的问题。因此,要做好绩效管理,必须首先明确绩效管理的战略性功能,为绩效管理确定其战略地位。

一个企业能否选择正确的战略目标则至关重要,而能否有效实现其战略目标也同样至关重要。绩效管理是企业战略目标实现的一种重要的支持手段。因为,企业战略目标的实施必然通过组织体系落实到每个人身上,通过发挥组织中人员的作用来实现目标。职务说明书中的岗位职责、任职标准等只是规定了某个岗位的职责和要求等内容。绩效管理能像一条线索把每个职位的职责和要求串联起来,将承担职位的员工工作任务与企业战略相联系。通过制定每个员工的绩效目标,将企业战略目标、岗位、员工合为一体。

绩效管理通过有效的目标分解和逐步逐层的落实,帮助企业实现预定的战略目标。在此基础上,理顺企业的管理流程,规范管理手段,提升管理者的管理水平,提高员工的自我管理能力。

1.4.2 绩效管理的作用

与绩效管理的战略地位相适应,绩效管理的作用主要体现为以下四方面:

1. 推进改革管理观念的不断创新

这又进一步体现为以下四点:

1)管理就是对绩效的管理

绩效管理提倡大绩效观,即管理者的所有活动都是围绕绩效的管理进行的,包括组织的绩效、部门的绩效和员工的绩效,而所有的绩效都要通过员工来实施并体现,因此,从根本上言,管理即是员工绩效的管理。

2)管理者与员工是绩效合作伙伴的关系

绩效管理提倡管理者与员工是一种合作伙伴的关系,共同致力于员工的绩效,员工的绩效在某种程度上就是管理者的绩效,管理者的绩效的高低是通过下属员工来实现的,这就使管理者和员工立场与利益都相一致,而非截然的上下级关系。

3)员工的绩效是管理者的重要职责

绩效管理提倡将管理员工的绩效作为管理者的主要职责,并明确写入管理者的职务说明书中,以制约管理者的管理行为,同时提醒和强化管理者的责任意识。

4)员工是自己的绩效专家

绩效管理是需要员工明白绩效对自己的重要意义,教会员工如何进行自己的绩效管理并管理好自己的绩效,把员工培养成为自己的绩效管理专家,提高员工自我管理的能力。

2. 提升企业管理计划的有效性

在现实中,一些企业的管理没有一定的计划性。管理的随意性很大,企业经营常处于不可控状态,而绩效性管理则可以弥补这一问题。因为绩效管理系统强调:认定合理的目标,通过绩效考核这一制度性要求,加强各部门和员工工作的计划性,提高公司经营过程的可控性。

若问一些管理者:"最近忙吗?"往往会得到这样的回答:"忙,忙得不得了!"若再问这些管理者"忙些什么呢?"他们也许会讲出一连串所忙的事情,但难以讲出主次分明的所以然。不少管理者往往是为工作而工作,很少考虑和分析这些工作对组织目标的关系和贡献。绩效管理则告诉管理人员保持忙碌与达到组织目标并不是一回事。绩效管理的贡献就在于它对组织最终目标的关注,促使组织成员的努力方向从单纯的忙碌向有效的方向转变。

3. 促使管理者提高管理技能

在许多企业中,部分管理人员缺乏必要的管理技能,或忙于具体的业务工作,或为琐碎事务脱不开身,不知道如何管人和如何发挥部门优势。而绩效管理的制度性和系统性的要求将迫使部门主管必须制定工作计划目标,必须对员工作出评价,必须与下属充分讨论工作和沟通,并帮助下属提高绩效。绩效管理要求管理者必须具备以下几方面的管理技能:

1) 分解目标与制定目标的能力

绩效管理是将企业的战略规划、远景目标和员工的绩效目标有效结合起来,员工的目标就是企业的战略目标的分解。因此,管理者必须掌握分解战略目标和制定部门目标与员工目标的能力。

2) 帮助员工提高绩效的能力

帮助员工提高绩效的过程就是管理者的管理过程,如何有效地帮助员工实现绩效目标需要管理者费一番脑筋,具有指导、鼓励和监控等能力。

3) 沟通的技能

管理即沟通,而沟通的技能恰恰是很多管理者所欠缺的,因此,要想管理好员工的绩效,管理者必须不断研究沟通的技巧、方法,提高沟通的技巧。

4) 评估员工绩效的能力

员工的绩效最终要通过评估来检验,管理者必须掌握如何才能公平、公正地考评员工,给员工一个令人信服的评价。

5) 绩效分析与诊断的能力

为使绩效管理更加合理有效,管理者还必须能分析和诊断员工绩效,找出绩效管理中存在的不足,以便查漏补缺,不断完善提高。

这一系列的技能要求本来是每位管理者应具备的,但事实上许多企业由于没有明确规定,无形中也就淡化了管理者的管理要求和责任。绩效管理则需要设计一套制度和程序来规范每位管理者的行为。换言之,管理者必须具备相应的管理技能,才可能做好绩效管理工作。因此,绩效管理实施正是提高管理者水平的一种有效途径。

4. 有助于开发员工能力和职业

绩效管理不同于以往的绩效考评,它强调如何使员工以后工作做得更好,重视在员工绩效目标达成过程中与员工的持续沟通、对员工工作的指导,并通过绩效考评反馈,针对性地提供员工培训和开发的机会,促使员工能力和职业生涯的发展。

本章小结

以摩托罗拉公司的绩效管理实践为引导案例,以此展开本章的讨论。本章首先分析和界定了绩效、绩效评价、绩效管理的基本概念;然后讨论了绩效管理系统的主要内容,指出绩效管理是将人员绩效与组织绩效相融合的管理系统。在此基础上,结合现实,分析绩效管理中存在的误区和问题,误区分析主要着重分析企业管理者特别是高层管理者在绩效管理认识上的偏差,问题分析则侧重分析绩效管理特别是绩效评价中存在的问题,因为,现实中的绩效管理活动还主要表现为绩效评价活动。最后,讨论了现代意义上的绩效管理所具有的战略地位和具体作用。

复习与思考

1. 在人力资源管理中,绩效的主要内涵是什么?
2. 如何理解组织绩效与人员绩效之间关系?
3. 影响人员工作绩效的主要因素有哪些?
4. 绩效评价和绩效管理的概念各是什么?
5. 如何认识绩效评价与绩效管理之间关系?
6. 绩效管理系统有哪些主要环节?
7. 如何认识绩效管理中存在的误区和问题?
8. 如何理解绩效管理是人力资源管理的核心?

第 2 章 绩效管理系统的
开发与设计

本章学习要点

1. 影响绩效管理的组织环境要素。
2. 绩效目标建立的主要注意事项。
3. 绩效管理系统设计的总体思路。
4. 绩效管理系统设计的主要步骤。

案例

DK 公司该如何开发绩效管理系统

DK 公司是一家中等规模的国有企业,成立于 20 世纪 80 年代后期,坐落在南方沿海的 Z 城市。目前,DK 公司拥有员工 1 250 人,组织结构以直线职能制为主,经营产品包括自动化感应部件、检测传感器、变送器、自动回路调节器等自动化控制系统产品。随着市场竞争的不断加剧,公司规模的不断扩大,DK 公司在不断努力改进管理体制,提高管理水平。

一天,DK 公司总经理王冠中邀请一位久未碰面的老朋友、人力资源管理专家顾维新到其办公室聊聊。其间,王冠中拿了一个册子给顾维新看。公司目前成立了人力资源项目组,并拟成立人力资源部,但尚在筹建中。项目组集中了公司主要领导和职能部门经理,经过近两个月的精心策划和加班加点搞出来的公司员工绩效管理方案,想让顾维新提一些建议。公司的想法是每月对员工进行一次考核,月奖金与绩效挂钩。以此激发员工,改善工作业绩。作为月考的表格,每人要填写 3 张至 7 张表格不等,如果加上评分和谈话确认,每人可能要花半天或更长时间来填表。主管的工作量就更大,人员多的部门,经理每月可能要用一半的时间做这项工作。另外,考核表中一律将"德、能、勤、绩"列为考核主要因素。年终考核主要依据每月考核。

顾维新仔细看过后,对王冠中说:"你们的绩效管理方案实际上仍然是传统的绩效考核方案,而且考核程序繁琐,难以操作和实施。"当时,顾维新向总经理提了三个问题:一个是作为月考核,在同一岗位的员工,一个月内他(她)的"德"和"能"会有多大的变化或不同。另一个问题是在进行考核之前,公司有没有对每一个岗位进行职务分析或岗位职责描述和任职资格描述。第三个问题是公司在设计员工绩效目标时,与公司目标的关系如何,是否明确公司目标并依据公司目标进行设计,与此相应,每个部门是否有明确且相对量化的工作目标。绩效管理并不等同于绩效考核,作为绩效管理核心部分的绩效考核,它也不单是由几张考评表格构成,更不是考评表格越多或越复杂就表示完善。考核的要素与公司、部门及工作职责的关系有关。如果无关因子越多,考核的效度就会越低。总经理王冠中听了顾维新提出的几个问题,觉得一时难以很好解释,但认为得到不少启发,值得自己好好思考一下,并邀请顾维新选择一个合适时间到他公司作一番实地考察,然后进一步向他提些建议。

为了不违老朋友之意,过了不久,顾维新带一位助手再次来到 DK 公司进行走访。了解到 DK 公司正在实施员工的月考核。工作目标是以岗位任务书的形式,每月初由部门经理下达到每个岗位。从考核效果来看还比较符合公司的意图,员工积极性也较高。尤其是开发和营销部门,近两个月的业绩有明显改善。但经与员工个人进行深度谈话发现一个问题,即员工对考核结果的心情是七上八下的,尽管知道自己每月的工作目标,但这目标也往往局限于自己的岗位要求,考核结果并未及时与员工见面,只是通过下个月的奖金的增减推断上个月自己的绩效情况。对许多岗位也没有谈话和确认的程序。

实地考察回来后,顾维新想得更多。类似的事情可能在许多企业发生,人们更多关心的似乎是考核环节及其结果,绩效管理中的其他方面如绩效计划、绩效沟通和指导常被忽略,对绩效管理系统及绩效改善流程也没有投入应有的热情。另外,对绩效考核环节中的考核方法、考核标准、考核周期及考核结果反馈等方面也缺乏合理设计。绩效管理是一门专业性很强的管理技术,其牵涉考虑的因素很多,如必须考虑企业的成长状况,组织文化的类型及其强弱,组织制度是否健全,组织战略目标是否明确,企业效益是否获得良性发展等。这些因素都需要进行仔细分析,在此基础上,选择合适的方法,针对性地开发和设计符合 DK 公司实际情况的绩效管理系统。顾维新想到这些,觉得确实需要向老总王冠中提不少建议,核心是围绕DK 公司如何开发和设计一套行之有效的绩效管理系统。

〰〰〰〰〰〰〰〰〰〰〰〰〰〰〰〰〰〰〰〰〰〰〰〰〰〰〰〰〰〰

上述案例中的 DK 公司员工绩效管理方案实际上是一个有问题的绩效考核方案,存在许多不足,例如,只是根据工作任务要求列举一些考核指标,将员工工作绩效与员工奖金报酬相结合,忽视绩效考核的其他功能和作用,忽视考核指标和考核流程设计的科学性和合理性,忽视绩效考核与绩效管理的关系及绩效管理的系统性。可见,要开发和设计一个有效的绩效考核方案,企业首先必须开发和设计一个有效、合理的绩效管理系统。在一个适合企业特定情况的绩效管理系统中,才可能开发出一个适合的绩效考核体系。

2.1 组织环境的分析与诊断

企业如何开发一个适合的绩效管理系统?企业组织环境的分析和诊断是首要环节。通过组织环境的分析和诊断,明确企业的愿景、目标和战略。组织目标和战略是开发绩效管理系统的基本依据。

分析和诊断的组织环境包括内部环境与外部环境,前者主要包括企业的目标和战略、组织发展规模、组织文化和价值观、企业利益相关者,后者主要包括竞争对手、可比较的绩效标杆,如图 2-1 所示。

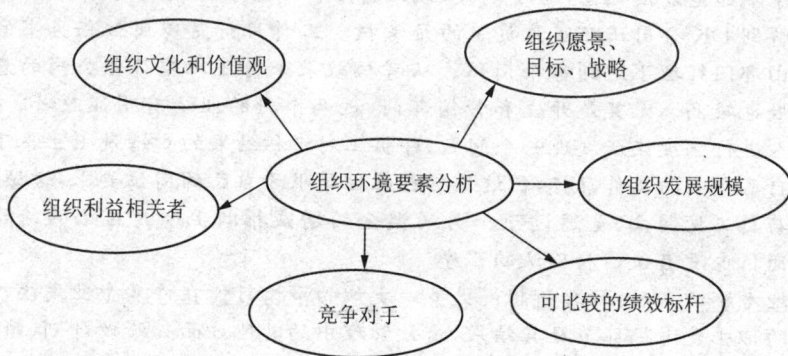

图 2-1 组织环境要素分析

2.1.1 企业组织的愿景、目标、战略因素

企业开发一个绩效管理系统,首先必须分析和明确组织发展的愿景、目标和战略。

愿景(vision)是企业为之奋斗而希望达到的前景,是对企业未来发展方向的一种期望、一种预测、一种定位。愿景是企业在竞争中取胜的有力武器,能够把企业凝聚成一个共同体,并说明企业存在的目的和理由。因此,愿景具有高度的独特性、超前的前瞻性,要求准确反映企业的使命和核心价值。

组织目标是指一个组织未来一段时间内要实现的目的,它是管理者和组织中所有成员的行动指南,是组织决策、效率评价、协调和考核的基本依据。组织目标体现组织的愿景和使命,为组织的活动确定了发展路线。不同组织有不同的目标。组织目标是识别组织的性质、类别和职能的基本标志。确定组织目标是组织的战略、计划和其他各项工作安排的基础,只有把远大的愿景转化为具体的目标,组织实现预期的效益才成为可能。通常,通过 SWOT 分析方法,即分析企业所有的长处、短处、机会和威胁而制定组织在未来一定时间内的发展目标。

战略是企业为了达成组织目标、应对外部竞争环境的计划。它可以是产品战略、服务战略、管理战略、投资战略等,也可以是整个组织的战略。这种计划是正式的、明确的、长远性、由高层管理者制定的、对组织行为有充分影响的计划。

不同企业有不同战略及战略组合。企业战略有多种,同一个企业在不同的发展阶段,其战略也不同。如成长期与成熟期的战略则不同。

在开发绩效管理系统时,首先必须明确组织发展的愿景和目标及组织发展战略。从而明确企业是什么样的企业、企业往何处发展、企业所面临的主要战略问题是什么、这些问题在何种程度上影响公司发展、决定企业能否很好完成目标的主要因素是什么等。

2.1.2　组织发展规模

在不同规模的企业,绩效管理系统所发挥的作用不完全相同。因此,在开发绩效管理系统时还必须考虑企业发展的规模特点。

在大中型企业,组织结构较复杂,官僚现象相对较重。对这样的企业,绩效管理主要发挥两个作用:一是提高整体绩效水平,通过建设性的绩效评估,不断提高个人的业绩能力;二是对员工进行甄选与区分,保证优秀人才脱颖而出,同时淘汰不适合的人员。在小型企业,组织结构比较简单,管理趋于扁平,"你干得好坏大家都看得见",因此,绩效管理的主要目的在于系统地保障业绩目标的实现。

在几十人和一二百人的小企业中,建立较完善的绩效管理系统的障碍主要来自三个方面:

(1) 小企业计划可控性差,年初制定的绩效目标,年底能否完成很难保证。由于不确定影响因素很多,难以准确考核。

(2) 小企业人员构成简单,不像大企业员工之间有众多职务等级,人员工作接触频率高,可谓"抬头不见低头见",像个"一家人",使用绩效考核情面拉不下,不太符合中国的传统理念。

(3) 小企业内部缺少规范化的管理流程,在这种情况下,员工自觉性和团队合作精神更为重要,如果给每个人制定严格的考核目标,经常会造成内部不团结。因此,小企业的绩效管理系统开发应该更灵活、更人性化。

在大中型企业,绩效管理系统的有效运作需要其他管理体系的支持与合作。在开发绩效管理系统时,需要检查并确立与绩效管理密切相关的其他管理体系。这主要包括以下几方面:

1）岗位工作标准体系

工作标准是保证绩效目标顺利实现的基础，没有工作标准，就难以对员工绩效进行衡量。制定工作标准的前提是进行准确的岗位描述。

2）计划/预算管理体系

计划/预算管理体系主要与财务评估指标的设定有关。各级管理人员所承担的收入指标、成本费用指标、利润指标、资金指标、资产指标以及上述指标的各项构成往往都是在企业的年度经营计划及预算中确定的。而且，财务指标目前仍然是个人绩效评估指标中最为重要的一类指标。因此，个人绩效指标的合理性和细化程度将主要取决于相关经营计划和预算的合理性及其细化程度。完善的计划/预算管理体系将是个人绩效管理系统的实施基础。

3）企业内外部反馈体系

在部门/个人绩效指标中，一些指标需要根据内外部的反馈意见进行评估。为了使绩效评估工作更为客观、公平、公正、透明，就需要建立必要的内外部信息反馈和收集机制。这些工作可以借助于外部机构进行，例如通过市场调查公司对客户进行满意度调查，通过人力资源咨询公司对内部员工进行满意度调查，也可以通过企业内部有关职能部门完成。

4）管理信息系统

个人绩效管理系统涉及大量的数据统计、记录、汇总和对比分析工作。实际上，仅个人绩效指标中的财务指标部分就需要借助于财务管理信息系统的支持。因此，如果能够在个人绩效管理系统方面引入适当的计算机管理体系，将有助于个人绩效完成情况的记录、跟踪、反馈和评估工作，既可以提高工作效率，也可以确保数据计算的准确性和可追踪性。

可见，在大中型企业，开发绩效管理系统需要上述密切相关的管理体系支持和合作。如果这些体系不健全，则必然影响绩效管理系统的建立及随后的运行效果。

2.1.3 组织文化和价值观

价值观是组织文化的核心，在一定程度上表明组织的特征及存在的理由。组织文化有多种定义，代表性的是罗宾斯（S. P. Robbins）和布朗（A. Brown）所界定的。罗宾斯认为，组织文化是组织成员的共同价值观体系，它使组织独具特色，区别于其他组织。如果仔细考察的话，这种共同的价值观体系实际上是组织所重视的一系列关键特征。以下七个特征是组织文化的本质所在。

1）创新与冒险

组织在多大程度上鼓励员工创新和冒险。

2）注意细节

组织在多大程度上期望员工做事缜密、善于分析、注意小节。

3）结果导向

组织管理人员在多大程度上集中注意力于结果而不是强调实现这些结果的手段与过程。

4）人际导向

组织在多大程度上考虑到决策结果对组织成员的影响。

5）团队定向

组织在多大程度上以团队而不是个人工作来组织活动。

6）进取心

员工的进取心和竞争性如何。

7）稳定性

组织活动重视维持现状而不是重视成长的程度。

布朗（A. Brown）认为，组织文化是组织历史中已形成的信念范式、价值观范式及从经验中习得的方法范式，这些往往在组织的物质或有形的设置或安排和成员行为中体现出来。

罗宾斯（S. P. Robbins）、贾奇（T. A. Judge）和布朗的组织文化定义都不同程度地强调价值观对组织成员行为和组织实践的作用和影响。

科特（J. P. Kotter）和赫斯克特（J. L. Heskett）研究提出组织的行为、规范和准则都受到组织文化和价值观的影响，并体现出组织文化和价值观的特点。并认为：价值观作为组织文化的核心，是不可见的、很难改变的，组织成员的行为、规范和准则往往是可见的、相对易改变的，如图 2-2 所示。

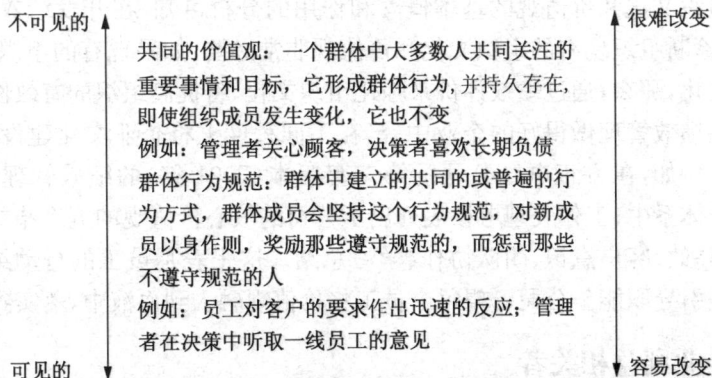

| 不可见的 ↑ | 共同的价值观：一个群体中大多数人共同关注的
重要事情和目标，它形成群体行为，并持久存在，
即使组织成员发生变化，它也不变
例如：管理者关心顾客，决策者喜欢长期负债
群体行为规范：群体中建立的共同的或普遍的行
为方式，群体成员会坚持这个行为规范，对新成
员以身作则，奖励那些遵守规范的，而惩罚那些
不遵守规范的人
例如：员工对客户的要求作出迅速的反应；管理
者在决策中听取一线员工的意见 | ↑ 很难改变 |
| 可见的 ↓ | | ↓ 容易改变 |

图 2-2　共同的价值观与组织的行为、规范的关系

施恩（E. H. Schein）则将组织共享的价值观分三个层次对组织成员的行为和

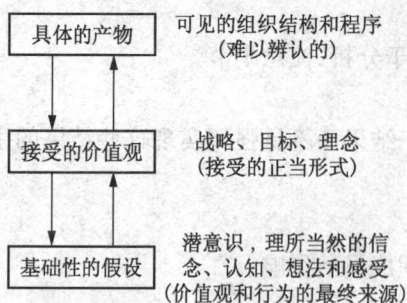

图 2-3 共同价值观的三个层次影响

组织实践产生影响。施恩认为：信念、价值观是行为的根本来源；企业的战略、目标、理念是一种已接受的价值观，已作为组织的一种正当形式；可见的组织结构和程序是在价值观的基础上形成的，但通常看上去难以辨认或直接反映出价值观。价值观的三个层次影响如图 2-3 所示。

组织文化和价值观对组织成员的行为和组织实践的影响作用，在某种程度上反映组织文化和价值观对绩效管理的重要性。这种重要性至少反映在两个方面：

首先，如果我们强调价值观和行为标准方面，那么，文化则能提供规范员工绩效的精神准则和行为指导。这样，组织文化和组织绩效可能存在因果关系。

其次，如果我们强调价值观的具体的可见产物，如组织结构和程序等，那么绩效管理可被认为是维持组织文化的一种工具，或者具有强化行为规范和价值观的作用，或者可能改变原有价值观，形成新的价值观。

国外企业文化学派坚持认为：任何组织都有其文化；当组织发展形成一个合适的强文化时，组织将更有效；合适的强文化创造和谐和效用，并激励员工；文化对企业绩效有影响，必要时，文化能够并应该得到改变；改变文化是企业高层管理者的职责。

可见，在企业文化学派看来，组织文化能够被评价、管理和控制，以追求组织的有效性。员工的行为规范、信念和价值观能够并在必要时应该得到改变，以便员工作出积极的行为，支持组织管理和战略。

从对组织文化和价值观的基本概念和作用的分析可知，在开发绩效管理系统时，分析和诊断组织现有的组织文化和价值观非常必要，如果现有的组织文化是一个合适的文化，那么，通过绩效评价来强化组织文化，将提高组织的有效性。

在一些绩效管理做得好的企业中，已在不同程度上将企业文化建设与绩效管理相融合。例如，在方正电脑公司的第三套版本（2001 年）的绩效管理中已在实践。在这个体系中，工作表现考核表列出了公司的核心价值观的五个指标，即严格认真、主动高效、客户意识、团队协作、学习总结。这张表是员工的行动纲要，它体现的主要是引导职能。公司希望每个员工将价值观融入到血液中，落实到行动中。

2.1.4 企业利益相关者

利益相关者，顾名思义指那些与企业成功有利益关系的人。它主要包括所有者或股东、管理层、员工、联合合作伙伴、供应商、客户等，如图 2-4 所示。

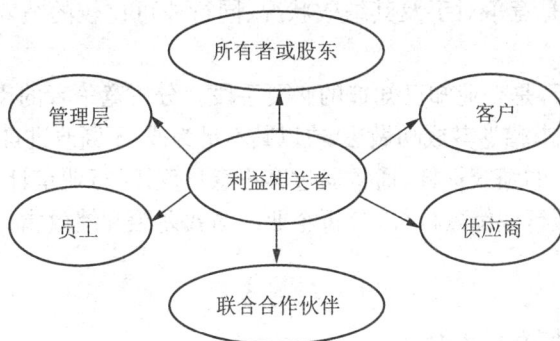

图 2-4　企业主要的相关利益者

　　除了图 2-4 所列出的主要利益相关者之外,金融机构、政府和社区,甚至竞争者在某种意义上也是企业的利益相关者。本章将竞争者作为另外一种因素进行分析。金融机构、政府和社区这三种因素,在我国目前,与企业利益的相关性,因不同的企业其相关程度不同。政府角色在国有独资企业或国有参与投资的企业,一般是作为股东形式出现。在非国有企业中,大多以税收者、宏观监督和管理者等角色出现。金融机构一般作为资金提供者,不论在理论上还是事实上,都与企业利益很相关,但由于我国资本市场尚处在市场经济的初级阶段,许多企业对金融机构这一利益相关者尚未充分认识。同样,许多企业对社区意识也比较淡化。然而,随着市场经济的不断发展,这些目前比较淡化的利益相关者的作用会不断增强。

　　就图 2-4 所列出的主要利益相关者在不同的企业,利益相关者的重要性不同。即使在同一个企业,在相同构成的利益相关者,其重要性也会因不同的高层管理者而不同。高层管理者作为企业的经营者,其决策和管理风格、价值观会直接影响企业发展方向和经营效益。

　　近年来,许多企业将客户看成是重要的利益相关者。在管理战略中强调客户需求驱动战略,在管理流程中,强调全面质量管理。有些企业明确提出客户第一的经营理念,充分强调客户是企业利润的根本来源。

　　"客户第一"的观念在一些企业管理中正受到挑战。随着全球化经济的发展和市场竞争的加剧,越来越多的企业采用战略系统的观点看待企业的利益相关者。对企业来说,关键的利益相关者不只是一个,而是多个。通常,客户、股东、员工是企业关键的利益相关者。新兴的绩效管理工具——平衡计分卡则充分体现这一观点。

2.1.5　竞争对手、可比较的绩效标杆

　　建立绩效管理目标和体系,在分析和诊断内部环境的同时,需要分析相关的外

部环境因素,尤其是竞争对手及其绩效状况、同行业可比较的绩效标杆(或称之为绩效基准)。

竞争对手分析,是企业知己知彼的必要手段。分析竞争者的市场地位、经营绩效、管理政策和机制,借鉴其成功做法,或以其不足为戒,不断改进自身的管理水平。

同行业可比较的绩效标杆,通常通过客户意见反馈、行业审计等途径辨别和确认绩效标杆。参照行业绩效标杆,分析企业的绩效差距和绩效指标,确立企业绩效努力的目标。

2.2 绩效目标的建立

绩效目标是开发和设计绩效管理系统的首要环节。它是企业目标与绩效管理实践相连接的纽带,在具体的绩效管理实践中贯彻和体现。绩效目标在绩效管理中也称为目的或责任,它为评估者和被评估者提供基本的评价标准,便于讨论和衡量。

2.2.1 绩效目标的意义与类别

1. 绩效目标的意义

现实中,一些企业一方面提出很响亮的战略目标,并有一套实现战略目标的规划,但这些目标和规划往往与具体的管理活动,特别是人力资源管理活动是脱节的。在这些企业的人员绩效评估活动中,评估的绩效目标与企业目标并未有机联系。由此出现的现象是:规划是一套、做的又是一套。因此,建立一个明确的、与企业目标相一致的绩效目标则非常重要。这种重要性具体表现为以下几点:

1) 为衡量和讨论绩效提供可理解和接受的基本依据

绩效目标可细化为具体的评估指标和标准,便于操作,同时也减少评估者与被评估者之间的误解。

2) 有利于员工明确自己工作对组织的贡献

与企业目标相一致的绩效目标促使员工明白自己工作在组织中的价值,也明白自己在组织中的角色。

3) 有利于员工自我管理和自我发展

明确的绩效目标能帮助员工自我管理和监督,增强自我发展的意识和能力。这在知识型员工管理中,显得更为突出和重要。

2. 绩效目标的类别

在绩效评估中,员工从事不同的工作,其绩效目标则不同。尽管现实的绩效目

标多种多样,但一般来说,绩效目标可分为以下几种不同的类别:

1）短期目标与长期目标

根据绩效完成的时间长短可分为短期绩效目标与长期绩效目标。短期绩效目标可在几个星期或几个月内完成,一般不跨年度。长期绩效目标完成的时间则更长一些,可能要 2～3 年,甚至更长的时间,或者绩效目标的完成要分成几个关键阶段。

2）组织目标与个体目标

如第一章有关概念所述,绩效具有不同的层面。这里的组织绩效目标强调的是一种集体绩效目标,包括公司的、部门的、团队的。个体绩效目标指落实到员工个体的目标。在企业绩效管理系统中,组织绩效目标一般都层层分解为个体绩效目标,组织绩效目标与个体绩效目标互为一体。此外,个体绩效目标还包含员工个人的发展和成长。

3）常规目标与创新目标

常规绩效目标指绩效维持在企业可接受的范围内。在可接受的范围内又分为不同层次,一般分为 5 个层次:杰出、优秀、良好、合格、可接受但需要改进。创新目标一般是为特定工作需要而设立的绩效目标,它的目的是激发创造力、新思维,或者鼓励采取新方法或新思路,大多是一种探索性的绩效目标。

2.2.2 绩效目标的建立过程

如何将组织目标分解转化为绩效评估中的可操作的、明确的绩效目标? 这是一个从"软目标"到"硬目标"的过程。所谓"软的",其英文单词是(soft),也是英文"将来的某个时间"(some other future time)的每个单词中第一个字母的合成。

"软的"目标更多的是面向未来某个时间而不是现在要实现的目标,因而,"软的"目标是一个比较宽泛的、模糊的目标,往往表现为意图或蓝图。例如,一个企业希望在 2～3 年的时间内销售额翻一番。这是一个企业发展目标,也是一个较宽泛的目标。为了实现这一目标,需要确立一些具体可行的目标,把这些目标作为员工工作努力的方向,即工作绩效目标,从而推动企业实现销售额翻一番的目标。从组织目标到员工工作绩效目标,是一个从"软"目标到"硬"目标的过程,所谓"硬"目标即是明确而专注的目标。在国外,这种明确的目标又称为"犀利"(sharp)的目标,"犀利"是由具体的、硬的、可行动的、现实的、计划 5 个单词的首字母构成,即:

S——Specific:具体的;

H——Hard:硬的;

A——Actionable:可行动的;

R——Realistic:现实的;

P——Plans:计划。

换言之，"犀利"目标指具体的、硬的、可行动的、现实的计划。明确的绩效目标也就是"犀利"目标。图 2-5 所示的是绩效目标的建立过程。

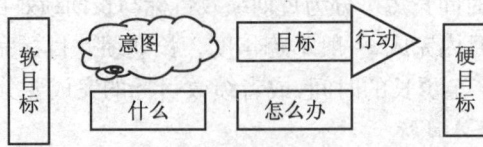

图 2-5　绩效目标的建立过程

在绩效管理系统中，绩效目标一旦确立，则成为正式的文案，需要书面化。正式确立的绩效目标需要符合 SMART 原则。同样，SMART 原则帮助企业确立规范的绩效目标。SMART 由 5 个英文单词的首字母构成，其含义如下：

S——Specific，即目标应该是具体明确的。绩效目标是被期望的具体结果，而不是意图或希望。因此，绩效目标应该用容易理解的语言准确描述要实现的目标——完成什么、什么时候和怎样完成。

M——Measurable，即目标应该可根据数量或质量的标准进行度量和证实的。只要有可能，就应该使用量化标准衡量。例如，"对客户提出的问题尽快予以解答"，改成"对客户提出的要求在 8 小时之内予以解答"。后者量化的目标更可衡量和操作。评估者与被评估者在结果的水平和这些结果将被怎样衡量达成一致的意见则非常重要。

A——Attainable，即目标应该是具有挑战性但可实现的。绩效目标是在过去绩效基础上的进步和提高，具有一定的难度，但经过努力可以达到。适当的绩效目标能取得更好的成果。

R——Relevant，即目标应该是立足于现实的，与工作职责密切相关的，而不是脱离现实凭空想象的。

T——Time-bounded，即目标应该是有时间期限的。目标设立后到实现不是无期限地指向"未来"，而是需要表明明确的时间。许多企业的绩效评估是每年一次，绩效目标的设立相应的是一年之内。

可见，绩效目标是对一定时间内、按照数量和质量衡量的、需要实现的具体结果的陈述。绩效目标提供了一种行动的方向和责任，是对行动的一种承诺。同时，绩效目标不是一成不变的，需要根据企业业务和竞争环境的变化而进行修改和完善。因此，绩效目标既具有相对稳定性又具有灵活性，两者之间是一种平衡和适度。

依据 SMART 原则，设立的绩效目标必须包括以下几个主要问题：

(1) 什么是绩效目标，对绩效目标描述要具体明确。

(2) 何时实现绩效目标，明确指出目标实现的时间期限。

（3）什么是绩效目标的评价尺度，明确界定目标达成的标尺，比如成本、速度、比率、数量、质量等。

（4）怎样实现绩效目标，实现绩效目标的关键途径和方法，对员工个人而言，是他的技能、能力和价值观的应用以实现其绩效目标。

（5）谁领导和支持员工绩效目标的实现，在员工绩效目标实现过程中，应明确谁承担主要的职责，谁提供必要的支持。

（6）隔多久考察目标实现的进程，目标自设立到实现这一过程，需要考察目标的进展情况，因此，应明确设定考察的次数或时间间隔。

（7）目标进展状况如何，在目标实现过程中，不仅要定期考察目标的进展，而且要跟踪目标进展状况。通常，目标进展有5种状况，可分别用绿色、黄色、红色、完成、修改完成来表示：

绿色：表示实现目标的工作已顺利开始，进程与目标计划相一致。

黄色：表示实现目标的工作已开始，但绩效目标的个别内容如时间期限或者评估尺度有些问题，需要进行修改或调整。

红色：表示实现目标的工作尚未开始。

完成：目标按计划完成。

修改完成：目标经过部分改动而完成，比如经过时间期限改动或评估尺度改动后完成。

表 2-1 是围绕上述的 7 个方面所做的绩效目标的样例。

表 2-1　绩效目标样例

什么	何时	尺度	怎样	谁	间隔	状况
1. 减少手工操作的伤害事件	6月底前	◇ 减少扭伤型伤害事件10% ◇ 减少员工的赔偿索赔10%	阶段1：明确手工操作的任务 阶段2：手工操作任务的风险评估 阶段3：控制措施的实施 阶段4：考察控制措施的效果	经理是主要责任者；提供支持的人员为团队组长、安全委员会、员工	每两月一次	
2. 确保所有员工都确立了绩效目标	7月底之前	应用 SMART 原则，设立5个关键目标	◇ 一对一的会谈 ◇ 指导员工如何设立目标 ◇ 设立目标 ◇ 正式考察 ◇ 不断改进管理	主管是主要责任者，经理提供支持	每月	

什　么	何时	尺　度	怎　样	谁	间隔	状况
3. 改进向总部办公室递交的每月财务报告的程序	6月底之前	◇ 按照总部办公室的进度及时汇报 ◇ 减少超时的20% ◇ 减少处理成本50%	◇ 与参与各方信息共享 ◇ 作为所有参与员工的共同绩效目标	会计是主要责任者，主管提供支持	每月	

作为评估者的管理者在设立员工绩效目标时必须注意哪些是应该做的、哪些是不应该做的。表2-2列出了管理者在此要注意的主要方面。

表2-2　管理者设立员工绩效目标时的注意事项

应　该　做　的	不　应　该　做　的
把个人目标与组织、部门、团队目标相连	设立目标不考虑整体情况
共同设立目标，与被评估者达成一致意见，并让被评估者知道：如果环境变化，这些目标将进行修改	不经过讨论就提交员工的目标
收集信息，设立适合于员工发展水平的目标	设立太难或太易的目标
设立具体的、可衡量的、切合实际的富有挑战性的目标	设立一般性或模糊的目标
设立可控数目的目标，讨论和确定每个目标的重要性和优先次序	设立太多目标或不重要的目标
与员工讨论为实现目标所需要的能力和条件	未与员工讨论完成目标的个人计划
要求员工提出实现复杂绩效目标的行动计划	忽视完成绩效目标的途径和方法
确立考察目标进展情况的关键点	目标设立后就置于一边，到评估时才想起来
事先与员工对目标完成的标准和要求达成共识	假设员工能明白组织和管理者的要求或知道工作的要求和标准
运用阶段性考察程序，与员工对目标、行动计划、进展情况进行讨论并做必要记录	仅凭记忆
设立能切实提高员工未来绩效的目标	对员工以往绩效太苛刻或太宽松
设立目标时考虑到员工发展的需要	忘记员工的不断进步是绩效管理的重要结果
赢得员工对每个绩效目标的理解、接受和支持	认为目标是靠行政推下去的，员工不完成就是员工的责任

2.2.3　绩效目标设立的讨论

管理者与员工共同讨论设立绩效目标，是绩效管理沟通的一个重要部分。在现实中,尽管管理者不一定需要和每个员工都坐下来讨论绩效目标的设立,但至少都需要将绩效目标明确告知员工,并取得员工的认同。同时,随着科学技术的不断发展,从事较复杂工作的知识型员工日益增多。知识型员工与从事简单劳动的员工相比,参与欲和认同感更强烈。因此,对知识型员工来说,讨论绩效目标的设立更为必要和重要。

1. 管理者的讨论准备

管理者在与员工讨论绩效目标设立之前,需要对讨论的内容进行充分的准备,并写就必要的讨论提纲。管理者需做的主要准备如下:

(1) 回顾员工相关的职务(岗位)说明书,以确定哪些职责对当前绩效周期最重要。

(2) 分析和明确公司或部门、员工在一年中的绩效目标的优先次序或轻重缓急,系统思维绩效目标。

(3) 考察员工目前的绩效状态。

(4) 考虑提高公司、部门或员工绩效的目标。

(5) 判别完成绩效目标所需相关的能力和技能要求,员工实际拥有的能力和技能情况。

(6) 考虑实现绩效目标和发展员工能力和技能的行动计划。

(7) 考虑准备提出的绩效目标与员工过去绩效进行比较和分析。

2. 管理者的讨论提纲

管理者经过讨论准备写成讨论提纲。这一讨论提纲也是管理者与员工讨论的步骤。通常,它包括以下几个方面:

(1) 讨论的热身与开始。感谢员工为绩效目标设立所做的准备和投入的时间。同时表明绩效目标讨论的目的和意义,概述讨论的主要议题。

(2) 讨论下一周期的绩效目标,征询员工对绩效目标的意见或看法。

(3) 讨论完成绩效目标所需要的能力、技能和条件,并征询员工对能力、技能等的看法。

(4) 共同确定完成绩效目标及开发员工能力的行动计划和步骤。

(5) 记录达成一致的绩效目标和员工开发目标,包括记录达成一致的行动计划和步骤。随后,将这些记录的内容制成一个表格,管理者和员工各自保留一份。

(6) 结束讨论。在讨论结束时,管理者应充分鼓励员工,表示对员工完成这些绩效目标充满信心,并表示乐意为员工提供支持和服务,欢迎员工遇到困难时随时来找自己。最后,对员工的积极参与表示感谢。

3. 讨论中的几个棘手问题

管理者在与员工的讨论中,可能会遇到一些难办的问题,令管理者感到尴尬或困惑。常见的棘手问题主要表现在以下三方面:

1) 如果员工提出的绩效目标太低,怎么办

当员工提出的绩效目标低于组织的要求时,管理者不应该指责员工,或要求员工强行接受组织期望员工达到的绩效目标。应记住:讨论是一种双向沟通过程。员工提出这样的绩效目标,肯定有员工的原因或理由。因此,管理者首先应分析员工设立低目标的原因是什么;然后,与员工一起分析阻碍达成更高绩效目标的因素或困难,并探讨克服这些障碍的途径和方法,如有可能,为员工提供更多的帮助和条件;最后,在考虑和分析员工的原因和克服障碍所需的资源后,重新评价员工提出的绩效目标是否真的太低。如果真的太低,则需要管理者鼓励员工、帮助员工,共同设立符合组织要求的绩效目标。

2) 如果员工提出的绩效目标过高,怎么办

与第一种情形相反,管理者觉得员工提出的目标可能过高而不切实际。对此,管理者不应该简单给员工泼冷水,而应该以一种赞赏的态度与员工开展交流。首先,要求员工对实现绩效目标的行动计划作更详细的解释;然后,分析员工为什么认为能实现行动计划的原因;同时收集更多的信息判断员工是否对一些资源或条件过于乐观或缺乏经验。如果员工确实提出的目标不切实际,管理者应向员工解释设立一个具有挑战性但又现实的目标的重要性,并协助员工设立一个更符合实际的绩效目标。

3) 如果员工不认同某个绩效目标,而该目标又对组织目标有重要意义,怎么办

管理者遇到这种问题,首先应该让员工表述对此目标的认识和不认同的原因;然后,管理者应向员工再次表明此目标与组织目标的关系和对组织目标的重要性,同时,向员工说明需要得到员工的支持和配合,需要员工接受此绩效目标,因为这是组织的需要。管理者对组织目标负有直接责任,管理者有责任也有权利作出最后的决定,当然,这种决定应努力让员工和管理者本人都满意。

2.3　绩效管理系统的设计

分析和诊断了组织环境因素,并探讨了如何建立绩效目标,然后,我们讨论如何设计绩效管理系统。

2.3.1　绩效管理系统设计的一般思路

绩效管理系统的设计强调系统性与过程性。早在 1989 年,Mohrman 等研究

提出了绩效评估系统的设计过程,如今,当我们在讨论绩效管理系统设计的一般思路时仍具有较强的借鉴意义。图 2-6 所示的是绩效管理系统设计的一般思路。

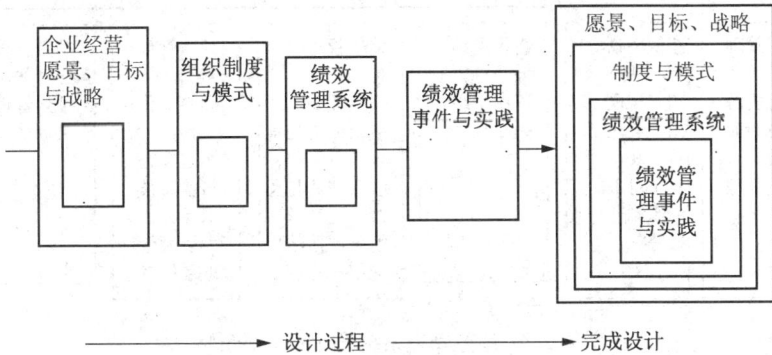

图 2-6　绩效管理设计的一般思路

(资料参考:Allan M. Mohrman, Susan M. Resnic-West, Edward E. Lawler, Designing Performance Appraisl System, Jossey-Bass Inc. & Jossey-Bass Limited,1989)

从图 2-6 可知,绩效管理系统的设计是在企业经营愿景、目标和战略指导下,在一定的组织制度和模式的基础上进行,同时,绩效管理系统本身又是组织制度和模式的一部分。明确企业经营战略与目标是设计绩效管理系统的基本前提,也是绩效管理系统的中心目标。绩效管理系统需要在一定的组织制度中运行,组织制度和模式影响绩效管理系统设计。分析和识别组织文化和价值观、利益相关者的构成、管理制度和政策等是设计绩效管理系统的前提工作。在一定的组织背景下设计绩效管理系统。绩效管理系统由系列事件和实践活动构成,即由绩效指标、绩效行为、评估方法、评估反馈及应用等构成。

2.3.2　绩效管理系统设计的主要步骤

在明确绩效管理系统设计的一般思路基础上,我们集中讨论绩效管理系统设计的主要步骤。绩效管理是一个系统管理,设计绩效管理系统是一个较复杂的过程。图 2-7 所示的是设计过程中的主要步骤。

1. 明确关键作用者

设计绩效管理系统是一项复杂任务。开始这一任务的第一步是确定哪些人是参与该任务的关键人员。做事的人明确了,才可能议论怎样做事。

高层管理者、人力资源管理专业人员、一般管理者和员工是绩效管理系统中的关键人员。他们在绩效管理系统中分别承担不同的角色、起着不同的作用。

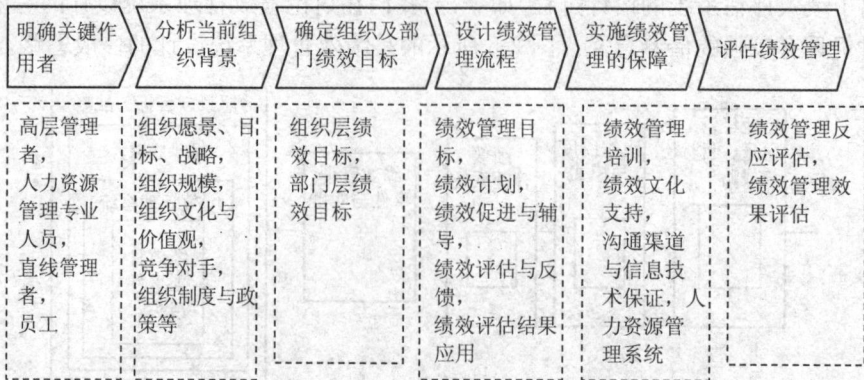

明确关键作用者	分析当前组织背景	确定组织及部门绩效目标	设计绩效管理流程	实施绩效管理的保障	评估绩效管理
高层管理者，人力资源管理专业人员，直线管理者，员工	组织愿景、目标、战略，组织规模，组织文化与价值观，竞争对手，组织制度与政策等	组织层绩效目标，部门层绩效目标	绩效管理目标，绩效计划，绩效促进与辅导，绩效评估与反馈，绩效评估结果应用	绩效管理培训，绩效文化支持，沟通渠道与信息技术保证，人力资源管理系统	绩效管理反应评估，绩效管理效果评估

图 2-7　绩效管理系统设计的主要步骤

高层管理者是企业管理的决策人，在设计绩效管理系统中，更多从决策和总体层面调控绩效管理系统、酬劳绩效管理者的绩效、规范绩效管理的基本行为和过程。

人力资源管理专业人员作为绩效管理系统设计的具体组织者和设计者，更多地承担开发和设计绩效管理的具体程序和方法，为直线管理人员和员工提供绩效管理的咨询、指导和支持，组织和督促绩效管理活动的有序、有效进行，并进行总结和提高。

直线管理者，他们在绩效管理中通常担任考评者的角色。他们直接面对员工和部门的绩效，对员工和部门的绩效状况最了解。为什么评估员工绩效，如何评估员工的绩效，评估员工什么绩效，以及如何通过绩效评估回报和发展员工，直线管理者一般具有基本发言权。因此，设计绩效管理系统，直线管理者的作用不可忽视。

员工，传统认为是绩效评估中的被考评者。在绩效管理中，员工既是被考评者，也是考评者。绩效管理强调未来导向，它不仅仅要了解员工过去工作做得怎样，更重要的是通过绩效考评，促使员工以后工作做得更好。因此，通过绩效评估活动，让员工自我评估和自我反思，不论是正式还是非正式，都会对员工工作起不同程度的促进作用。在设计绩效管理系统时，就让考评对象参与进来，让考评对象知道员工为什么评估员工绩效、如何评估和评估什么等问题，并听取员工的意见，将有力推进绩效管理的实施。

2. 分析当前组织背景

在绩效管理系统的一般思路中就强调对组织目标和文化等因素的分析和判断。同样在绩效管理设计过程中必须将这点落到实处，具体分析和评估所在企业的主要背景因素。这些主要因素包括：组织愿景、目标和战略、组织文化、组织管理

44

制度和政策、现有的绩效管理活动与人力资源管理政策的匹配情况和报酬制度等。

关于组织愿景、目标和战略、组织文化、组织管理制度和政策的因素，在前面已经作了一定的阐述。在此，主要围绕报酬制度和现有绩效管理的诊断和评价展开。

绩效管理与报酬管理是人力资源管理中的两个关键部分，绩效与报酬两者之间又密切相关。绩效是主要报酬的依据，报酬能修正或强化绩效。由于员工绩效与组织绩效密切相关，因此，组织绩效、员工绩效与报酬三者之间存在一种战略性的内在联系。评价一定组织的特定背景，需要对这三者关系作一诊断。诊断内容主要包括以下几方面：

1）原因

分析什么原因导致对现有的绩效管理或报酬制度进行重新评价。

2）目标

分析企业目标与绩效管理目标及其之间的关系，即，什么是企业战略目标，什么是与企业目标相关的关键绩效，谁来实现这些关键绩效，企业想与员工达成什么样的绩效协约或认同，设计的绩效管理系统想做什么，是为了吸引、保留、激励、控制员工还是其他目的。这些不同层面的目标或目的都是与绩效管理系统的目标密切相关。

3）环境

相关的环境分为外部和内部两种。外部环境要分析的是：企业现在处于经营周期中的哪一阶段，企业所在的民族或社会文化对绩效和差异化的态度有什么影响。内部环境要分析的是：相关员工群体的动机假设是什么，什么样的群体是内部员工参考群体，这种参考群体是如何影响员工工作态度的。

4）制度

分析企业应该做哪些事情来支持影响员工知识、能力和动机的绩效目标或经营目标。

5）设计

包括内容设计和过程设计分析。内容设计分析包括：企业如何定义报酬，如何定义奖励，哪些是合适的衡量标准（短期、中期、长期，还是财务性与非财务指标，还是个人与群体），企业能否以所希望的方式衡量绩效并设计相应的报酬制度，员工能否认识到绩效与报酬的关系。过程设计分析包括：整个报酬结构是相互关联还是彼此不相关，参与设计和管理绩效系统的其他管理人员是否承担其职责，过程是否易于管理，企业怎样沟通和反馈绩效和报酬。

6）结果

分析绩效管理对行为有什么影响（是对现有行为的强化还是激发了新行为），回顾以往，什么是盈利或成功的标准，考虑到设计和管理系统的成本及报酬的支付，能否可能定义或提出投资收益率标准。

7）监控

分析什么样的绩效评估过程是合适的或者需要开发的。

在对企业目标、绩效和报酬的关系进行分析和诊断的同时，还需要从绩效的三个不同层次（组织层次、过程层次、个人层次）和绩效变量的维度对现有绩效作进一步诊断，判别是否存在可能引发的问题。具体诊断的内容见表2-3。

表 2-3　绩效诊断：可能的问题

绩效变量	绩 效 层 次		
	组织层次	过程层次	个人层次
使命/目标	组织的使命/目标是否适合现实的经济、政治和文化力量	过程目标是否能使组织实现组织和个人的使命和目标	个人的专长和个人目标是否与组织目标一致
制度设计	组织制度是否为预期绩效提供了结构和政策支持	按这种方式设计的程序能否以系统方式运行	个人设计是否支持个人绩效
能　　力	组织是否有实现其任务和目标的领导、资本和基本结构	过程是否有能力实现预期绩效（数量、质量和时间）	个人是否在心理、体力和情感上有能力实现绩效
动　　机	政策、文化和报酬系统是否支持预期绩效	过程是否提供了维护自身需要的信息和人力因素	个人是否希望完成组织要求的一切工作
专　　长	组织是否建立和维护人事选拔和培训政策和相关资源	发展专长的过程是否满足动态过程所提出的不断变化的要求	个人是否有实现预期绩效的技能和经验

3. 设立组织及其部门绩效目标

以企业愿景、目标和战略地图为导向，分析企业内外部经营环境和障碍，确定企业层面的绩效目标，特别是确定企业层面的关键绩效目标，在此基础上，结合各部门的职能定位，并与部门沟通，分解企业层绩效目标，制定部门绩效目标，特别是确定部门关键绩效目标。其绩效目标设立过程如图2-8所示。

图 2-8　组织及其部门绩效目标的设立过程

46

4. 设计绩效管理流程

在明确组织及其部门绩效目标的基础上,设立人员绩效管理流程。人员个体或团队的工作绩效目标是对组织层和部门层绩效目标的进一步分解。通常,人员工作绩效管理流程包括绩效管理目标的确定、绩效规划、绩效促进与辅导、绩效评估与反馈、绩效评估结果的应用、绩效管理改进和重新协议,如图 2-9 所示。

1)明确绩效管理目标

建立有效而可行的绩效管理流程的第一步是明确绩效管理目标。不同企业、企业不同的发展阶段、不同的经营战略目标都可能具有不同的绩效管理目标。一个绩效管理系统可以服务于一个或多个目标。一般而言,绩效管理目标主要包括三个方面:战略性目标、行政管理性目标、开发性目标。

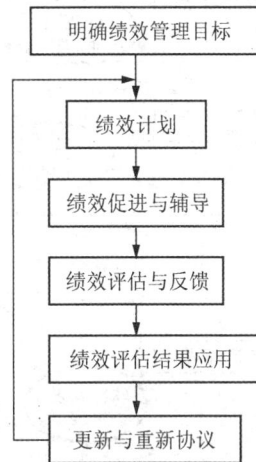

图 2-9　绩效管理系统流程

战略性目标:指将员工的绩效目标与组织绩效目标紧密相连,是组织绩效目标的层层分解和落实,将员工绩效管理的实践活动与企业经营战略相结合。绩效管理的战略性目标是战略人力资源管理的一个重要体现,也是绩效管理与以往绩效评估相区分的一个重要方面,充分体现绩效管理的战略性管理功能。现在越来越多的公司在设计绩效管理系统时,非常重视和明确绩效管理的战略性目标。以 QQ 公司软件公司为例。QQ 公司是致力于物联网软硬件开发的一家中小型公司,处于成长发展期。员工以软件开发和测试人员为主。QQ 公司应用 SWOT 分析法分析企业的竞争优势(strength)、劣势(weakness)、机会(opportunity)和威胁(threats),然后,确定公司战略目标是:建立以自研操作系统为核心的"互联网/家庭物联网"生态系统,整合互联网应用和服务,形成领先型的 O2O 商业模型。公司发展战略是:以创新性技术带动颠覆性变革,提供便捷、易用、多赢的互联网产品和服务。依据战略目标和发展战略,公司进一步明确中、短期发展目标。在此基础上,QQ 公司依据平衡计分卡的四维度模式,从财务/业绩、客户、内部流程、学习与成长方面构建绩效管理的战略地图,将公司战略目标落实于战略管理和职能管理活动中,如图 2-10 所示。在 QQ 公司中,由于许多产品处于研发或推广阶段,客户采用更广义的含义,即内外部客户,以适应公司现有的发展阶段。QQ 公司以战略地图为明确的绩效战略性目标,为公司部门(团队)、个人绩效评价指标的制定提供依据。

行政管理性目标:主要指绩效管理服务于与绩效相关的薪酬管理、人员晋升、调动、保留、辞退和解雇、奖惩等人事管理决策的制定。这一目标也是绩效评估结

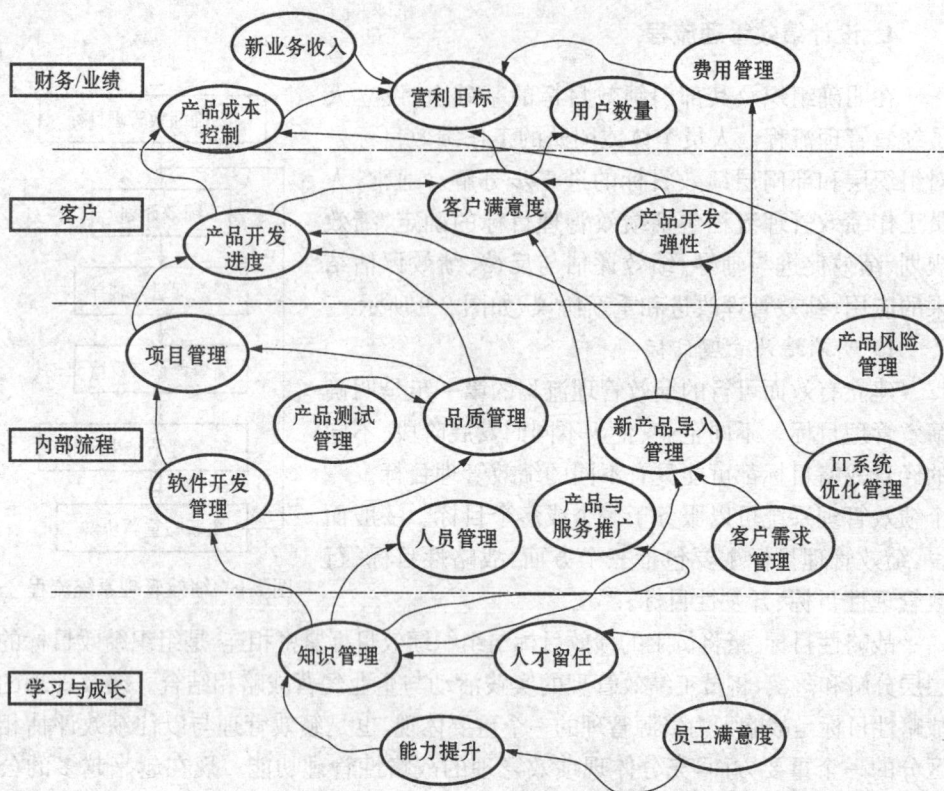

图 2-10　QQ公司绩效管理中的战略地图

果应用的方面。

　　开发性目标:指服务于员工培训、员工职业发展咨询、员工绩效改进等,强调绩效管理的未来导向和开发功能。通过绩效管理,肯定和激励员工在工作中取得成绩和进步,发现员工在工作中存在的不足或缺点,并给予更多的关注和帮助,鞭策员工改进工作绩效,同时根据组织需要对员工提出工作期望,讨论员工的职业成长。开发性目标作为绩效管理目标,是对绩效评估中的相关目标的强化。

　　总之,一个绩效管理系统服务的目标是一个还是多个,最终取决于企业的实际需要和一定背景。例如,A公司是由原来从事通信高科技行业的业务关联的两家合并而成的,主要为通信运营商、企业和消费者提供融合话音与数据的端到端解决方案,包括宽带接入、传输、移动通信、固定话音业务、卫星通信等的业务。公司在通信领域占有举足轻重的地位,即便在当前通信领域普遍不景气的情况下,公司的业务也呈现稳定增长的趋势。A公司的战略目标是通过技术和服务的不断创新,发展主营业务,成为国内通信领域的领先企业。A公司现有人员3 000多人,其中

48

专业技术人员比例超过 60％，主要分布于研发、销售支持、工程及售后服务等领域。从人员结构看，80％以上具有大学以上学历，是一个典型的高科技技术公司。高素质的人才队伍是 A 公司决胜市场的核心竞争力之一。A 公司注重人力资源管理工作。一方面，A 公司考虑到原来两家公司的人力资源政策的不同，邀请人力资源咨询专家制定了适应新公司业务发展需要的人力资源管理主导政策，并采用逐步过渡的形式，以使所有员工有一个适应的过程。在这种特定的背景下，A 公司建立的绩效管理目标是：提高公司及其团队、员工的绩效，为员工管理流程提供有用的信息和工作步骤的指南，并帮助员工发展。以此目标指导绩效管理实践。

2）绩效计划

根据确定的绩效管理目标，按照已确立的公司和部门的绩效目标，设立人员绩效目标和标准。管理者需要收集相关信息，并作好与员工讨论的准备。确定关键成果领域和关键绩效指标，确定绩效实现期限，与员工进行绩效计划沟通，确定绩效计划，包括绩效计划实施的行动计划，并形成绩效计划的书面报告，管理者与员工各持一份，另外，提交人力资源部备案。

3）绩效促进与辅导

绩效促进与辅导又称绩效执行。在此部分，设计和明确管理者与员工各自职责。在员工实现绩效目标的过程中，收集员工绩效进展的数据和做必要的文字记录，征求和提供绩效实现过程中的反馈，提供指导和支持，根据需要采取绩效改进的行动，根据业务需要调整绩效目标，强化员工的绩效行为。同样，员工也承担相应的职责。员工应该致力于绩效目标的实现，从管理者绩效反馈中获得指导和收益，坦诚与管理者沟通，了解自己的绩效成果，为绩效评价作好准备。

4）绩效评估与反馈

绩效评估是绩效管理中的关键环节。设计和明确绩效评估的目标，绩效评估目标要与绩效管理目标及绩效计划相一致。结合设立的绩效目标和标准，设计合适的绩效评估方法。本书第 3 章和第 4 章对绩效评估的常用方法和新兴方法分别作了较系统的讨论。企业根据绩效评估目标、绩效评估对象和评估内容，设计和选择合适的评估方法。同时，选择和确定合适的绩效评估人员。

通常，可能成为评估者的人员有：直接主管或部门经理、较高层管理者、被评估者、同级同事、下属、客户、受过训练的独立观察者等，如图 2-11 所示。其中，独立观察者一般是专家或外请的资深管理人员。在现实评估中，不是设计和选择的评估者越多越好，也不是哪一类评估者在什么场合都能胜任评估者的角色。每一类评估者各有特点，适合于不同的情景和不同的评估目的，参与评估的方法也不同。表 2-4 概括列出了每一类评估者提供的不同的意见或看法、信息量，适用的不同评估目的、组织设计、管理风格，以及不同的参与评估方法。

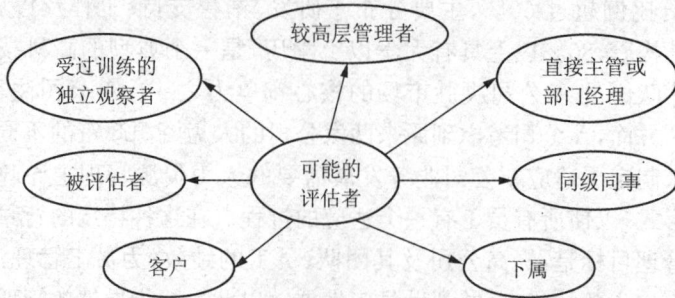

图 2-11　可能的评估者

表 2-4　不同的可能评估者特征及其适用的情景与方法

评估者	意见或观点	信息量	服务的目的	组织的设计	管理风格	参与的方法
直接主管或部门经理	部门内的行政管理性方面（如计划、安排等），部门内员工可比较的方法	中等到大量	报酬管理,工作职责界定,培训,反馈,配置和规划	适合于任何组织形式	等级制的和高度民主参与	提供直接评估反馈和指导、支持,参与管理评估过程
较高层管理者	部门之间可比较的方法	有限	规划和配置,付酬控制,评论,工作职责界定	职能性组织设计（即较高层管理者是主管部门的）	等级制的和高度民主参与	评估规划,监控付酬过程和不满状况,评价他人所作的评价
被评估者	有关技能、能力、努力程度和行为方面的,可比较的方法	巨大	反馈（旨在发展和自我管理方面）,参与,职业规划,工作职责界定	适合于任何组织形式	高度参与	向他人提供有关评价的自我信息,改变他人所作的评价
同级同事	可比较的关系导向的沟通	中等到大量	报酬管理,工作职责界定,配置,解决问题,反馈	组织中有团队和矩阵的结构设计	高度参与	团队讨论,正式向他人提供有关评价的信息
下属	领导力信息的传递,其他的管理角色	中等到大量	开发,反馈,规划,培训,配置,问题解决	适合于任何组织形式,但受不同文化和价值观的影响	高度参与	问题解决方式,数据（信息）反馈,正式向他人提供有关评价的信息

50

评估者	意见或观点	信息量	服务的目的	组织的设计	管理风格	参与的方法
客户	付出的和过程中的服务	有限的	报酬管理,问题解决,反馈,培训,工作职责界定,开发,配置	适合于任何组织形式	高度参与和等级制	正式向他人提供有关评价的信息,问题解决方式
受过训练的独立观察者	限制短时间形式,有关技能和能力	有限的	规划,培训,开发,反馈,配置	适合于任何组织形式	高度参与和等级制	组织正式安排,标准的任务和工具

在现实管理中,我们还需要较深入了解不同评估者在评估过程中的一些主要表现,包括优点及存在的不足。例如,上级评价、下级评价、同事评价、自我评价和顾客评价等都各有不同的优点与不足,具体内容请参考第 5 章中有关 360°的讨论。

对绩效评估的同时,需要加强对绩效评估的反馈。因此,需要设计绩效评估的反馈方式和途径。管理者对不同岗位的员工和不同绩效表现的员工采用的反馈方式不完全相同,有的是以绩效面谈的方式,有的是以书面的方式,有的是采用小型会议的方式。

5) 绩效评估结果应用

绩效评估结果的应用设计需要根据绩效管理目标和绩效评估目标进行,并在绩效评估结果应用实施过程中跟踪、监控和总结,为绩效管理系统的更新和完善提供依据。

S. Thomas & R. Bretz 在 20 世纪 90 年代初曾对"财富"100 家公司的绩效评估进行研究,发现绩效评估的信息主要应用于 16 个方面,按绩效评估信息应用的重要性进行排列,见表 2-5。

表 2-5 "财富"100 家公司的绩效评估信息应用的重要性排序

序　号	绩效评估信息的应用方面
1	改进工作绩效
2	管理绩效工资
3	对员工的工作期望提出建议
4	评议员工
5	制定晋升决策
6	激励员工

序　号	绩效评估信息的应用方面
7	评估员工潜力
8	识别培训需求
9	改善工作关系
10	帮助员工设立职业发展目标
11	更有效地分配工作
12	制定转岗决策
13	制定辞退和解雇决策
14	协助人力资源长期规划
15	提高聘用程序的有效性
16	为其他管理行动提供证据

从表 2-5 中可知,许多企业所做的绩效评估结果应用于多个方面。概括而言,绩效评估结果主要应用于以下几方面,如图 2-12 所示。

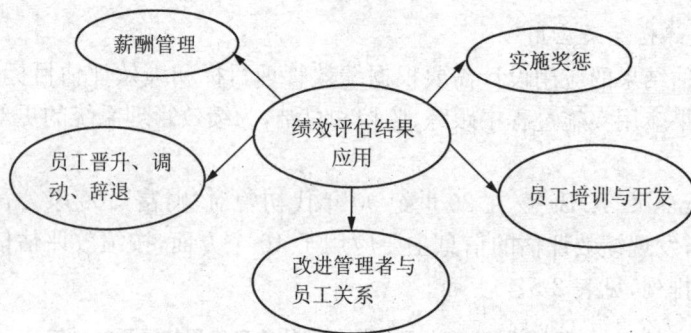

图 2-12　绩效评估结果的应用

（1）应用于员工薪酬管理。员工薪酬组成中的相当部分是绩效薪资,即与绩效相关的薪酬,英文简称 PRP(Performance Related Pay)。在企业薪酬管理中,按劳分配是永恒的准则,酬劳与贡献相匹配,才能使员工感到公平合理,从而激励员工多作贡献。为此,需要对员工的工作绩效进行测量和评价,需要依据绩效评价结果进行绩效薪资管理。

（2）应用于员工晋升、调动和辞退的决策制定。在很多时候,具备晋升条件和要求的人数多于可能晋升的名额,在这种条件下,公平公正的做法就是依据员工的绩效,通过绩效评估结果择优晋升。同样,在制定员工工作调动或者辞退和解雇的决策时,也都必须以绩效考评结果为依据,才可能做到令人信服。

（3）应用于奖惩的有效实施。奖为主、惩为辅,奖惩结合历来是企业管理中的激励原则。只有对那些忠于职守、勤奋工作、成绩优异者给予物质或精神的奖励,对那些不负责任、投机取巧或偷工减料、绩效低劣者,给予必要的惩戒,才能真正激励员工的工作热情,创造一种积极向上的组织氛围。为此,员工绩效评估结果是管理者实施奖惩的基本依据。

（4）应用于员工的培训与开发。通常,员工培训有两种类型的培训需要,一种是员工现有的工作能力和技能与目前从事工作的要求有一定的差距,但这种差距是能够通过培训来弥补的,因此需要培训;另一种是员工现有的工作能力和技能超过目前从事工作的要求,有潜力做更复杂的工作,因此,作为培养对象,接受未来工作所需要的相关培训。不论是哪类培训,都需要通过绩效评估结果来确定员工需要哪类培训,以及培训什么内容。

通过绩效评估,可以发现员工的长处与不足、优势与劣势,识别员工的培训与发展需求,同时,也能帮助员工意识到自己的优势和存在的差距,并根据组织发展和岗位需要,为员工制定有针对性的培训计划,并与员工讨论工作改进计划和职业成长计划,促使员工更好地发挥潜能。

（5）应用于管理者与员工之间工作关系的改进。将绩效评估结果落到实处,反映绩效管理和评估不是走形式,而是动真格,体现管理层政策的一致性和一贯性。同时,在绩效评估结果的应用中,应加强管理者与员工的沟通,从而进一步融洽双方的工作关系。

5. 实施绩效管理的保障

为确保绩效管理流程的有效实施,还需要设计一套保障体系。这种保障体系主要包括:绩效管理培训、绩效文化支持、沟通渠道与信息技术保证及人力资源管理系统的支持。

1）绩效管理培训

为使绩效管理的相关责任人能胜任绩效管理职责,需要进行有效的绩效管理培训。为此,需要根据组织的绩效管理培训需求,设计相应的绩效管理培训计划。本书第7章对绩效管理培训作了专门讨论,在此就不赘述。

2）绩效文化支持

绩效文化是企业文化的精髓,体现企业的绩效价值观,并向员工明确传达这种价值观。Jack. Welch 曾说过:"我们的活力曲线之所以能有效地发挥作用,是因为我们花了10年的时间在我们企业建立了一种绩效文化。"一句话道出了 GE 何以能够基业长青的真谛所在,也充分反映了绩效文化的重要性。

绩效文化与绩效管理相辅相成。一方面,通过绩效管理能形成和增强企业的绩效价值观;另一方面,实施绩效管理必须倡导绩效文化。绩效文化具有引导和牵引作用,引导企业员工做事围绕绩效目标,倡导依据绩效公平评价每个员工的贡献并予以回报,以此激励员工。企业在倡导与反对什么、奖励与惩罚什么中传递绩效价值观,强调对绩效的关注,从而形成适合绩效管理的企业文化。

3) 沟通渠道与信息技术保证

绩效沟通、绩效评估反馈是绩效管理过程中的重要环节。因此,为了有效实施绩效管理,企业必须提供沟通渠道,如设定管理者与员工的工作例会,为管理层与员工之间及时沟通提供必要的条件和设施。在信息技术高度发达的今天,企业应该开通和应用内部信息网络,让员工随时随地通过企业内部网络了解绩效管理的相关信息,并充分收集听取员工的意见或想法。

4) 人力资源管理系统的支持

从人力资源管理职能上讲,绩效管理不能脱离其他职能独立存在。人力资源管理是一个系统管理,主要由人力资源规划、人员招聘与配置、绩效管理、培训与开发、薪酬管理等构成。这些管理职能在整个人力资源管理管理过程中是互相交错、相互作用、相互协同的关系。

绩效管理在整个人力资源管理系统中承担了中枢和关键的作用,它依据员工的绩效表现,对员工的价值创造活动进行评价,判断其是否符合所任岗位的要求,是否需要培训或进一步开发,是否需要给予回报或奖励等。因此,企业应该建立一个健全的人力资源管理系统,以支持和配合绩效管理的实施。

6. 评估绩效管理系统

如何评估绩效管理系统,是绩效管理系统开发与设计中的一个收尾工作。绩效管理系统的有效性体现了企业战略目标执行的能力。因此,合理评价企业绩效管理系统则非常重要。

要讨论绩效管理系统的有效性,则必须结合绩效管理的含义,它首先不应该被错误地认为是绩效考核或者是一年一次的形式化填表工作,而是作为管理者和员工就工作目标及如何达成目标所达成共识的过程。其次,明确绩效管理是一个系统,从程序上,绩效计划、绩效促进与辅导、绩效评估与反馈、绩效评估结果应用是核心环节。因此,评价绩效管理系统应侧重评价这些核心环节。

(1) 从绩效计划来看,它是绩效管理的起点,有一个好的绩效计划意味着绩效管理成功了一半。它应该是建立在公司整体战略的基础上并对战略进行分析、依次分解,经过公司工作重点到部门工作重点,再到具体的工作岗位。从上到下或者自下而上都是统一、明确的,并且是具有引导性的。通常我们对于绩效计划的判断是依据 SMART 原则,即其具体性、可衡量性、可获得性、紧密相关性和时间限制性等五个方面。可以说,这也是对整个绩效管理系统合理性进行评价的首要步骤。

(2) 从绩效促进与辅导来看,它是主管促进员工达成绩效计划的过程,连接了绩效计划与绩效评价两个环节。做好绩效促进,必须要在做好数据收集和记录的基础上保持好管理者和员工之间的持续沟通,以分享信息。可以说,没有沟通就不是绩效管理,它是绩效管理系统能够在企业内部得到成功实施的重要保障。

(3) 从绩效评估与反馈来看,评估方法的选择是一个关键而敏感的问题。由于导入绩效管理系统的实践直接影响到绩效考评氛围的形成,在一个刚开始导入绩效管理系统的企业,如果机械地套用一些现成的评估方法和手段,很容易使考核过程成为考核者与被考核者之间博弈的游戏,结果可能使员工与主管之间产生矛盾,影响员工的工作热情,导致协同性下降;或者成为填表游戏,结果使考核流于形式,这样都不能真正发挥提高绩效的作用。因此,合理的评价方法和手段应该慎重考虑公司本身特点、考评者和被考评者的特点,确保员工充分参与,在定量与定性之间寻求合理而公正、公平的平衡点支持。另外,有效的绩效评估反馈让员工了解组织对自己工作绩效的看法,让员工和主管共同分析和找出双方有待改进的地方,共同确定下一周期的绩效计划和改进点。绩效反馈是为最终的绩效改善提供支持,其作用可以反映出绩效管理系统的动态性和成长性。

(4) 绩效评估结果是否得到有效的应用,也是反映绩效管理系统是否有效的一个重要方面。从根本上看,应用绩效评估结果是为了强化绩效管理效应,推进绩效管理的持续性。因此,需要评价绩效评估结果的应用情况,是否应用在多个方面,包括薪酬管理、奖惩管理、晋升、辞退或解雇、培训与开发等方面,并进一步评价这种结果应用对员工的激励力度。

在评价绩效管理系统的过程中,收集员工对绩效管理的反应信息则很重要。为此,企业必须具备绩效管理投诉的通道与制度。在绩效管理的实际操作中,难免发生不公平或不合理现象,特别是在绩效评估环节。为此,需要设立投诉的通道和解决问题的机构,以了解绩效管理实施中可能存在的不足或负面效应。一般来讲,公司会成立由总经理、人力资源总监(或经理)和外聘独立的人力资源顾问共同组成的绩效管理指导委员会,由公司总经理直接领导,主要职责是领导和指导绩效考评工作,听取各部门管理者的初步评估意见和汇报,纠正评估中的偏差,有效控制评估尺度等。在国有企业中,一般考虑由总经理、党委书记、人力资源总监(或经理)和外聘独立的人力资源顾问组成。这种机构为绩效评估的客观公正提供了进一步的保障。如果部门的经理或直接主管在评估时对部属的打分程度有偏差,可退回重新评估;当员工对评估结果有争议时,可提出申诉由指导委员会调解仲裁,达到客观公正。有了严格的投诉制度和委员会,人力资源总监也可以避免疲于应付的局面。

总之,绩效管理系统的设计是一项严谨和复杂的任务,绩效管理系统设计得是否科学,直接关系到绩效管理的实践效果,最终影响到组织战略目标能否有效实现。绩效管理的功能超出了人力资源管理部门的职能范围,其真正的责任人,应当是企业的高层及各级管理人员,人力资源部在绩效管理系统中的角色,更多的是在具体的操作中承担组织和协调的工作。如果企业现有的人力资源管理专业人员主要从事的是事务性、行政性管理工作,公司为了业务发展需要,公司人力资源管理水平必须更上一个台阶。在这种情形下,绩效管理系统一般外请人力资源管理咨询专家与内部人力资源管理专业实践人员共同完成。表 2-6 是关于绩效管理系统设计过程中应注意问题的清单。这份清单能为企业人力资源管理专业实践人员提供有关参考和指导。

表 2-6　绩效管理系统设计中应注意的问题清单

序　号	问　　题
1	总体来看,企业绩效管理的目标是否建立和明确
2	企业与员工是否就绩效目标达成一致?是否形成绩效规划或协约
3	绩效短期目标与长期目标是否有差异
4	企业是否考虑和确定绩效评估方法或指标
5	员工的一般能力和素质可能并希望得到何种程度的开发
6	企业应该怎样制定培训和开发计划
7	管理者是否意识绩效管理是贯穿于整个一年之中并付之于行动中
8	在绩效考察过程中企业是否选择多个评估者
9	企业是否需要绩效评估
10	企业需要为管理者和员工个人提供什么样的书面指导材料
11	对绩效评估,企业需要考虑怎样的安排
12	企业是否要在绩效管理中强调团队的重要性
13	企业如何通过绩效管理公平合理地制定员工的绩效工资
14	企业如何使直线管理者自觉自主行使绩效管理职责?如何使员工接受和理解绩效管理
15	企业如何兼顾管理者和一般员工的培训
16	企业是否进行绩效管理试点评价,然后进行实施
17	企业是否进行绩效管理效果评估与质量改进

本章小结

本章以 DK 公司在开发绩效管理系统中存在的问题为引导案例,以此探讨如何设计和开发有效的绩效管理系统。本章首先讨论组织环境要素的分析与诊断,组织环境要素包括组织目标和战略、组织发展规模、组织文化和价值观、企业利益相关者、竞争对手和可比较的绩效标杆。然后,讨论绩效目标的设立,绩效目标作为绩效管理系统开发的一个核心部分,其设立是否科学和合理将决定绩效管理系统开发的成功与否。在此基础上,讨论了绩效管理系统设计的一般思路和主要步骤。

复习与思考

1. 影响绩效管理的组织环境因素主要有哪些?
2. 绩效目标主要有哪些分类?
3. 如何理解"软"的绩效目标与"硬"的绩效目标?
4. 什么是 SMART 原则?举例说明符合 SMART 原则的绩效目标。
5. 绩效管理系统设计的总体思路是什么?
6. 绩效管理系统设计主要步骤有哪些?

第3章 绩效评价指标

本章学习要点

1. 有效的绩效评价指标的主要特征。
2. 结果导向的绩效评价指标。
3. 过程导向的绩效评价指标。
4. 绩效评价指标优先顺序的确定。

案例

SE 公司结果导向的评价指标

SE 公司是一家通信器材公司,成立于 20 世纪 80 年代末,最初由王氏两兄弟投资发起,属于民营企业,由弟弟王大鹏任董事长和总经理。最初,这家企业是家贸易公司,为国内通信行业提供中间产品。后来,有了比较多资金积累之后,开始从事通信器材的生产。经过 20 多年的发展,下属 10 家分公司,员工 1 万余人,年销售额约 50 亿元人民币,利润 14 亿元人民币。在 20 世纪 90 年代中期之前,由于国内通信需求旺盛,作为通信行业提供部件的上游企业,其产品亦一直供不应求,尽管只抓生产,不抓销售,日子仍过得红红火火。

早在 20 世纪 80 年代末,王大鹏就请外部专家帮助设计企业管理系统,使企业运作走上规范化的道路。到 20 世纪 90 年代初,考虑到公司长远发展,王大鹏认为,企业想要有长久的繁荣,仅仅从事简单生产是不行的,自己要拥有独立研究开发产品的能力。所以,公司成立了研究开发部门,高薪招聘有经验和能力的研究开发专家,从名牌大学通信专业招聘新人加以培养,并和著名高校合作研究开发新产品。

事实证明,王大鹏的决策是正确的。公司拥有很好的销售网络、规范化生产管理系统,在研究开发新产品方面拥有了自己的能力,并在市场竞争中领先于竞争对手。

然而,事情并非外面看起来那么完美无缺。最初请外部专家设计企业管理系统,是针对贸易型企业设计的,而且已经过了十几个年头,有很多地方已经不适应当前的情况了。现在,企业运作中有很多问题已经开始显现出来。

第一个问题,产品质量不稳定。当企业进入生产领域的时候,高薪聘请了一个生产厂长,所有的生产管理和质量控制体系都是他从其他企业带过来的,运行得也比较好。产量质量一直受到用户好评。后来,为了扩大产品种类、提高产能和进一步改进质量,公司引进了更先进的设备。这么一来,需要大量高水平的技术工人操作先进生产设备,对他们的管理办法也需要重新设计。公司按照以前的老办法,再次从同行那里拷贝了一套管理系统,但是效果很不理想。产品质量不稳定、技术工人能力不足、积极性不高的现象同时存在。

第二个问题,虽然新产品的研究开发工作还算正常,但有几个从事研究开发的专业技术人员跳槽到外资企业去了。在他们离开公司之前,王大鹏亲自请几个人吃饭。经过了解,他们跳槽主要有两个原因:①在 SE 公司个人发展有限;②个人贡献得不到承认。

通过朋友推荐,一位咨询专家来到 SE 公司,帮助诊断管理中存在的问题。经过一个月的工作,咨询专家提供了一份完整的诊断报告,有关公司绩效管理部分的诊断内容摘录如下几点:

1. SE 公司走的是贸、工、技的发展道路

每次转型,都需要绩效管理系统支持新的战略。企业的绩效管理系统,虽然经过调整,总的来看,主要还是支持贸易型企业战略的。所以,企业绩效管理系统需要重新调整,以支持现有的企业发展战略。

2. SE 公司的绩效考核,完全是结果导向的

这种考核方式比较适合销售部门,也适合老的生产部门。但是,对于其他很多岗位工作,以及新的生产部门,显然是不合适的。应该在考核指标里面增加行为和能力项。

3. SE 公司产品质量问题,完全是人的原因在作怪

虽然生产部门的工人和管理人员受过不少培训,但都没有完全解决能力不足的问题。根本原因在于,对于需要什么方面的培训,其实他们自己都不完全清楚。要彻底解决这个问题,第一步就要为生产部门建立能力模型。

4. SE 公司研发部门的考核办法完全失败,并产生很多消极后果

结果导向的考核方法,考核到每个人,规定在多少时间内出多少成果。用研发部辞职者的话说,他们不是会下蛋的母鸡,可以每天下一个蛋。研究取得的中间成果不算成果,如果没有完成最终产品的研究,研究得到的宝贝数据和资料,在绩效考核时都不予考虑。另外,考核到个人的办法,严重妨碍了研究过程中的协作。所幸的是,这套结果导向的考核办法并没有得到严格执行,奖励办法是比较优厚的平均主义。

上述案例表明:绩效是个多维度概念。管理人员和业界人士谈论绩效这个概念的时候,他们所表达的意思往往不尽相同,甚至南辕北辙。为了对绩效评价进行客观而详细的分析,需要采取一种综合的观点,即从过程动态和结果静态相结合的角度,认为绩效不但包括工作结果,还包括工作行为、工作能力等因素。

3.1 绩效评价指标与标准

"不能评估就无法管理",因此,首先需要对绩效进行评价,然后才能管理。绩效评价作为绩效管理系统中的核心内容,绩效评价指标与标准的识别和确定,又是绩效评价的基础部分。

3.1.1 绩效评价指标

绩效评价指标,通常指对绩效进行评价的维度,比如产品的数量、质量、成本等。绩效评价指标和标准共同构成绩效目标中的主要内容。绩效评价指标的设计、选择与组合,既要符合企业管理的要求,同时又要满足测量学要求。

1. 绩效评价指标的主要特征

设置的绩效评价指标应符合 SMART 原则,即具体的(specific)、能够被测量的(measurable)、能够获得的(attainable)、与工作职责和组织目标相关的(relevant)以及有时间限制的(time-bound)五个方面。

一般来说,有效的绩效评价指标应该具备以下几个主要特征:

1) 与企业战略相一致

企业要求什么,员工就会追求什么。绩效评价指标就是这样的指挥棒。企业要求生产数量,员工就会很努力地追求数量;要求质量,就会追求质量。如果公司追求质量,那么它的绩效评估就要引入产品质量指标,以及控制产品质量的过程指标。如果公司追求顾客满意度,就要考核顾客满意指标,考核影响顾客满意的过程指标。绩效评价指标与企业战略相一致,强调的是绩效评价指标对企业所有员工的引导作用,从而使员工能够为企业的成功作出贡献。当企业的战略发生转移的时候,绩效评价指标应该及时调整,体现出战略转移之后对员工新的要求。

国内大多数企业的绩效评价指标并没有与企业战略结合在一起,还停留在传统人事管理的水平。即使从企业战略角度设计绩效评价指标的企业,其绩效评价指标往往在相当长的时间内保持不变,尽管企业的经营重点和经营策略都发生了较大的转移。这两种倾向导致企业对员工的要求与企业发展战略脱节,很大程度上影响了绩效管理的有效性。

2）可操作性

所选择的绩效评价指标，要有可操作性，能够被衡量。绩效评价指标是否可以被衡量，有两个评判标准，第一是可以用数量表示，第二是可以用行为描述。两者只要符合其一，就可以衡量。不能用数量表示也无法用行为描述的指标，就没有可操作性，不可被衡量，应当舍弃。否则，管理者对下属进行评价，没有数量或者行为事件作为依据，只能做主观臆测。比如做很多工作都需要注意力集中，但是，注意力是内部心理状态，难以观察，无法验证，就不具有操作性，无法衡量。

3）高效度

绩效评价指标包括的所有内容应该反映所要求绩效的所有方面，避免出现缺失或者污染。所谓缺失，是绩效评价指标没有完全反映工作绩效的所有方面，指标的选择不全面。绩效评价指标的污染，则是指绩效评价指标要求考核与工作无关的方面。比如某国有企业，对销售员的绩效主要根据销售量或者销售额进行评价，而忽略了货款回收，导致大量货款长期收不回来，企业资金周转困难。同样是这家企业，领导喜欢组织政治学习，把参与政治学习次数作为考核员工的一项重要指标。众所周知，参加政治学习次数与工作绩效并没有关系。政治学习花掉员工大量时间，甚至影响了正常工作。上述例子中的两种情况，前者属于绩效指标缺失，或者属于绩效指标污染。图 3-1 形象地说明了绩效指标缺失和污染的情形。

在图 3-1 中，A 代表应该考核的工作绩效评价指标内容，B 代表企业实际要求的绩效评价指标内容，交叉阴影部分是绩效评价指标的效度。A 中的空白处是缺失部分，B 中的空白处则是污染。交叉部分越大，绩效评价指标的效度越高，缺失和污染就越少。绩效评价指标的设计和组合，要尽量减少缺失和污染，提高效度。

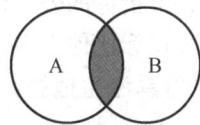

图 3-1　绩效评价指标的缺失与污染

4）高信度

信度指绩效评价指标的一致性或稳定性程度。如果让两个评价者对同一员工的绩效进行评估，两个评估者均了解评估对象的工作特点、工作表现，而且严格按照要求进行评价，评价出的结果一样或者近似，则反映绩效评价指标的一致性高，即信度高。一般来说，数量化指标的一致性很好，而行为指标的一致性就相对差一些。

绩效评价指标在时间上的稳定性，是指在不同的时间点对绩效进行评价，评价结果应该相同或者接近。举例来说，生产工人在工具设备技术等条件稳定的情况下，产品数量这个指标就相当稳定，在不同的时间点进行评价，得到的结果都非常接近。实际上，在所有的绩效评价指标中，类似产品生产数量这样稳定不变的绩效评价指标只占一小部分，大部分绩效评价指标的时间稳定性并不好。绩效评价指标不稳定的原因在于,影响工作绩效的因素是持续变化的,而员工对变化无能为力。以销售工作为例,每种产品的销售都有淡季和旺季,如果以淡季销售额或者旺季销售额作为全年销售业绩,都不合适。在绩效评价指标的表现随时间波动的情况下,要选择多个时间点进行评价,评价时间点的选择,要有代表性,能够代表绩效评价指标在所有时间的表现水平。

5) 可接受性

绩效评价指标的选择,在保证其效用的前提下,要力求简洁,便于操作和管理,容易被管理者接受。许多公司把绩效评价指标设计得很复杂,有长期的和短期的、有财务性的与非财务性的、有战略性的和运营性的、有个人的和组织的等,无所不包。为了应付许多挑战,采用各种指标引导员工行为,这种做法可以理解。但是,需要设法保持绩效评价指标的简明性,限制指标的数量,防止面面俱到。保持绩效评价指标简明性的基本思路是抓住关键价值驱动因素,设计关键绩效指标。本书对关键绩效指标有专门论述,请参考相关部分。

绩效评价指标还应当被员工接受。员工是否接受绩效评价指标受两个方面影响。第一个方面是绩效评价指标的效度,第二个方面是绩效评价指标是否公平。绩效考核指标的效度不高,出现污染或者缺失的情况,员工会有不满情绪。当考核指标出现严重污染时,员工认为他们被迫做很多无用功,尤其会表现出不满情绪。绩效评价指标的公平性,是不同岗位员工比较后的主观评价。如果员工认为自己的考核指标比他人多,要比别人付出更多努力,而制造这个不平等的责任者是企业,则容易滋生抱怨。

2. 绩效评价指标设置的基础工作

通过工作分析明确工作职责,是设计绩效指标的基础性工作。在美国,大约有90％的工作分析是为了进行绩效考核。尽管一项工作包括的内容可能相当繁杂,总是可以把它们归结为几个类别。工作职责通常在工作说明书中有明确规定。一项工作包括几个互不相同、彼此独立的工作领域。工作职责相对稳定,不随考核年度变化。

工作职责的作用好比标签,把具体工作内容划分为几个模块,并表明任职者对哪些领域的工作结果负责,因此,这些领域也被称为工作成果领域。

下面以一个具体的工作岗位为例进行分析。某企业人力资源经理的工作描述规定了工作职责领域,该人力资源经理要在以下几个领域内取得工作成果。

- 人力资源规划。根据公司长期和近期发展制订人员需求计划,以及满足需求的对策。
- 招聘选拔。发布招聘广告,对应聘者进行面试,组织进行综合评价。

·员工发展。识别培训需求,制订培训计划,并负责组织实施。

·薪酬管理。设计并实施薪酬系统,保持薪酬激励的有效性。

·绩效考核。负责绩效考核系统的科学、公证,并监督执行。

在这个人力资源经理的工作描述中,每项工作职责就像一个标签,表明其工作职责领域。通过阅读工作描述,我们还不知道企业要求该经理在每项工作职责之内具体做什么,不知道他的工作绩效如何评价。在阅读工作说明书的时候,我们能够做的就是识别出每个工作岗位的工作职责,确定任职者应当在哪些工作领域之内输出工作结果。

工作职责不是目标。工作职责比较稳定,而目标却经常发生变化,至少每年的工作目标都不相同。仍然以人力资源经理工作为例。"负责设计和实施薪酬管理系统,保持薪酬激励的有效性"是人力资源经理的一项工作职责,它可能在 5 年前就被列入工作描述当中了。但是,在每个年度,企业对该项工作职责要求的目标结果都不一样。例如,企业把提高产品质量作为追求目标,薪酬激励的目标之一就是引导和强化节约成本的工作行为。当企业把追求顾客满意作为目标时,则薪酬激励要支持和强化满足客户需要、提高顾客满意度的工作行为。

经历一段比较长的时间,工作本身会发生变化。假如工作说明书是 5 年前、甚至 10 年前编制的,有些重要工作职责仍然存在,但工作内容已经发生了变化。在很多企业,工作内容变化没有及时反映到工作描述文件中去。工作职责发生变化,意味着要求员工取得结果的领域发生了变化,原来的工作成果领域增加了,或者减少了。例如,随着 IT 技术发展,企业内部网络的实现,很多企业要求人力资源部为员工提供自助式服务。比如培训课程目录的编制、学习课程的自由选择、福利计划有选择性的登记和申请、员工态度调查、住址和电话变更、公司政策查询、内部职位空缺公告等等。因此,企业在一定时期内应定期进行工作分析,更新工作说明书,明确工作职责。

主要工作职责,也就是关键工作领域发生了变化,绩效考核要求的成果领域也要随之发生变化。

对关键工作领域的识别和更新,一般通过工作分析来完成。识别关键工作领域,要综合考虑企业组织面临的各种问题,不得有疏漏。当分析企业高层管理职位时,尤其要从企业整体层面考虑主要工作职责。绩效考核所包含的企业所有成员的工作内容,要涵盖企业应当担负的所有责任。而且,被纳入考核范围的所有工作职责成为一个有机整体,直接影响企业的成败。因此,识别一个岗位的工作职责,要从全面出发,分析一个岗位怎样为促进企业整体成功作出贡献,而不能只见树木不见森林。设计绩效考核的关键绩效指标,须遵守增值产出的基本原则,所谓增值,就是考核内容能够促进企业整体成功。具体地说,也就是与获取客户、满足客户需求、获取资源和提高生产率相关联。这种联系越紧密,则个人努力就越能通过企业的总体产出结果中体现出来。如果每个员工都能够明白绩效考核系统所设计的个人努力与企业成功之间的关系,员工就能够更多努力,采取更加有效的方式支持企业成功。

为了帮助相关人员识别企业不同层次职能领域的关键工作领域,这里给出一个列表 3-1,供参考。

表 3-1　常见关键工作领域列表

岗位类别	关键工作领域
高层管理	企业运营、市场开发、组织结构、企业文化、资产管理、董事会关系、生产率、财务策略、顾客满意、公共关系、遵守法律
财会	验证信用、财务信息管理、财务分析、成本控制、内部审计、财务报告、风险评估、财务凭证保管、竞争分析、现金预测、现金管理
销售	开拓新市场、销售区域管理、顾客教育、保留顾客、开发销售技能、传播产品知识、销售预测
生产	库存控制、设备维护、劳动关系、控制浪费、生产安全、保证质量、生产记录
人事	招聘、员工关系、员工开发、人力资源规划、薪酬福利设计与执行、制订政策、管理开发、职业发展、人力资源信息系统管理
市场	广告、促销策略、定价、市场研究、现场支持、市场宣传材料、媒体关系、销售支持、代理商关系
行政文秘	信函、文件、档案、行政支持、内部客户服务、办公设备维护、表格管理、时间日程安排、办公用品采购与管理、电话管理、项目支持

关键工作领域的特征是描述简洁、数量有限。一个工作岗位的关键工作领域通常不少于 3 个,不超过 7 个。工作职责少于三项,说明有些重要工作职责被忽略了,否则,该岗位没有独立存在的必要。关键工作领域超过 7 项,说明该岗位的工作职责应该拆出一部分给其他岗位,或者新增一个工作岗位。一个工作岗位的关键工作领域繁多,也可能是表述不当造成的,各项工作职责互相重叠交叉严重。

关键工作领域的界定出现差错,会导致考核内容的污染或者缺失,降低绩效考核的效度,或者引起员工对工作的抵触情绪,降低绩效考核指标的可接受性。

正确分析和撰写工作说明书,明确关键工作领域,就为设置工作目标打好了基础。

绩效评价指标设置严格根据关键工作领域界定的内容范围进行。当所有的关键工作领域被研究识别出来之后,就可以开始设置绩效评价指标了。

3.1.2　绩效评价标准

绩效评价指标强调的是从哪些方面对工作产出进行评价,而评价标准注重的是在各项指标上分别应该达到什么样的水平。指标解决的是评估什么的问题，而标准解决的是要求被评估者做到什么水准、完成多少以及达到什么程度的问题。表 3-2 所示的是绩效评价指标与标准的样例。

表 3-2 绩效评价指标与标准的样例

工作产出	类型	具 体 指 标	绩 效 标 准
销售利润	数量	* 年销售额 * 税前利润百分比	* 年销售额在 20～25 万 税前利润率 18％～22％
新产品设计	质量	上级考核： * 创新性 * 体现公司形象 客户的考核： * 性价比 * 相对竞争对手产品的偏好程度 * 独特性 * 耐用性 * 提出的新观点的数量	上级考核： * 至少有三种产品与竞争对手不同 * 使用高质量的材料，恰当的颜色和样式代表和提升公司的形象 客户的考核： * 产品的价值超过了它的价格 * 在不告知品牌的情况下对顾客进行测试，发现选择本公司产品比选择竞争对手产品的概率要高 * 客户反映与他们见到过的同类产品不同 * 产品使用的时间足够长 * 提出 30～40 个新的观点
零售店销售额	数量	* 销售额比去年同期有所增长	销售额比去年同期有所增长5％～8％
竞争对手总结	质量	* 全面性 * 数据的价值	* 覆盖了所有已知竞争对手的所有产品 * 提供的数据包括对产品的详细描述，如产品的成本、广告费用、回头客的比例等
	时限	* 预定的时间表	* 能在指定的期限之前提供关于竞争对手的总结数据
销售费用	成本	* 实际费用与预算的变化	* 实际费用与预算相差在5％以内

从表 3-2 可知，绩效评价标准是对绩效评价指标的进一步明确。绩效评价标准可有不同的程度要求，一般又分为基本标准与卓越标准。

1. 基本标准与卓越标准

基本标准。基本标准就是合格标准，是对评估对象的基本期望。是通过努力能够达到的水平。每个工作岗位的基本标准，都可以描述为达到某种限度。设置基本标准的目的是判断员工的工作是否能够满足基本要求。是否能够达到基本标准方面的绩效信息，主要用于非激励性的报酬决策，比如基本的绩效工资等。

卓越标准。是指对评估对象没有做强制要求，但是通过努力，一小部分人能够达到的绩效水平。卓越标准的描述没有限度,没有天花板,是没有止境的。

达到卓越标准,需要超越常人的能力或者努力,或者两者的结合。所以,卓越标准不是人人可以达到的。设置卓越标准的主要目的是识别角色榜样,提供努力的方向。也许,随着技术和管理的进步,今天的卓越标准,会成为明天的基本标准。是否达到卓越标准的绩效信息,主要用来决定激励性的待遇,比如额外的奖金、分红、职位晋升等。

表 3-3 所示的是一些基本标准和卓越标准的例子。其中,普通司机和打字员通过努力也可以达到卓越标准。而销售代表能够达到卓越标准,特别是长期维持稳定的客户群,则不是单单靠努力能够实现的,还需要优秀的工作能力。通过设置卓越标准,可以让员工树立更高目标,工作更加努力,并通过提高工作能力获得更好的绩效。

表 3-3　基本标准和卓越标准举例

举例职位	基 本 标 准	卓 越 标 准
司机	• 按时、准确、安全地将乘客载至目的地 • 遵守交通规则 • 随时保持车辆良好的性能与卫生状况 • 不装载与目的地无关的乘客或货物	• 在几种可选择的行车路线中选择最有效率的路线 • 在紧急情况下能采取有效措施 • 在旅途中播放乘客喜欢的音乐或在车内放置乘客喜欢的报刊以消除旅途的寂寞 • 高乘客选择率
打字员	• 速度不低于 100 字/分钟 • 版式、字体等符合要求 • 无文字及标点符号的错误	• 提供美观、节省纸张的版面设置 • 主动纠正原文中的错别字
销售代表	• 正确介绍产品或服务 • 达成承诺的销售目标 • 回款及时 • 不收取礼品或礼金	• 对每位客户的偏好和个性等做详细记录和分析 • 为市场部门提供有效的客户需求信息 • 维持长期稳定的客户群

2. 设计绩效评价标准需要注意的问题

考核标准的设置压力要适中。基本标准要达到的水平,要使所有能够胜任本职工作的人有一定压力,在这种压力下,经过努力或者挖掘潜力能够实现规定的基本绩效标准。而卓越标准,只有非常优秀的员工才能达到。设置基本标准,要避免给员工压力过大。如果基本标准太高,多数人感到可望而不可即,精神过度紧张,导致工作变形,效率反而下降。长期在高压下工作,会导致缺勤、高离职率。基本标准的水平高低,要有利于发挥员工潜力。

绩效标准的稳定性和变化性。绩效标准一旦设立,并证明是适当的,就要保持相对稳定。不能随领导的意志而变化,否则会丧失其权威性。当然,随着技术和管理的变化、企业间竞争加剧,会对考核标准进行修改和调整。例如,一个生产型企业引进了先进的生产设备,劳动生产率大幅度提高,就要对原来的绩效标准进行调整,将计件奖励额度根据新的标准重新设定。

对于一个新企业来说,确定或者调整绩效标准,可以参考同行的经验,或者使用标杆学习的办法,参照国内或者国际先进企业的标准。在竞争条件下,参考竞争对手的标准,也不失为一个好的方法。

可见,绩效评价指标与绩效标准的侧重不同,但两者都同属于绩效目标的范畴。换言之,制定绩效目标的主要工作是指绩效评价指标和绩效标准的制定。

3.2　结果导向的评价指标

伯纳丁(H. J. Bernadin)、凯恩(J. S. Kane)、阿姆斯特朗(M. Armstrong)等认为绩效就是工作结果产出。工作结果,指的是通过工作得到了什么结果,比如企业生产工人安装了多少台汽车发动机、销售员卖出了多少台个人电脑、学生掌握阅读技能的熟练程度、医生完成了多少外科手术等。为了评估员工的工作结果,首先需要弄清楚三个问题:①员工必须在哪些领域付出努力;②在每个领域之内,我们期望员工达到什么目标;③工作结果如何评价,以及如何对良好绩效与不良绩效进行区分。结果导向的评价指标是基于预先制定的可衡量的目标。在正式绩效考核之前,管理者和下属面对面讨论工作职责,设置工作目标,并就如何测量工作绩效达成一致意见。在讨论过程中,他们一起决定应该对哪些领域给予特别关注,在每个领域应该取得什么结果,以及对结果怎样评价。

3.2.1　结果导向评价指标的主要类型

尽管企业可以使用多种指标进行绩效评价,衡量工作产出结果的评价指标主要有四类:质量、数量、成本和时间。

质量。质量是企业竞争的基础。提高产品和服务质量是整个绩效考核和绩效管理的主要目标。以产出质量为评价指标,意味着要关注那些表示质量达成状况的指示器。

质量指标可以是客观的,也可以是主观的。销售代表的产出质量可以使用主观评价指标,比如顾客满意反馈。同样一个销售代表的产出质量也可以用客观的评价指标,比如顾客抱怨次数、顾客保留数量、顾客引荐数量等。质量评价指标越是客观具体,在绩效面谈中就越有说服力。而且,质量绩效方面的数据,可以直接用来为质量改进决策提供科学依据。表3-4中列举了一些常见的质量评价指标。

表 3-4　常见质量指标举例

合格率
次品率
返工率
返修率
准确率
出错率
顾客投诉次数

数量。数量是四类评价指标当中使用最频繁最方便的绩效评价指标。它提供多少、发生频率、周期长短等计数方面的信息。使用数量指标虽然方便,但是,仅仅使用数量,并不能准确反映目标完成的情况。例如,仅仅考虑医生完成手术的数量而不评价手术质量是不恰当的。单纯追求数量还导致意想不到的后果,急功近利、华而不实、浮躁甚至造假等都会随之而来。

数量指标种类繁多,常见的工作产出数量指标见表 3-5。

表 3-5　常见数量指标举例

产量
销售量
销售价格
销售利润
发明数量
维修产品数量
接待顾客数量
清洁机器数量
完成图书编目数量

成本。在知识经济时代,产品和服务成本仍然是竞争主要砝码。那些希望向顾客提供物美价廉产品和服务的企业,设计出各种成本指标对员工进行考核。成本指标的表现形式很多,表 3-6 列举了一些常见的成本指标。

表 3-6　常见成本指标举例

总成本
单件产品成本
人工成本
采购成本
经营成本
招聘成本
时间成本
机会成本

时间。此类指标提供工作产出速度快慢方面的信息。顾客需要企业提供产品和服务更好、更快、更便宜。这些都与时间有关。而且,随着技术进步,特别是 IT

技术进步,不同企业在时间速度上的竞争更加激烈。不同的企业都想方设法进行组织、管理和技术变革,力图使自己的反应更快、更敏捷。表 3-7 是时间类考核指标的一些例子。

表 3-7　常见时间指标举例

生产周期

交货时间

研发周期

接电话时间

处理一单业务时间

排除故障时间

3.2.2　结果导向评价指标的综合应用

尽管结果导向的评价指标可分成质量、数量、成本、时间等不同类型,但在实际的绩效评估活动中,通常是根据部门及工作的不同特征设定综合性的结果导向的评价指标系列。也就是说,在评价某部门或某岗位人员工作的结果绩效时,往往既包含质量,也包含数量、成本或时间等结果指标。下面以举例形式说明结果导向评价指标的综合应用。

AA 公司是一家大型的工程机械制造和销售公司。该公司车间主任的绩效评价指标包括结果评价指标与过程评价指标。在结果评价指标中包括了成本、质量、时间的综合指标,见表 3-8。

表 3-8　车间主任工作绩效的结果导向评价指标举例

指标类型	指标要素	主　要　内　容
成本	生产消耗控制	生产消耗指标达标
	产品降价控制	发出产品因质量问题降价在 2 000 元
	生产安全	安全事故造成的经济损失千万分之一以下
质量	产品质量控制	废品率达标,或 1 批次产品出现 100～150 个不合格品
时间	生产进度	按时完成生产计划,确保生产期

BB 公司是一家大型的化工品生产和销售的上市公司。该公司的技术设备经理与生产经理工作绩效的结果评价指标分别如表 3-9 和表 3-10 所示。

表 3-9　技术设备经理工作绩效的结果导向评价指标举例

指标类型	指标要素	主　要　内　容
成本	投资资本回报率	三年内年均 20%
	设备修理费控制	控制在预算范围内

指标类型	指标要素	主 要 内 容
质量	设备完好率	90%～95%
时间	主要装置非计划停工时间	低于20天

表3-10 生产运行经理工作绩效的结果导向评价指标举例

指标类型	指标要素	主 要 内 容
成本	投资资本回报率	三年内年均20%
	吨产品加工成本	控制在预算之内
	综合能耗	达标
质量	优质品率	95%
	产品差别化率	达标
数量	产品产量	按时完成产量目标
时间	生产进度	按时完成生产计划,确保生产期

GG公司是一家制造和销售啤酒的上市公司。公司以结构一体化、资源集约化、分工专业化、执行一致性为原则,将组织结构设置为三大中心:投资中心、营销中心、制造中心。三大中心各自设立直线和职能部门,在对各部门经理的绩效考核中都包含结果导向的绩效评价指标。例如,在营销中心,人力资源部经理设定的结果导向绩效指标包括:①人力成本投入与产出比。人力成本是运营成本的重要组织部分,人员的冗余、人岗不匹配、没有绩效产出等,最终体现在人均投入产出比上。计算公式＝销售收入/人力成本,根据目标完成率核算绩效得分;②合理控制人员编制总额,不超出年度人员编制预算;③动态满足业务单位总体需求满足率达到95%以上。由于营销业务人员的工作压力大,人员的流动性比较大,很容易出现人员不能汇编运行的情况,使业务单位的工作陷于被动。人力资源部履行营销人员招聘、培训、内部交流等职能,必须及时满足业务单位的人员需求。

3.3 过程导向的评价指标

工作结果产出是工作业绩,但不能将工作结果与工作产出等同起来。墨菲(K. R. Murphy)、伊尔根(D. R. Ilgen)、施耐德(J. Schneider)、克利夫兰德(J. N. Cleveland)、卡蒂(R. L. Cardy)和道宾斯(G. H. Dobinns)等强调绩效的行为观。工作行为,指的是在工作中实际做了什么,比如安装企业发动机的部件、销售个人电脑、实施外科手术、教小孩子阅读技能等。他们认为,绩效可以定义为行为的同义词,绩效不是行为的结果,绩效就是行为,是与组织目标相关的,而且可以按照个人的能力进行评价的行为。与强调工作行为相关的是能力要求,即履行工作岗位职责的胜任力。斯宾塞(L. Spencer)和斯宾塞(S. Spencer)对胜任力作了较系统的研究,下面即将专门讨论。

强调绩效行为和能力的观点,主要是出于以下几方面的考虑。

第一,在很多情况下,工作结果并不完全反映工作能力或者努力程度,而是反映与人无关的其他因素在起作用。在经济萧条时期,销售员的产品销售量大幅度下降,并不表示他缺乏能力或者没有付出努力。

第二,尽管部门主管努力做到公平,仍然存在机会不平等的情况。有的员工机会更多,更容易取得显著工作结果,有的员工则没有那么幸运,或者工作难度更大。两个销售员分别负责在不同的区域进行销售工作。其中一个是成熟的市场,一个是有待开发的市场。如果给两个人下达的要求是一样的,显然有失公平。

第三,不是所有的工作绩效都能用结果来表示,或者工作绩效难以用结果表示。例如民航客机上的服务员,她们的工作就很难以用工作结果来表示。

第四,只问结果不管过程的考核,对改进工作帮助不大,绩效改进需要个人工作过程方面的信息。

因此,在评价绩效时,行为和能力指标不能被忽视,研究工作行为和工作能力也就成为必要。

3.3.1 任务绩效行为与周边绩效行为

鲍曼(W. C. Borman)和莫托维德罗(S. J. Motowidlo)基于绩效行为观,在1993年提出了绩效的二维模型:任务绩效(task performance)与周边绩效(contextual performance),并对此两种绩效进行了区分,随之形成两种行为:任务绩效行为与周边绩效行为。

1. 任务绩效行为

任务绩效指与组织核心流程直接相关的行为,换言之,任务绩效指所规定的行为或与特定的工作密切相关的行为。鲍曼和莫托维德罗认为,当雇员在组织核心技术流程中使用其技术技能和知识来生产产品或提供服务,或者完成特定任务以支持这些核心职能时,他们就展现出其任务绩效。鲍曼和莫托维德罗提出任务绩效有两种类型:第一种类型是由将原材料变成组织的产品和服务的活动构成。这些活动包括:工厂流水线工人加工产品,教师授课,医生做手术,银行职员做出纳等。第二种类型是服务和维持核心活动,其中包括原材料的补给,产成品的流通,以及提供重要的计划、指导、监督,以提高员工的生产效率。由此也进一步表明,任务绩效与组织的技术核心具有密切关系,这种关系表现在技术执行的过程中,或者技术需要的维持和服务中。

任务绩效行为直接或者间接帮助实现企业目标,与部门职能和工作岗位有关,并随部门和岗位而不同,是工作岗位预先定的角色行为。

例如,尤克尔(G. Yukl)在对管理活动进行具体界定的基础上,提出管理岗位的特定行为要求。尤克尔界定的管理活动见表3-11。

表 3-11　主要管理活动

职能活动	简要说明
计划和组织	决定长期目标和战略,按优先顺序分配资源,决定怎样使用人力和资源以有效完成任务,并决定怎样促进合作,提高产量和所属部门的效率
解决问题	明确与工作相关的问题,及时、系统地分析问题,找出原因解决问题,并果断采取措施解决重要问题和危机
明确角色和目标	分配任务,对如何完成任务提供指导,进行有效的沟通,清楚了解工作职责、任务目标、完成期限和预期绩效
提供信息	向有关方面发布关于决策、计划和活动的相关信息,并向其提供书面资料和文件,对技术信息的要求作出回应
监督	收集关于工作活动和影响工作的外部环境信息,检查工作的质量和进度,评估个人和组织部门的绩效,进行趋势分析,预测外部事件
激励	运用感情和逻辑的影响技巧调动员工工作积极性,对任务目标作出承诺,遵从合作、协助、支持的要求;树立行为榜样
协商	做出改变前要与相关人员进行商讨,鼓励提出改进的建议,鼓励参与决策,在决策中采用他人的思想和建议
授权	允许下属并在执行工作、处理问题和做出重要决策时分担一定的责任,并拥有相当的权力
支持	要以友好的方式行事,做事考虑周到,耐心并乐于助人,当有人不安或焦虑时,要表现出同情和支持,善于倾听别人的抱怨和问题,关心他人的利益
开发和指导	提供指导和有帮助的职业建议,帮助个人获取技能,取得专业进步和职业的发展
管理冲突和团队建设	建设性地解决冲突,鼓励合作和团队工作,认同工作部门
联络	非正式的社交,与具有信息并能提供支持的人建立联系,通过定期沟通保持联系,包括拜访、打电话、通信及参加会议和社会活动
认可与赞赏	对有效绩效、重大成就和特殊贡献进行表扬和认可,对某人的贡献和特别努力表示欣赏
奖励	对有效绩效、显著成就和突出能力提供或建议予以奖励,如给予加薪、提升等

尤克尔在界定和分析了管理职能活动的基础上,从管理工作和管理关系两方面,研究提出管理的特定行为,分别见表3-12和表3-13。

表 3-12　管理人员管理工作的特定行为

序　号	特　定　行　为
1	明确工作职责 · 与下属共同确定工作任务 · 赋予不同的责任以不同的权力 · 解释下属的权力范围
2	设置绩效目标 · 制定绩效相关的目标 · 设置清晰明确的目标 · 确定每个目标的完成期限 · 制定既有挑战性又可行的目标 · 设置目标时征求下属意见 · 形成书面计划
3	分配任务 · 清楚解释分工 · 解释任务分配的理由 · 如果必要,证明其合法性 · 检查理解情况 · 跟踪执行情况

表 3-13　管理人员管理关系的特定行为

序　号	特　定　行　为
1	认可与赞赏 · 认可各种贡献和成就 · 主动搜索需要认可的贡献 · 认可绩效改进 · 认可虽未成功但值得表扬的努力 · 不要只认可高度显现的工作 · 不要只认可少数表现优异者 · 提供专门具体的认可 · 提供及时认可 · 应用适当的认可方式
2	指导与培训 · 明确培训需求 · 解释额外培训的必要性 · 建立员工自信心 · 作出有意义的解释 · 保持培训内容的连续性,促进学习 · 提供实践的机会并进行反馈 · 保证充足的时间学习复杂任务 · 检验培训是否成功 · 鼓励培训技能在工作中的应用

在绩效管理实践中,任务绩效行为是绩效评估中的一个主要部分。通常,公司会根据组织需要和岗位特征,将任务绩效行为分为几个不同方面进行评估。表 3-14 所示的 YN 公司对管理人员任务绩效行为分类评估内容。

表 3-14　管理人员任务绩效行为举例

勤务态度	1. 把工作放在第一位,努力工作 2. 忠于职守,严守岗位 3. 对下属的工作过失勇于承担责任
业务工作	1. 正确理解工作指示和方针,制定适当的实施计划 2. 根据下属的能力和个性及需求合理分配工作 3. 在工作中保持协作态度,有力推进工作
授权与监督	1. 发挥下属的工作能动性,善于授权 2. 鼓励下属团队合作 3. 注重生产现场的安全卫生和整顿工作 4. 妥善处理工作中的差错和临时追加任务
直到与协调	1. 努力改进工作方式,提高工作效率 2. 培训和指导下属,提高下属的技能和素质 3. 注重目标管理,跟踪和加强工作进程管理

2. 周边绩效行为

周边绩效指自发的行为或与组织核心流程非直接相关的行为。换言之,周边绩效行为属于工作岗位角色之外的行为,超越工作职责描述规定的范围,在不同的部门和岗位,它们看起来都比较相似,能促进组织气氛、社会关系和心理环境的行为。尽管这些行为对组织有益,但它们并不是工作的正式部分,是自觉自发的行为。

鲍曼和莫托维德罗认为:周边绩效不是直接的生产和生活服务互动,而是构成组织的社会、心理背景行为,包括自愿的行为、组织公民行为、亲组织行为、组织奉献精神以及与特定作业无关的绩效行为。他们强调,当雇员主动帮助落后的同事,采用各种方法来维持良好的工作关系,或者为使一项任务按时完成而付出额外努力的时候,他们就展现出其周边绩效。鲍曼和莫托维德罗指出周边绩效包括五个方面:①主动执行不属于本职工作的任务;②在工作时表现出超常的热情;③工作时帮助别人并与别人通力协作;④遵守组织的规章制度;⑤履行、支持和维护组织目标。简而言之,即为对他人的支持、对组织的支持和对工作的态度。

1996 年,莫托维德罗和斯科特将周边绩效划分为工作奉献(job dedication)和人际促进(Interpersonal facilitation)。工作奉献行为包含努力、主动、坚持和自律,预期能提高员工和管理者个体的效率。相应地,测评工作奉献行为的项目如①加班加点,确保工作按时完成;②关注重要细节;③加倍努力;④要求承担具挑战性的工作;⑤自我提升,自我管理;⑥主动解决工作困难;⑦坚持克服困难,按时完成任务;⑧热情解决工作问题等。

人际促进行为包括互助、体贴和协作,预期能减少组织成员的摩擦,营造一种促进任务绩效的群体心理氛围,促进组织内部合作,从而提高群体工作效率。相应地,测评人际行为的项目如①在同事取得成绩的时候,表示由衷赞赏;②当员工遭遇个人挫折时,予以鼓励和帮助;③如果采取的行动可能影响他人,预先告知他人;④说一些能使他人感觉愉悦的话;⑤促使同事和睦相处,求同存异;⑥平等待人;⑦主动帮助他人等。

虽然,单纯的周边绩效行为在一定阶段和一定情形下,不太可能为员工带来加薪、晋升的好处,但员工的周边绩效能影响上级评价员工对组织的贡献以及晋升潜质。

企业当然希望员工帮助别人、与同事合作、愿意完成不属于个人职责的任务等。但是,这些并不属于工作的正式组成部分。考核指标的设计和执行,要妥善处理任务绩效行为和周边绩效行为之间的关系。两种行为都应当得到鼓励,但要安排好优先顺序。首先得到鼓励的是任务绩效行为,然后才是周边绩效行为。如果员工的本职工作没有做好,却把大量精力放在周边绩效行为上,就是本末倒置。假如这样的员工受到鼓励成为其他人学习的榜样,则整个企业的工作将陷入混乱状态。

许多管理人员评价下属绩效,都很重视周边绩效。管理者认为周边绩效表现出一个人的工作积极性、责任心,是高素质员工应该具备的美德。所以,他们认为,在考核时考虑周边绩效,是对下属进行全面评价的一个好办法。问题在于,员工是否知道周边绩效影响自己的绩效考核分数? 在多数情况下,员工并不知情。管理者并没有将自己的期望传递给下属。这可以帮助解释为什么员工对绩效评价结果和上级产生分歧。假如管理者将周边绩效行为纳入考虑范围,应该以书面方式规定下来,并及时传达给下属。

如果在考虑设计绩效行为指标时,就需要将包括任务绩效行为和周边绩效行为一并考虑。自 20 世纪 80 年代以后,人们常常将工作行为,特别是任务绩效行为与胜任力联系起来。以胜任力来表示工作行为,成为绩效考核的一个新特征。

3.3.2　胜任力

1. 胜任力的基本内涵

在绩效考核中,人们常把工作表现和胜任力联系起来。斯宾塞(L. Spencer)和斯宾塞(S. Spencer)把胜任力(competence)定义为"工作情景中与有效的或者卓越的业绩有因果关系的潜在个人特征"。

潜在特征,是指存在于个体性格中比较深层的,并且比较持久的能力,可以通过它来预测个体在各种条件下和工作任务中的行为。

因果关系,是指能力可以产生或者预测行为和业绩。

斯宾塞和斯宾塞定义中的绩效,有参照标准。参照标准是按照具体的标准来衡量,可以预测谁做得好,谁做得不好。比如销售人员的销售额,或者戒酒顾问的客户保持滴酒不沾,就是这类参照标准。

在这里,胜任力可以是动机、特质、自我概念、知识、态度、价值观、认知技能和行为技能。总之,是任何可以被评价的个体特点。它们可以用来区分业绩优秀者和业绩平平者,或者区分有效业绩者和无效业绩者的个人特点。

动机。是驱动人去做的动力,它指导人追求一定目标,避开其他方面,并维持追求特定目标的行为。所追求的目标,能够满足人的需要。例如追求成就感的成就需要,就是动机。

特质。是个体身上所特有的、稳定的、使个人以特定方式对环境做出反应的特点。比如一个人的反应速度、眼睛的视力、身体力量,就是生理特质。一个人具有很好的自我控制,能够控制个人情绪,对他人或者相应的事件情绪反应稳定,则是比较复杂的个人特质。

自我概念。是一个人的态度、价值观和自我意向。一个人觉得自己在所有的情景中都有能力胜任工作,或者通过学习能够胜任工作,就是自信。认为家庭很重要,工作不过是谋取生活资料的手段,则反映一种价值观。

知识。是一个人在特定领域所掌握的信息。知识胜任力比较复杂,知识测验分数对绩效的预测往往不准确,这是因为测验的知识和实际工作中运用的知识并不一致。

技能。是一个人熟练完成身体动作或者完成智力活动的能力。牙科医生熟练地给病人补牙而不损坏神经,机械师快速查询机器故障并修理好,都属于动作技能。分析思维、概念思维等都属于认知技能。

在斯宾塞和斯宾塞的定义中,胜任力与行为是同义词。每项胜任能力的定义,均以工作中的典型有效行为或者无效行为进行描述,并辅助一具体实例。表 3-15 所示的是 McBer 咨询公司提供的一个胜任力的实例。

表 3-15　胜任力的一个实例

信息搜寻
驱动信息搜寻的是潜在的好奇心,以及想要获知更多情况、更多人或者问题的。搜寻是指做出获得更多信息的努力,而不是接受环境的表面情况

等级	行为描述
0	无。除了别人给予的信息外,不寻求关于环境的额外信息
1	询问问题。向有直接关系的人(或者虽然不在场,但是了解情况的人)直接提出问题;查询已获得的资料
2	个人调查。自己亲自查看计划、工厂、贷款申请、销售状况,或者其他方面的问题,并向最了解情况的人询问
3	……
4	……
5	……
6	利用自己正在运行的系统搜集信息。运用个人已经建立起来的系统或者习惯来搜集各种信息(可能包括工作现场巡视、固定的信息通报会,如果它们是专门用来传递信息的话)
7	利用其他人。利用正常情况下不应参与的人,让他们来为自己搜集信息

胜任力的识别,可以组织为单位进行分析,或以工作部门、团队为单位进行分析,也可以工作岗位为单位进行分析。表 3-16 是几个公司在组织层面使用的胜任力。

表 3-16 组织胜任力举例

ICI 涂料公司	可口可乐公司	移动通讯公司
核心胜任力	管理能力	胜任力
灵活 主动 影响力 关注质量 自我发展	沟通 工作知识 问题解决 决策 预算和财务管理 工作关系 领导力 开发别人 计划 组织 执行	团队合作 专业技术知识 有效沟通 成就动机 精益求精 主动 关注有效性 灵活 创新

2. 胜任力识别方法与应用

个人工作胜任力的考核项目,以岗位工作为基准进行设计。对岗位胜任力的识别,研究者通常使用行为事件访谈法(behavioral event interview,简称 BEI),或者使用问卷法,并采用任务分析法作为补充。为了方便起见,有很多企业使用问卷法。

使用行为事件访谈法识别要考核的工作行为。首先,依据以往的业绩考核成绩、评优记录以及上级领导的推荐意见等,在目标岗位的众多任职候选人中选择一部分表现优秀者和一部分表现一般者。然后,由受过专门训练的访谈者对任职候选人进行行为事件访谈。访谈过程中采用"双盲访谈",被选取的任职候选人和访谈者事先不知道候选人属于表现优秀组还是表现普通组。这样就有效避免了先入为主的偏见。

行为事件访谈的灵魂在于请访谈对象讲述工作过程中发生的"真实故事"。访谈对象通常被要求回忆他在本岗位工作中几个成功的事例以及不成功的事例。鉴于许多人的回答往往会比较笼统、泛泛,重要细节又简单带过等不足,使得访谈没有收集到足够有价值的信息。因此,行为事件访谈成功的关键又在于"追问"。有经验的访谈专家会用一系列的追问来刨根问底、采集具体而详实的信息。例如:当任职者谈到他曾经为改善公司质量管理做出过贡献,访谈专家就会询问"当时的情况是怎样的?""这件事情有哪些人员参与? 你在其中是什么角色?""你采取了哪些具体措施? 最后效果怎样?""在整个事情中遇到了哪些困难? 又如何解决的?"等很具体的问题。同时还可以要求访谈对象提供领导、同事或客户等见证人,以便做深入了解。

访谈完毕,对访谈获得的信息进行整理、分析,将获得的工作行为"编码"为胜任力特征。例如,优秀销售人员在叙述其成功经历时多次提到通过诚信感动客户的事例,而业绩平平的销售人员则很少提及,就可以断定诚信是该企业销售人员的重要胜任力之一。此后,对选定的素质进行定义、分级,对每一等级进行行为描述。比如,人际理解能力是销售人员的重要素质之一,其分级描述见表 3-17 所示。将这些素质要素及其定义、分级描述集合在一起,就构成了这类岗位的素质模型。

表 3-17　人际理解能力胜任力的识别

人际理解能力
定义:通过观察他人的语言、动作以及处境等,理解他人的观点、情感,准确把握其需求

定级	行为描述
−1	缺乏人际理解。误解别人,对别人的情感和行为反应感到惊讶,或者仅仅用刻板的印象来看待他人
0	没有表现出人际理解能力。对他人没有明确的意识,没有证据表明对他人有严重误解
1	理解他人谈话的内容和所表达的情感。能够理解他人直接表达出来的或者隐含的情感,但是不能同时理解这两者
2	理解他人谈话的内容和所表达的情感。能够同时理解他人直接表达出来的和隐含的情感
3	理解他人的意图。理解当前没有表达出的想法、担心和情感
4	理解潜在的问题。理解当前和长期以来行为、感情和担心等背后的原因;能够综合分析别人的长处和优点
5	理解潜在的复杂问题。理解他人态度、行为模式背后复杂的原因

通过行为事件访谈与分析,能够准确识别胜任某一(类)岗位的真正的、关键的行为、能力要素。比如:人们常常认为性格外向的人擅长做销售,但实际上性格内向的人凭借其稳重、善解人意往往也能取得优异的业绩,因此性格外向往往并不是销售人员的关键素质。又如:许多企业在招聘研发人员时,非常关注其现有知识和技能水平,但是实践表明:优秀研发人员的重要素质是成就动机、学习愿望与学习能力、团队合作、思维能力等方面。

识别胜任力,要考虑企业的"个性"。企业的战略目标、发展历程、组织文化、核心价值观都与员工工作行为密不可分,并且通过员工的行为成为现实的客观存在。

问卷法。行为事件访谈法的缺点之一是工作量很大,同时针对众多岗位进行行为事件访谈,就很困难。这时,问卷调查法就是可以采用的替代方法。使用问卷法,事先把胜任力纬度设计好,然后让各岗位任职者根据工作中的表现情况进行评分。例如,"成就动机在多大程度上能够区分优秀销售员和一般销售员",请根据区分程度打出 5 分、4 分、3 分、2 分和 1 分。

下面是通过行为事件访谈法和任务分析法研究出来的一个儿童福利机构服务人员的胜任力模型(部分),供读者参考。

Ⅰ 工作管理技能

1.00　　合作

01.01　知道有哪些关系资源可以利用。建立和维护有效的工作关系网络。

01.02　理解、接纳他人的不同观点、专业知识和经验,了解别人观点的局限,以及工作整个系统的不足。

01.03　以有效的和富有创造性的方式支持客户。

01.04　积极地、有建设性地参加群体内和群体间的活动,以改善工作系统和项目运作。

2.00　　角色意识

02.01　理解儿童福利系统工作人员的角色和责任。

02.02　为客户澄清服务人员和机构的工作角色和职责。

02.03　帮助客户理解机构参与带来的事宜、行为目标和相关问题。

3.00　　结果导向。

　　……

Ⅱ 概念知识和技能

4.00　　人际理解

04.01　识别和理解人们行为背后的原因。

04.02　识别和理解事件和情景对人们的心理影响。

04.03　识别和理解人的行为模式和行为趋势。

04.04　根据某个人所处的情景和经历理解他的行为。

04.05　通过观察体态、语调等非语言线索对别人的意思做出推测。

04.06　识别和理解群体内动态的人际关系。

5.00　观察技能。

05.01　……

05.02　……

……

6.00　分析思维。

06.01　通过多种渠道获取信息，以提高自己对一个情景的理解。

06.02　……

　　绩效的行为和胜任力的观点，把人们的视线从工作结果引导到工作过程中表现出的行为和能力。自此，绩效管理关注的内容，除了工作结果，还有工作行为和能力。在绩效诊断和改进阶段，人们更多地分析工作过程中的行为和能力是怎样导致不理想绩效的。绩效管理对行为能力的关注，使企业管理者更愿意分析工作过程，并为员工提供培训、教练和指导。

3.4　过程与结果评价的动态平衡

　　绩效的两种观点，一种是：绩效是结果，另一种是：绩效是行为。前一种观点观察工作结束后的状态和产出，而后一种观点则关注工作的过程。其实，这两种观点并不矛盾，而是相辅相成，共同构成一个全面的绩效观。

3.4.1　结果与过程的结合

　　毫无疑问，绩效首先是结果。如果忽视结果，就谈不上满足客户需要，更不要说实现企业目标了。但是，当产出结果不足以代表员工的工作绩效，就应当将行为能力等过程变量纳入考核管理的视野，甚至用行为取代结果。当考核的目标是为了改进工作、发展能力和矫正行为时，也把行为能力作为考核内容。

　　考核员工绩效，只要有可能，就把结果作为考核内容。出于在过程中把握控制绩效产出的考虑，企业开始考核工作行为和能力。于是，工作绩效的混合模型产生了。除了工作的最终结果，它还包括了工作过程中的行为和能力。图 3-2 所示的绩效评价的混合模型样例。

　　在多数混合模型中，结果绩效是数量化的、指向过去的和与部门目标相联系的，它主要考虑短期，考核结果主要用于奖励决策。对胜任力的评估多半是定性的，考虑长期绩效和未来导向，主要用于绩效改进和职业发展规划。

结果	胜任力
50%～90%	10%～50%
绩效是什么	绩效是怎样实现的
定量	定性
短期	长期
奖励导向	开发导向
奖励结果	奖励技能

图 3-2　绩效评价的混合模型样例

绩效考核的混合模型,比较适合应用于以下几种环境:

(1) 不确定环境。在不确定和迅速变化的环境中,工作结果几乎不受员工控制,目标结果常常受无关事件的控制,比如石油销售极大地受销售价格波动的影响,当原油价格从 35 美元上涨到 50 美元时,销售量大幅度下降。在类似的情景中,绩效评估应该做的是考察员工有没有尽其所能完成他所应该做的事情,是否表现出所要求的工作行为,而不是评价他是否完成了目标结果。员工越是不能控制结果,就越应该根据胜任力进行绩效评估。

(2) 服务性工作。很多服务性工作没有可以测量的结果,这时,定性的工作技能,也就是胜任力,就是最好的绩效指标。对于航班上空中服务人员来说,工作绩效应该根据对顾客微笑、对顾客的要求表现出耐心和周到、在情况危机时保持镇定等胜任行为进行评估。

(3) 自我管理团队。在很多企业组织中,团队合作,也就是与其他不同的人一起工作的能力,变得越来越重要。在团队工作中,个人工作结果不如对团队做出的贡献更为重要。在这种情况下,放弃评估个人工作结果,对个人团队合作的胜任力进行评价,应该是更好的选择。

强调长期发展比短期目标更重要。如果一个企业更看重长期发展,希望通过员工发展取得更好的长期业绩,而不是仅仅看重过去和当前的业绩,适合采用混合绩效模型。

3.4.2　环境的影响

从绩效管理的角度看,引进胜任力之后的混合模型并没有完全解决问题。因为,对工作过程的研究发现,除了员工的行为和能力,影响工作绩效的还有其他因素,比如机器设备的状态、原材料的质量、噪音、温度等。这些因素,被称为环境因素。

在讨论个人工作绩效时,坎贝尔(Campbell)假设环境条件保持不变。遗憾的是,这个假设并不成立。卡蒂、道宾斯和瓦德曼(D. A. Waldman)等人分别提出了两个将环境因素包括在内的工作绩效模型。根据这几个学者的绩效模型,工作结果是由系统因素和工作行为共同决定的。也就是说,个人特征通过工作行为起作用,工作行为和工作结果之间并没有直接的关系,系统因素是中介变量,促进或者抑制工作绩效的实现。

环境因素或者系统因素,在本书第1章中做了较具体的分析,这里就不赘述。

工程心理学研究结果表明,环境方面的消极特征,比如噪音太大、温度太高或者太低对人的身体有害,另外,照明、空气质量、拥挤程度等则对工作绩效有影响。这些因素通过影响个体发挥知识、技能,降低工作积极性等对工作绩效发挥抑制作用。

组织行为学和人力资源管理研究也表明,工作任务高度专业化及单调可能提高劳动生产率,也可能降低生产率;目标模糊、或者难度太高,将不利于目标的实现;工作职责不清、互相扯皮,将同时降低工作积极性和工作效率;人际关系复杂、管理风格简单粗暴、工作群体缺乏凝聚力将消解员工的上进心和敬业精神;组织奖励制度的混乱、官僚主义盛行等组织特点会使员工偏离努力方向。

总之,环境因素对工作绩效有很大的影响作用,而员工作为个体对环境因素的影响有限。在现实中,一些管理人员常常无视环境因素,将工作结果完全视为员工工作努力的结果。这种做法是不恰当的。站在绩效管理的角度,考虑到环境因素的影响,管理者应该充分评价结果的同时也充分评价工作行为表现。在充分考虑系统因素对绩效影响的情况下,对行为进行评估还有一个充分的理由:作为个人,既然难以改变环境因素,应该有能力控制自己的行为。在环境不利的条件下,主观上更加努力的员工,必然能够在某种程度上克服不利因素,为企业做出更多贡献。

3.4.3　优先顺序和权重

正因为环境因素对工作绩效有很大的影响,所以,在绩效评价中需要将结果与过程相结合,将结果和过程评价指标按照一定比例得到动态平衡。比例的确定主要取决于绩效管理目标、工作性质和要求。例如,在一个生产岗位,工作结果可能占了考核内容的90%。在另外一个极端,比如纯粹服务性岗位,行为和胜任力可能会占考核内容的100%。对不同的绩效管理对象,绩效评价指标的重要性也不同。它们有轻重缓急之分。在具体设计和确定绩效评价指标时,需要同时确定每个绩效指标的权重,或者标出优先顺序。在每个考核年度的开始,员工都应该知道,在所有绩效指标当中,什么是最重要的,什么是不那么重要的。这样便于员工合理分配时间,知道应当在哪里付出最多努力。设置绩效评价指标权重并与员工沟通,可以使员工做出对自己有利的选择。

结果导向和过程导向的评价指标一般构成绩效评价的一级指标,而结果导向和过程导向的评价指标分别又有若干子指标构成,这种子指标又称之为二级指标。不同级别和不同内容的评价指标反映不同的侧重点和作用。绩效评价一般由多种绩效评价指标构成,如图3-3所示。

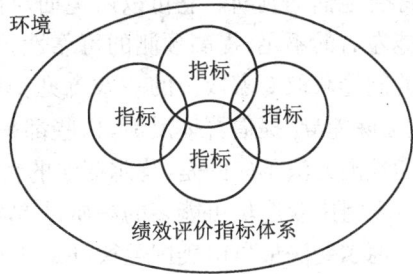

图 3-3　绩效评价系统框架

假设有一个情景:两个员工做同样的岗位工作,其中第一个人完成了所有五项绩效指标中的四项,而第二个人完成了所有绩效评价指标中的一项目标,也是第一个员工没有完成的目标。那么谁对企业的贡献大呢? 是否完成目标多的员工贡献更大呢? 未必! 当第一个员工没有完成的目标权重超过50%时,则第二个人的贡献更大些。设置权重或优先顺序,是为了保证最终的绩效评估结果准确反映个人为企业做出的贡献大小。

确定绩效评价指标权重的方法一般分为定性和定量两类。常用的定性方法是专家意见法和德尔斐法(Delphi Technique),定量方法主要是层次分析法(AHP法:Analytic Hierarchy Process)。

1. 专家意见法和德尔斐法

1) 专家意见法

这种方法又分为专家个人意见法和专家集体意见法。

专家个人意见法主要由企业高层管理者根据个人的管理经验和认知,对员工绩效指标确定不同的权重。这是一种简单灵活的权重确定方法,一般适合于小型企业或处于初创期的企业。由于这种方法集中于某个人的意志和智慧,如果面对较复杂的指标体系,则容易导致主观偏差,影响绩效考评效果。

专家集体意见法,一般是通过组成专家评估小组,由小组讨论形式来确定绩效指标权重。专家可以由企业管理实践管理专家构成,也可以由企业管理实践管理专家与外聘的理论或咨询专家共同沟通。这种方法汇集多人的知识、经验和智慧及信息,具有较高的客观性和可信度。但这种方法受到面对面的专家之间的影响和压力,屈从于某些权威或领导的意见,不能充分发挥集体成员的作用,从而影响权重决策的效果。

2) 德尔斐法

它是一种是背对背的集体决策咨询方法。它不需成员正式出席会议,一般通过匿名的通信联系,群体成员各自充分发表自己的观点,然后以系统的、独立的方式综合他们的判断。它可以避免面对面的来自于成员的影响和压力,克服为某些权威左右的不足,提高预测的可靠性。德尔斐法的主要目的是通过一系列精心设计的问卷获取专家成员的一致意见。德尔斐法最大的特点是匿名、反复的知识启发、去除差异、提倡群体反馈,这些都是有效的群体决策所必需的要素。与其他计划和预测方法不同的是,德尔斐法的目标不是获得唯一的答案或者形成共识,而是从专家组中获取尽可能多的高质量方案以提高决策水平。

德尔斐法最早由美国兰德(Rand)公司研究提出。在1950~1963年之间,兰德公司进行了一系列的德尔斐研究实验。实验表明,德尔斐法既可以作为预测研究工具也可以作为学习工具。当专家组成员是战略决策者时,德尔斐法成为群体的预测工具,确保在界定环境和资源限制下得出最理性的战略。作为合作性的学习练习,德尔斐法包含的理念是群体的整合力量大于各部分力量的总和,因而鼓励团队合作和群体决策。此外,德尔斐法使个人更倾向于为项目的最终成功而努力。有控制的反馈和匿名的交流使专家组成员能够不断调整各自的看法而不必公开承认,因此鼓励他们更大胆的发表个人观点而不是小心翼翼的提出制度化的观点。德尔斐法在20世纪60年代开始广泛应用。

2. 层次分析法(AHP法)

它是帮助决策者在决策过程中确定优先秩序的一种灵活而有效的方法,20世纪70年代由美国宾夕法尼亚沃顿商学院沙蒂博士(Thomas Saaty)研究提出。这种方法将决策者的经验判断予以量化,从而为决策者提供量化的决策依据。应用AHP法确定绩效指标权重,需要将绩效指标分解为一个多级指标体系,在同一层级上,根据沙蒂确定的相对重要性等级见表3-18,进行矩阵式的两两比较,然后,按照计算公式(1)计算出每项指标的权重。

表3-18　沙蒂确定的相对重要性等级

等级序号	定　义
1	两者相等
3	一个比另一个稍重要
5	一个比另一个较重要
7	一个比另一个重要得多
9	一个比另一个非常重要
2,4,6,8	以上两相邻程度的中间值,需要折衷时可考虑使用

$$W = \frac{1}{n} \sum_{j=1}^{n} \left(a \Big/ \sum_{i=1}^{n} a_{ij} \right) B \qquad (1)$$

层次分析法将专家的经验判断与理性分析相结合,通过两两比较,并予以定量,将决策判断中的不确定因素尽可能降低,从而提高决策的有效性。

这里,举例说明应用 AHP 法制定绩效评价指标的权重。假设某公司设定专业技术人员的工作行为和能力的评价指标有:A——进取精神、B——工作责任心、C——团队合作、D——专业技能、E——学习能力。该公司的专业人员绩效评价小组应用 AHP 法,对这五个指标进行两两比较,然后采用公式(1),而得的分值如表 3-19 所示。由表 3-18 可知:5 个评价指标的权重依此是:进取精神 0.05,工作责任心 0.44,团队合作 0.09,专业技能 0.26 和学习能力 0.15。

表 3-19　AHP 法举例应用的得分值

	A	B	C	D	E	W
A	1	1/7	1/2	1/5	1/3	0.05
B	7	1	5	2	3	0.44
C	2	1/5	1	1/3	1/2	0.09
D	5	1/2	3	1	2	0.26
E	3	1/3	2	1/2	1	0.15
$\sum_{i=1}^{5} a_{ij}$	18	2.18	11.50	4.03	6.83	

(注:由于计算时的四舍五入原因,表 3-19 中 W 之和为 0.99。)

为避免其他因素对判断矩阵的干扰,在实际中要求判断矩阵满足大体上的一致性,需进行一致性检验。只有通过检验,才能说明判断矩阵在逻辑上是合理的,才能继续对结果进行分析。对判断矩阵进行一致性检验,计算:

$$CR = CI/RI \qquad (2)$$

式中,CR(consistency ratio)为一致性比率。当 $CR < 0.10$ 时,认为判断矩阵的一致性是可以接受的,否则应对判断矩阵作适当修正。CI(consistency index)为一致性指标,按下式计算:

$$CI = (\lambda_{max} - n)/(n-1) \qquad (3)$$

式中,λ_{max}——判断矩阵的最大特征根;

n——成对比较因子的个数;

RI(random index)——随机一致性指标,可查表确定,如表 3-17 给出了 1~12 阶正互反矩阵计算 1 000 次得到的平均随机一致性指标。

表 3-20　随机一致性指标 RI 值

n	3	4	5	6	7	8	9	10	11	12
RI	0.58	0.89	1.12	1.26	1.36	1.41	1.46	1.49	1.52	1.54

计算判断矩阵的最大特征值 λ_{max} 时候,为了避免求解矩阵带来的复杂运算,我们采用如下方法进行近似:

$$\lambda_{max} = \frac{1}{n} \sum_{i=1}^{n} \frac{\sum_{j=1}^{n} a_{ij} w_j}{w_i} \tag{4}$$

将上例中的数字带入上述公式计算得到 $\lambda_{max} = 5.04$,
查表得到 $RI = 1.12$,所以,
$CI = (\lambda_{max} - n)/(n-1) = (5.04-5)/(5-1) = 0.01$
$CR = CI/RI = 0.01/1.12 = 0.009$
$CR < 0.10$,认为判断矩阵的一致性是可以接受的。

本章小结

本章以 SE 公司在绩效管理中一律采用结果导向的评价指标所遇到的问题为引导案例展开讨论,如何设立合理而有效的绩效评价指标。基于"不能评估就无法管理"的管理准则,本章首先讨论了绩效评价指标的特征,同时讨论了与其密切相关的绩效评价标准的主要类型。然后,分别讨论了结果导向与过程导向的两种绩效评价指标的基本内容和特点。最后,依据全面绩效观,讨论了过程与结果评价的动态平衡,指出根据绩效管理目标、工作性质和要求,采用科学而合理的方法确定绩效评价指标的优先顺序和权重,以客观、公正地评价和反映工作绩效。

复习与思考

1. 有效的绩效评价指标具有哪些特征?
2. 设立绩效评价指标的基础工作是什么?
3. 结果导向的绩效评价指标主要有哪些类型?试举例说明。
4. 过程导向的绩效评价指标主要有哪些类型?试举例说明。
5. 确定绩效评价指标权重的方法主要有哪些?
6. 什么是层次分析法?如何运用层次分析法?

第4章 常用的绩效评价方法

本章学习要点

1. 目标管理法的内容、特点与应用。
2. 图尺度评价量表法、行为锚定评价量表法、混合标准量表法三种的异同点。
3. 关键事件法的作用。
4. 强迫分配法的特点与应用。

~~~~~~

案例

米氏药业公司的三种绩效评价方法

米氏药业是一家研究、生产和销售中药系列产品的民营企业,有员工 400 多人。人力资源部罗明经理从某名牌大学获得 MBA 学位。读 MBA 之前,罗明就对人力资源管理产生了较浓厚的兴趣,并做过两年人力资源管理工作。读 MBA 期间,他阅读了大量人力资源管理著作,还选择了人力资源管理作为毕业论文的研究方向。他一年前来米氏药业应聘,深受总经理赏识,被聘用为公司人力资源部经理。

在一年工作时间里,罗明对公司绩效考核办法有了较全面的了解。该公司综合使用了三种不同的考核办法:目标管理法、图尺度评价量表法和强迫分布法。

每年年底,公司领导都要制订下个年度工作目标,并把目标逐级分解,落实到各个部门,然后,由部门负责人分配任务到员工。使用目标管理法初期,公司采纳咨询专家的建议,在制订目标时充分听取下级的意见。事实证明这个办法过于烦琐,而且销售主管和医药代表都隐瞒自己的实力。后来制订目标时,就不再征求下面的意见。罗明经理了解到,有一年,因为制订的销售目标太高,有不少优秀医药代表都跳槽到其他公司了。

该公司使用的图尺度评价量表法是比较简化的版本,就是先把评价维度列出来,按照从最差到最好分别打 1、2、3、4、5 分,然后计算每个员工的总分数。各个部门的经理都反映这个评分方法使用起来很简便,但是经过调查后发现,员工的意见很大,说评价结果没有反映真实的工作绩效。

像多数企业一样,该公司采用强迫分配法纯粹是为了控制工资额度。公司的政策看起来很公平,每个部门评价为优秀、良好、合格和需要改进等级的比例都是相同的。通过控制评价为优秀和良好的员工数量,公司将工资总额控制在预算范围之内。当然,也有人提出反对意见,说强迫分配法,把大家的积极性给强制掉了。

如何解决公司绩效考核中遇到的这些问题,罗明经理正在考虑修正和补充现有的绩效考评方法,并考虑是否应该引入其他的考评方法,使绩效考评为改进工作绩效和员工发展提供宝贵的信息。

～～～～～～～～～～～～～～～～～～～～～～～～～～～～～～～～～

上述案例表明:绩效考评有多种方法,如何根据企业实际情况和需要选择和设计绩效考评方法,是获得有效绩效评价的基础。

4.1　与认同目标相比的评价方法

1954年,德鲁克(P. Druker)在《管理的实践》一书中,首先提出了"目标管理和自我控制"的主张。之后,他又在此基础上发展了这一主张。到今天,目标管理 MBO(Management by Objective)已经成为企业管理的基础。可以说,有企业存在的地方,就有目标管理。目标管理法把实际工作绩效与预期目标相比较进行评价,是普遍使用的一种绩效评价方法。

在企业组织中,高层管理者总是根据企业的使命确定长期或者短期目标,然后,通过上下级共同协商,将组织目标进行分解,转变成为部门目标和个人目标,管理人员根据目标对组织中各层次、部门和个人的工作进行管理。一旦确立目标,就要定期检查进度,直至预期目标在规定期限内完成。在约定的时间,制定目标的管理者和下属一起检查评估实际工作结果,评估目标在多大程度上得以实现,并制定下一个考核期的工作目标。

4.1.1　基于目标管理的绩效评价流程

基于目标管理的绩效评价法(以下简称为目标管理法),它将目标管理的计划、执行、检查和反馈的基本原理应用于绩效评价中,相应地,分为绩效目标计划、绩效指导、绩效检查、激励四个阶段。这种基于目标管理的绩效评价法强调目标评价,促进员工为实现企业目标而努力,同时促进个人能力的成长。从某种意义而言,它体现了绩效管理的部分思想。

基于目标管理的绩效评价法主要包含以下四个阶段:

第一阶段,绩效目标计划。

绩效目标计划即建立绩效目标体系。绩效目标的建立有层次性,包括组织层次的绩效目标、部门层次绩效目标、团队绩效目标和个人绩效目标。一般来说,企业组织层次的绩效目标由企业高层领导团队集体制定;部门绩效目标是根据部门的责任和职能把组织层次的绩效目标分解转化而来;团队绩效目标和个人绩效目标再依据岗位的责任、职责由部门绩效目标分解转化形成。经过层层分解,组织绩效目标变成各部门、各岗位的具体工作任务,组织绩效目标为所有人的工作提供方向和指导,各部门和岗位工作目标的实现,则是实现组织绩效目标的保证。上下级绩效目标的关系实质上是"目标—手段"关系,某个层次的绩效目标需要通过一定手段才能实现,而这个手段则成为下一个层次的工作目标,直到操作层面的具体个人或者团队,从而构成环环相扣的目标体系链。在目标分解过程中上下沟通,达成共识。绩效目标的设置要遵循 SMART 原则,即具体的(specific)、可衡量的(measurable)、可达到的(attainable)、相关的(relevant)和有时限的(time-based)。在建立绩效目标阶段,还必须制定对绩效目标进行评价的指标和标准,明确对绩效目标进行评价的具体时间以及具体评价方式。

在将目标任务层层分解的同时,上下级之间需要对完成绩效目标的路径和方案进行探讨,充分估计可能出现的问题。通过对问题的分析,上级能够进行针对性地指导,帮助人员抓住关键,增强信心。

绩效目标分解在沟通中完成后,可设计绩效考评指标。考评指标可设固定指标和变动指标。如对营销管理人员来说,固定指标与年度销售目标直接相关,如销售收入、回款率、费用率、员工满意度和客户满意度(对业务员)等;变动指标是根据每月的具体情况设计,如在大型促销期间设置促销效果评估指标,在大规模员工培训或客户培训期间设置培训效果评估等。

第二阶段,绩效指导。

在绩效目标达成过程中,管理者放手让下属根据预期绩效目标、时间进度独立自主地开展工作,提供工作所需要的资源、支持和帮助,并根据预先安排对工作进度情况进行跟踪。下属在实现绩效目标的过程中则根据预先商定的时间向上级汇报,遇到问题时向上级管理者或者相关方面请求协助。

在绩效目标达成过程中,对关键步骤加强控制和指导,随时发现问题并加以纠正,以保证绩效目标的实现。关键环节的控制和指导可以通过每日、每周的例会定期进行,也可以根据对特殊事件的重点跟踪进行。

绩效指导是目标管理法中的重要一环。对关键环节的跟踪和指导,能够帮助个人绩效目标的实现,并使个人在过程中成长;对企业来说,对关键环节的跟踪和指导,可以实现有效的管理和控制,及时发现问题并予以纠正,避免因小失大,从而有效实现组织绩效目标。

第三阶段，绩效检查。

根据确定的绩效目标实现的日期、评价维度、要求达到的标准，管理者和下属共同检查在多大程度上完成了预期的绩效目标。检查的方式有自我检查、互相检查和组成专门的部门进行检查。在检查阶段，不仅要评价出绩效等级或者分数，还要分析评价目标完成情况背后的原因，包括工作成功的经验和工作不利的原因分析，为将来改进工作提供依据。

检查环节不是仅对照考核表进行打分的过程，应结合月度绩效计划会议、述职会议，对各项考核结果进行讨论，总结经验与不足，并提出推广和改进措施。

根据上一个考核周期目标完成的情况和新的企业工作计划，制定各层次新的工作目标，形成新的目标体系，实行动态的绩效目标管理周期。

第四阶段，激励。

绩效检查及考评结果可直接与员工经济性激励措施如工资、奖金、福利津贴等挂钩，也可以直接与非经济激励措施如荣誉、工作条件的改善、提供发展机会等相联系。例如，对连续两个季度考评成绩达到优异的员工，除了可以提高薪级外，还可以给予荣誉上的奖励、提供更有挑战性职位的机会等。

结合上述四个阶段，基于目标管理的绩效评价流程可概括为如图 4-1 所示。

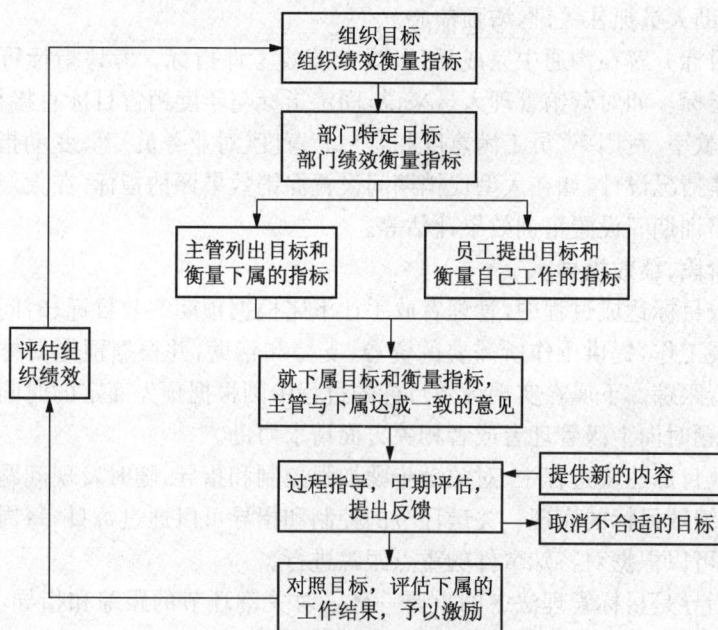

图 4-1　基于目标管理的绩效评价流程

4.1.2 目标管理法的优势与不足

作为一种绩效评价方法,目标管理法有其优势,也有其不足。客观认识目标管理法的优势和不足,可以更好地应用这一方面,避免可能出现的问题。

1. 目标管理法的优点

德鲁克认为,企业的使命、目的和任务,必须化为目标,企业的各级主管必须通过这些目标对下级进行领导,以此来达到企业的总目标。如果一个领域没有具体的目标,则这个领域必定被忽视,如果没有方向一致的分目标来指导各级主管人员的工作,则企业规模越大,人员越多时,发生冲突和浪费的可能性就越大。

目标管理法的第一个优点是可以帮助企业实现目标。企业目标不能实现,受诸多因素制约,比如制定的目标难度太大、资源不足、执行不力等等。对于很多企业来说,不能把企业目标分解成为操作层面的具体目标,不能落到实处,是导致失败的重要原因之一。在执行目标管理时,目标分解工作做得不够细致,不能形成环环相扣的目标体系,在客观上导致各部门各岗位工作不能互相配合,各行其是。

在目标管理中,员工参与目标设置、评价指标体系确定以及评价标准的设定,实质上是参与管理的一种方式。参与管理可以提高员工对工作目标的认同感,调动工作积极性。而且,员工参与还可以提高目标设置的可行性,减少决策失误。此外,目标管理有更多员工参与,成为民主化管理的一种方式,促进企业管理向民主化转变。

德鲁克认为,员工是负责的,愿意在工作中发挥自己的聪明才智和创造性。通过使用目标管理,传统的压制式管理,被自主管理取代。自主管理提供了员工的工作积极性,还使得管理人员从事必躬亲的烦琐事务中解脱出来,把更多精力放到综合管理当中来。

传统的评估方式评价员工表现,往往根据主管印象、思想、态度等等,而目标管理法强调结果,以结果为导向,根据一套完善的目标考核体系评估,从而能够按员工的实际贡献大小如实地评价员工绩效。目标管理还力求组织目标与个人目标更密切地结合在一起,以增强员工在工作中的满足感。这对于调动员工的积极性,增强组织的凝聚力起到了很好的作用。

2. 目标管理法的不足

作为一种绩效评估方法,目标管理法有自身难以克服的不足,主要表现在以下几个方面。

首先,目标管理法的假设是:绩效衡量过程中的主观因素可以忽略不计,工作结果是一个人为企业做出贡献的全面客观的衡量。目标管理法信奉的哲学实质上是"成者为王,败者为寇",它只考虑结果不考虑过程。然而,对很多工作来说,难以完全用工作结果衡量绩效,或者仅仅用结果衡量绩效并不全面。

其次,工作过程本身也很重要。比如一个工作岗位是油库看管员,预期结果是油库绝对安全,不发生任何危险。但是,该工作还要求油库看管员要严格按照规定的工作程序执行油库看管的工作。如果该岗位员工不执行安全管理程序,虽然目前没有发生事故,却存在安全隐患。忽视过程,只评估工作结果,还会纵容为达到目标不择手段的行为,损害企业利益或者消费者利益。比如有的销售员为了追求销售利润,欺骗消费者,以次充好,缺斤短两,隐瞒产品消极因素,导致投诉增多,顾客满意度下降。

第三,为不同部门或岗位设置目标的难易程度难以掌握。有的部门或者工作岗位轻而易举就完成了目标,而有的付出了艰苦的努力,目标仍然没有完成。按照目标完成的情况给予奖惩,会导致极大的不公平。作为执行目标管理法的辅助手段,有企业采取为目标设置难度系数的方法,另外的企业则为目标设置权重,力图消除上述弊端。

第四,企业设置的目标,一般都是年度目标或者季度目标,属于短期目标。就企业长期目标与员工沟通,引导下属完成短期目标,同时兼顾长期目标,则是需要解决的一个难题。

第五,目标管理要取得成效,就必须保持其明确性和肯定性,如果目标经常改变,就说明它是没有经过深思熟虑和周密计划的结果,企业工作容易陷于混乱。但是,目标计划是面向未来的,而未来存在许多不确定因素,这又要求必须根据已经变化了的情况对目标进行修正。然而修订一个目标体系要花费大量精力,结果可能迫使主管人员不得不中途停止目标管理的过程。

4.1.3 目标管理法的应用条件与要求

由于目标管理法自身不足的限制,在应用目标管理法需要具备一定条件,具有一定的使用要求。

目标管理法主要根据工作产出的结果来评价绩效,比较适用那些独立性较强的岗位,这些岗位任职者对工作结果负责。一般来说,企业总经理、部门经理和工作团队的领导等,适合采用目标管理法。如果工作业绩难以用产出来衡量,则不适用目标管理法。

几乎所有的企业都使用目标管理法,但实际操作的情形却千差万别。在有的企业,MBO是很正式的管理体系,具有精确的时间表,正式的评价技术和详尽的评价表格,MBO 的结构化和正规化程度很高。而在另外的企业,也许是非正式的,只是简单地召集相关人员交待一下要做哪些工作。与此相类似,在执行过程中,各家企业在其他环节也表现出很大的差异。这些差异,是很多企业执行目标管理法成功或者不成功的原因所在。

实施目标管理法要取得成功,需要遵守一些基本要求。这些要求大致包括:

1. 充分沟通

目标管理看起来简单,但要把它有效地付诸实施,则尚需各级主管人员对它有详尽的了解和认识。这就需要对目标管理的整个体系做耐心的解释工作,说明目标管理是什么;它怎样发挥作用;为什么要这样做;它在评价管理工作成效时起些什么作用;以及参与目标管理的人能得到什么好处等。

2. 确立目标有下属充分参与

下属参与目标制定,参与决策过程,可以提高对目标的认同感,提高工作积极性,降低决策失误的风险。在设置目标时,许多管理者采取独裁的决策方式,他们不喜欢或者不习惯让下属一起设立目标。结果,员工常常认为任务目标是强加的,缺乏认同感。更糟糕的是,有的管理者对业务不够熟悉,对信息的掌握不充分,导致设置的目标不切实际,无法实现。

民主参与决策有很多优点,但如果操作不当,也会产生一些负面影响。关于在何种情况下适合让下属参与决策,参与决策到什么程度,超出了本书要讨论的内容,请读者参考领导决策的相关理论。

3. 执行目标管理,要向下属充分授权

目标确立之后,上级领导授予下属完成目标所必须的权力,下属在目标的引导下开展工作。有的领导者喜欢掌握所有权力,不给下属授权。如此一来,权力是领导的,责任是下属的。这种安排的结果,使下属得不到实现目标所必需的支持,影响目标实现,挫伤工作积极性。

4. 营造积极的组织环境,创造良好的工作氛围

提倡充分而公开的信息交流,让员工了解考核的结果,使员工明确什么是被组织承认的和如何努力得到组织承认,MBO 导向绩效管理鼓励通过团队的努力实现目标,注重在目标牵引下个人能力的成长。使员工在认同企业价值观和企业目标的前提下,具备较高的个人素质和学习能力,具备良好的团队工作意识。

在实际工作中,管理者不愿意让下属参与目标设置,很多情况是因为下属隐瞒

自己的实力,讨价还价。当执行绩效评估结果与奖励挂钩的政策时,这种情况尤其明显。面对这种情形,管理方应该认真反思为什么员工会有如此表现。员工不愿意和管理者一起制定可以实现而具有挑战性的目标,而是千方百计设法保护自己的利益,其根本原因在于企业的文化是自私的和压迫式的,在这种文化中,企业考虑自己的利益太多,关心员工太少,劳资双方没有形成利益共同体,甚至双方是对立的关系。在这种大环境下,员工仅仅从自己利益角度考虑问题,就是顺理成章的事情了。

在现行管理实践中,目标管理法已经成为绩效评估的基本方法,但它不是唯一的方法。采用其他评估方法,可以很好地弥补它的不足。比如,行为锚定评价量表法的引入,可以帮助我们对工作过程中员工的表现进行评价;在短期考核目标之外,增加另外一些考核指标,鼓励员工为企业长远发展做出努力;为了适应变化的因素,在目标设定时尽可能考虑变化的因素,并在目标管理执行过程中对目标进行及时调整等。

人们对绩效管理和绩效评估寄予了太多期望,而目标管理法并不是一种万能的评估方法。比如说,目标管理法对于了解员工的工作行为、工作能力、个性特征等就无能为力。需要引入其他的考核方法。

总之,掌握目标管理法,正确实施这种绩效评估工具,并采用多元化的绩效评估方法,已经成为研究者和管理者的共识。

4.2　与工作标准相比的评价方法

事先设计好工作标准、职能标准或者行为标准,将工作者的实际表现与标准相对照,评价出绩效分数或者等级的评估方法。此类考核方法比较常用的有:图尺度评价量表法、关键事件法、行为锚定评价量表法、混合标准量表法等。

4.2.1　图尺度评价量表法

图尺度评价量表法(Graphic Rating Scale Method)也称图解式评价法,用形象的图尺度来表示评价尺度(档次或者分数)、相应的评分标准或者每个评价档次的含义、评语等。

图4-2是一个比较典型的图尺度绩效评估法的应用。在使用图尺度评价量表法设计的评估表格中,列出绩效构成的考核要素,同时对工作绩效进行了分级,从"优秀"、"良好"、"合格"、"有待改进"到"差",五个等级对应的分数分别是"5分"、"4分"、"3分"、"2分"、"1分"。

工作绩效评估

员工姓名：_____ 岗位名称：_____
部门：_____
绩效评估原因：季度例行评估_____ 年度例行评估_____ 试用期结束_____
　　　　　绩效不佳_____ 晋升_____ 其他_____
员工任现职时间：_____
最后一次评估时间：_____
说明：请根据员工岗位的要求，对照员工在工作岗位的实际表现认真进行评估。请仔细阅读每个所有绩效等级的说明，然后为员工的每个绩效评估要素评出一个分数。所有考核要素的得分经过平均，就是绩效评估的总分数
评价分数(等级)说明
优秀(5分)：工作所有方面的绩效都非常突出，大大超过要求的工作标准
良好(4分)：工作所有方面的绩效都比较突出，多数超过工作标准
合格(3分)：工作所有方面的绩效都达到合格标准要求
有待改进(2分)：工作绩效有的方面存在缺陷，需要改进
差(1分)：工作绩效多数方面都存在缺陷，达不到合格要求，基本不能胜任当前工作

一般工作评估要素	评价尺度	评估事实依据或评语
1. 工作质量 工作的准确性、任务完成率	优秀　　_____ 良好　　_____ 合格　　_____ 有待改进_____ 差　　　_____	
2. 生产率 在本评估期间所生产的产品数量和效率	优秀　　_____ 良好　　_____ 合格 有待改进_____ 差　　　_____	
3. 工作知识 工作任务所要求的一般知识和专门知识	优秀　　_____ 良好　　_____ 合格　　_____ 有待改进_____ 差　　　_____	
4. 出勤 遵守作息制度和规章制度、总的出勤率	优秀　　_____ 良好　　_____ 合格　　_____ 有待改进_____ 差　　　_____	
5. 独立 完成工作不需要监督、或者很少需要监督	优秀　　_____ 良好　　_____ 合格 有待改进_____ 差　　　_____	

图 4-2　图尺度评价量表举例

　　在有的公司，绩效评估是以岗位为基础进行的，使用图尺度评价量表法进行绩

效评估,绩效考核要素的具体内容就是工作职责内容。而且,各个要素被赋予一定的权重。考核总分数是各要素得分计算加权平均获得的。类似的图尺度绩效评估法的应用见表4-1。

表 4-1 图尺度评价量表举例

岗位名称:秘书		部门:行政部	
工作职责与内容	权重	评价等级(分数)	评语
撰写公文和应用文: 负责撰写报告、请示、计划、信函等各式公文及总结等应用文稿的写作,对相关人员撰写的公文进行审查	60%	5 4 3 2 1	
处理有关来信、来电: 负责上级下发各类公文信件的登记、存档,上传下达,以及各类电话的处理、记录、通知	15%	5 4 3 2 1	
会议召集与记录: 协助各种会议的召集、记录会议内容,就会议精神上传或者下达到相关部门、岗位	10%	5 4 3 2 1	
准备宣传材料: 搞好企业形象设计、宣传策划,包括准备、整理信息资料,重要事件文件的存档工作,并协助准备宣传用图像资料	15%	5 4 3 2 1	

图尺度评价量表法的变式很多,有的设计留出空白处,让评价者填写绩效评估的事实依据(见图4-1和表4-1),有的则没有这个设计。有的评估表采用5分制,有的则采取6分制或者7分制。为了计算方便和便于理解,人们通常将评价出的原始总分转变成百分制分数,有的则在评估表中直接给出原始分对应的百分制分数范围,让评分者直接按照百分制评出绩效分数。

图尺度评价量表法的特征是,列出绩效评估的维度或者考核要素,并给出评价尺度。图尺度评价量表法假设不同评价等级之间是等距的,所以,图尺度评价量表法中的评价尺度可以被视为等距量表,评价等级分数可以进行加减乘除计算。

由于使用图尺度评价量表法获得的数据可以数量化管理,适应了企业数字化管理的发展趋势,所以受到广泛欢迎。使用图尺度评价量表法,既可以评价工作结果,也可以评价工作过程或者员工行为、个人特点等。

图尺度评价量表法最大的不足,是它没有明确规定每个评价等级分数适合何种具体情况。因此,当评价者打分时,只能根据自己的主观理解,至于评分者主观理解和客观情况是否相符,则经常受到人们的质疑。此外,使用图尺度评价量表法,管理者容易给所有人打出最高分和最低分数,或者绩效评估分数呈现居中趋势。因此,图尺度评价量表法一般需要结合关键事件法、强迫分配法、目标管理法等应用,以克服图尺度评价量表法自身的不足。

4.2.2 行为锚定评价量表法

行为锚定评价量表法(Behaviorally Anchored Rating Scales,简称 BARS)是以图尺度评价量表法和关键行为事件法为基础开发出来的评估方法。在关键行为事件法中,绩效评估的内容仅仅涉及特别好的积极工作行为和特别差的消极工作行为。而在行为锚定评价量表法中,评估量表不仅包括极端行为,还包括中间层次的行为。这样,每个考核维度都包含从最高绩效的优秀行为到一般绩效的中间行为,直至不良绩效的不适当行为。而且,每个行为层次都给予一个分数。行为锚定评价量表法评价量表的实例,如图 4-3 所示。

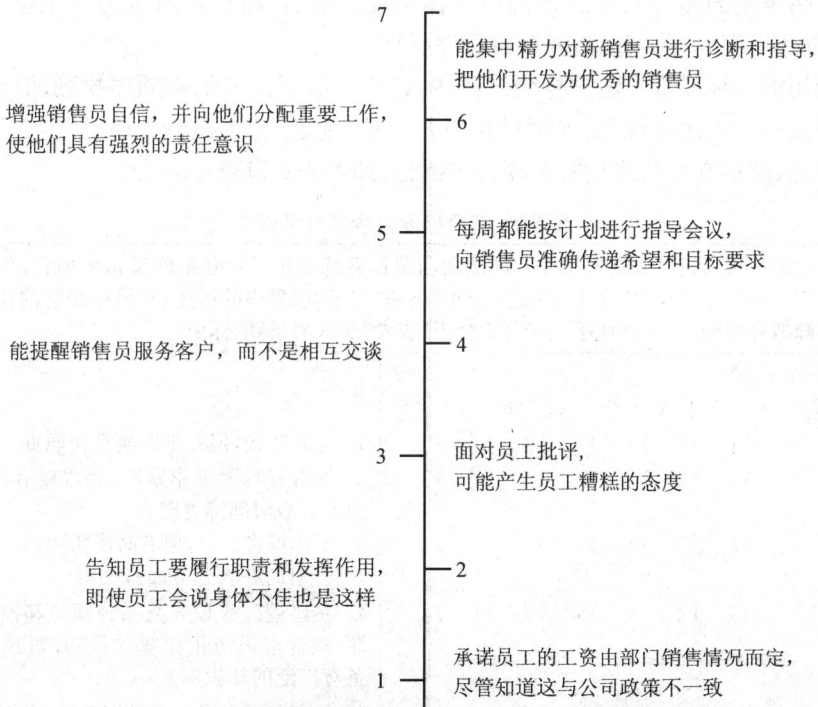

图 4-3 行为锚定评价量表法使用的评估维度举例

为了设计行为锚定评估方法,首先要识别评估维度,搜集大量有代表性的优秀工作行为和无效工作行为的关键事件。然后,根据这些关键事件对工作行为的描述,确定不同绩效水平。

评估工具设计好之后,管理者的任务就是根据每个绩效维度来观察员工的行为表现,然后确定在每个绩效维度中的哪些关键事件与员工的行为最相符。

行为锚定评价量表法的优点是,它通过全面、准确的绩效维度的定义来提高绩效评估的信度。绩效评估结果反馈信息非常具体明确,员工清楚地知道自己的表现有什么不足,努力方向是什么。

4.2.3　混合标准量表法

混合标准量表法(Mixed-Standard Scales,MSS)是为了尽可能克服图尺度评价量表法中的主观误差而设计。在图尺度评价量表法中,评分者的主观判断可能会偏松或者偏紧,并由此导致比较大的评价误差。因此,相比图尺度评价量表的设计和应用,混合标准量表都复杂得多。

设计混合标准量表法,首先要对绩效评估的维度加以界定,然后,分别对所有绩效评估维度的高、中、低表现做出具体描述。最后,将针对所有考核维度的高、中、低描述都混合在一起,按照随机顺序排列。

使用混合标准量表法进行绩效评估,评价者需要阅读随机顺序排列的所有描述。阅读每个表述时,判断评价对象的表现是"优于"、"正适合"、还是"劣于"项目中的描述,然后在评价表中打上相应的标记,如表4-2和表4-3所示。

表 4-2　混合标准评估量表举例

本部分的每一项目设计到巡警工作不同侧面的工作熟练水平。请仔细阅读每一项目,判断被考核人的一般工作表现是"优于"、"正适合于"还是"劣于"项目中的描述,并请在警官的相应号码下的圆括号内画上"＋"(优于)、"0"(适合于)或者"－"(劣于)的标记

巡警号码										
5	7	4	3	1	9	2	8	10	6	
( )	( )	( )	( )	( )	( )	( )	( )	( )	( )	1. 有时紧张,但并不影响行使职责
( )	( )	( )	( )	( )	( )	( )	( )	( )	( )	2. 尽管有时因工作繁忙,制服略有不整,但大多数时间穿着整齐
( )	( )	( )	( )	( )	( )	( )	( )	( )	( )	3. 工作报告良好,但有时尚需要深入或条理化,有时在表达方面有困难
( )	( )	( )	( )	( )	( )	( )	( )	( )	( )	4. 在巡逻区采取大量措施预防和控制犯罪;教育市民防止犯罪的技巧;对预防设备有广泛的知识
( )	( )	( )	( )	( )	( )	( )	( )	( )	( )	5. 与市民很少或几乎没有接触,未能告知他们防止犯罪的方法

巡警号码

5　7　4　3　1　9　2　8　10　6

（　）（　）（　）（　）（　）（　）（　）（　）（　）（　）　　6. 干净利落地解决大多数骚乱,尽管有些是棘手的。在工作中运用以往经验,以求尽善尽美

（　）（　）（　）（　）（　）（　）（　）（　）（　）（　）　　7. 和他人在一起时表现出深刻的见识和技能,常能防止和解决冲突,缩短了市民和他们的距离

（　）（　）（　）（　）（　）（　）（　）（　）（　）（　）　　8. 能与任何合作者友好相处,愿意帮助新警官并指导他们。准确如一地执行命令

（　）（　）（　）（　）（　）（　）（　）（　）（　）（　）　　9. 大多数情况下,有判断能力,表现得当,满足市民需要。了解法律的新变化,但偶尔忽视执行它们。很了解巡逻区

（　）（　）（　）（　）（　）（　）（　）（　）（　）（　）　　10. 其工作表现必须受到严密监督,否则可能不符合标准

（　）（　）（　）（　）（　）（　）（　）（　）（　）（　）　　11. 向公众透露出一种对工作漫不经心的态度。任何情形下都意识到法律及其适用性。对巡逻区有彻底的了解

（　）（　）（　）（　）（　）（　）（　）（　）（　）（　）　　12. 做报告对于侦破犯罪并无用处。工作报告中材料重复

（　）（　）（　）（　）（　）（　）（　）（　）（　）（　）　　13. 他的行为说明在许多场合下经常缺乏适当判断,经常做出草率的判断

（　）（　）（　）（　）（　）（　）（　）（　）（　）（　）　　14. 在任何场合下都能做出适当判断,得以预先采取、选择或者表现合适的行为

（　）（　）（　）（　）（　）（　）（　）（　）（　）（　）　　15. 对于与什么人共事或不与什么人共事很挑剔。难以与许多官员相处

巡警号码

5　7　4　3　1　9　2　8　10　6

（　）（　）（　）（　）（　）（　）（　）（　）（　）（　）　　16. 任何适当场合下表现出最大的热情和努力

（　）（　）（　）（　）（　）（　）（　）（　）（　）（　）　　17. 即使在极端紧张的情况下,表现也镇定自若,没有紧张的表现

（　）（　）（　）（　）（　）（　）（　）（　）（　）（　）　　18. 令人满意地执行任务和负起职责。几乎不投机取巧或曲解规则

（　）（　）（　）（　）（　）（　）（　）（　）（　）（　）　　19. 格外注意形象。几乎常常表达出一种为公众服务的自豪感

（　）（　）（　）（　）（　）（　）（　）（　）（　）（　）　　20. 在巡区做一些努力强调预防犯罪。对预防设备有适当的知识

（ ）	（ ）	（ ）	（ ）	（ ）	（ ）	（ ）	（ ）	21. 不去有意了解与工作相关的新变化。有时在本巡区内迷路
（ ）	（ ）	（ ）	（ ）	（ ）	（ ）	（ ）	（ ）	22. 高标准地完成职责,并在没有监督的情况下坚持:无论涉及的是谁,他都是公正的执法者
（ ）	（ ）	（ ）	（ ）	（ ）	（ ）	（ ）	（ ）	23. 在一场冲突中总要增加大量麻烦才能恢复秩序
（ ）	（ ）	（ ）	（ ）	（ ）	（ ）	（ ）	（ ）	24. 把警察工作当作一时之计,随时准备跳出。几乎没有表现出工作热情
（ ）	（ ）	（ ）	（ ）	（ ）	（ ）	（ ）	（ ）	25. 尽管与有些人格类型的人难以相处,但能与大多数人一起工作。虽能训练新警官,但宁肯不去训练

当评价者对考核根据评估量表评价完毕,参照表 4-3 中的标准赋予每个考核维度分数,并计算出总分。

表 4-3　混合标准量表法计分标准

陈　述			得　分
高	中	低	
＋	＋	＋	7
0	＋	＋	6
－	＋	＋	5
－	0	＋	4
－	－	＋	3
－	－	0	2
－	－	－	1

混合标准量表法最初是用来评价员工的个人特性,后来被逐步被用来评价工作行为。在用来评价工作行为时,与关键行为事件法相类似,管理人员首先要研究和选择所要评价的行为,并根据每个行为维度撰写出高、中、低三种行为表现的描述。因此,混合标准量表法的开发设计比较费时,同时存在对关键行为描述的文字局限性,以及与实际行为表现的复杂性之间的差距。不过,由于管理者在评价下属时不直接与数字打交道,可以有效地帮助减少绩效评估主观误差,例如能减少光环效应、近因效应等偏差,提高评价的客观性。

4.2.4 关键事件法

关键事件法(Critical Incident Method),又称关键事件技术(Critical Incident Technique,CIT),最早由 J. C. Flanagan 在 1954 年《心理学期刊》(Psychological Bulletin)撰文提出,后在评价领域得到不断应用和发展。它是由上级主管记录员工平时工作中的关键事件。在工作过程中,主管考核的管理者记录员工表现好的行为和不良行为,根据记录的行为事实对员工进行考核评估,并进行反馈。管理者记录的行为,属于关键行为,也就说,这些行为影响工作的成败。对工作成功或者失败没有直接影响的行为,则不在记录范围之内。通常在半年或一年之后,依据积累的纪录,由主管与被评价者讨论相关事件,为评价提供依据。

在记录关键事件时,可采用 STAR 法,是由 Situation(情境)、Task(任务)、Action(行动)、Result(结果)四个英文单词的第一个字母表示。由于 STAR 英文是星星的意思,因此,又叫"星星法"。星星就像一个十字形,分成四个角,记录一个关键事件,如图 4-4 所示。这四个方面是:

S(Situation)———情境:这件事情发生的情境或背境是怎么样的。

T(Task)———任务:这件事是什么工作任务。

A(Action)———行动:在这件事中当事人采取什么行动。

R(Result)———结果:当事人采取的行动获得了什么结果。

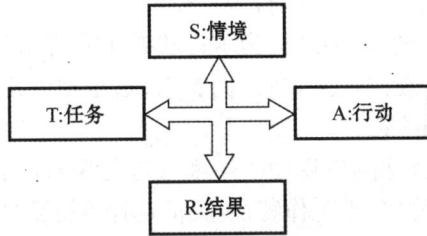

图 4-4　记录关键事件的 STAR

下面是按照 STAR 方式记录两个关键行为事件的简短例子。

例一:一个为客户提供上门维修服务的家电维修工的关键行为记录

积极行为:一个顾客来电,说他的冰箱不制冷,而且每隔几分钟就发出噪声。维修工在出发前就考虑诊断故障的原因,并做了记录。接下来,他首先检查自己是否有维修所需要的所有零配件,到仓库把零配件准备齐全。然后,他到现场,仔细查看和检测冰箱的故障,并很快将冰箱修好,顾客对此满意。

消极行为:当一个顾客来抱怨产品性能问题时,维修工和怒气冲冲的顾客吵了起来。维修工对顾客说,产品性能没有任何问题,是客户操作不当导致了所有的故障。

101

为此,尽管按照顾客要求对产品进行维修,但是表现得很不耐烦,顾客对此很不满意。

例二:一个销售团队成员为其他成员提供协作的关键行为事件记录

积极行为:一个同事因客户需要,急着在撰写销售计划书。在此过程中还需要查阅相关的产品性能和质量标准等资料,忙得不可开交。小王看在眼里,虽然主管没有要求他加班,但是他还是主动留了下来,加班直到深夜,帮助其同事完成了销售计划书,使公司在第二天顺利地与客户签订了销售合同。

消极行为:团队成员正在进行一个产品设计。这个产品是公司的一个重要开发产品,部门主管对团队的工作进展很重视。3月1日上午,主管来询问团队的进程,小张当着主管的面,直接指出小李工作不够努力、工作拖拉。小李觉得小张很不给面子,自以为是。这导致两人工作关系紧张,影响了工作之间合作,也影响了团队氛围。

类似例一和例二的关键行为事件记录,在绩效反馈阶段非常有用,这些记录资料很有说服力,可以作为给员工评价绩效分数的重要依据。更重要的是,这些记录可以用来向员工提供明确的反馈,让员工清楚地知道自己哪些方面做得好、哪些方面做得不好。因此,绩效评估的内容有导向作用,关键行为事件法还可以引导员工行为与企业战略结合起来,引导员工行为支持企业战略。

关键行为事件记录法具有重要价值,然而,在实际管理中要面临两个主要难题。首先,管理者要知道在工作中需要观察什么、记录什么。这就要求对各个工作岗位的关键行为进行识别,确定什么样的行为是影响工作的关键行为,什么样的表现是积极行为、什么样的表现是消极行为。完成这项工作需要较高水平的专业技能,而且工作量比较大。其次,关键行为事件法要求管理者每天、每周注意对员工的行为进行观察,并做必要的记录,在他们看来,这是相当花费时间和精力的一项活动,管理者往往难以持之以恒。

一些企业对关键事件法的应用做了不断改进与探索,既保持关键事件法的积极作用,又根据企业情境及员工工作特征,灵活选择关键事件的记录者。根据绩效评价目标,可确定记录者为管理者,也可确定记录者关键事件行为人,即员工本人。PP公司引入由员工或行为人记录的关键事件法的做法具有重要特色,具有借鉴意义。PP公司为了推进绩效管理工作,在优化现有的关键绩效指标的同时,增加了KER(Key Events Record,KER)的关键事件法,以解决绩效评价中缺乏记录影响绩效的重要行为的问题。PP公司采用KER的关键事件法的作用主要在三个方面:①为绩效评价提供事实依据。为了提高绩效评价的公正性,评价者在对被评价者评价时需以事实为依据。通过关键事件法收集记录的信息即可为年度绩效评价提供事实依据,使评价相对更客观。②为绩效改进提供事实依据。结合具体事实向员工说明其目前的差距和需要改进的方面,及时发现问题和解决问题,有效预防出现糟糕结果,使绩效反馈更有效,也为绩效改进指明具体方向。③为优秀绩效提供事实依据。用事实来对优秀绩效者进行表扬,更容易获得认同,同时有事实依据的表扬也为其他员工提供对比的标杆,明确努力方向,引导员工关注绩效过程,提高员工过程参与度和对绩效的认知度。

行为人在进行关键事件记录时必须遵循前面所提及的"STAR"原则:S-Situation(情境),记录的事件必须有该事件发生的情境或背景,包括事件发生的时间、地点、相关人员等;T-Task(任务),即记录的事件必须与公司、部门、或岗位的任务相关,而非生活琐事、个人喜好、业余活动等与任务不相关的事件;A-Action(行动),即记录的事件必须包括该事件行为人的具体行动或行为表现,或对于已有问题的合理化建议与措施建议,或者改进表现;R-Result(结果),即记录的事件必须强调事件的结果或影响(正面或负面的影响公司、部门、团队绩效的结果)。

关键事件记录必须简要、明确、精练。记录内容必须满足关键事件定义所描述的要求,即行为人在本职工作中表现出来的特别好或不好的行为表现或事件,或者主动完成岗位职责之外的工作的行为或事件。否则视该记录为无效记录,系统将把无效记录退回记录人,并给以一次重新填写的机会。

PP公司结合自身实际情况,将关键事件分为三类:负面事件、正面事件和改进事件。负面事件指在工作中发生的给个人、部门或公司带来负面影响的事件。正面事件指在本职工作中完成特别出色、或者出色完成岗位职责之外的重要事项(任务)的事件,或者为其他部门或个人提出合理化建议的事件(或行为)。改进事件指针对系统中已有记录的负面事件、正面事件积极采取行动进行改善、并取得一定成效的事件(或行为)。

在对关键事件分类的同时,PP公司为了体现关键事件的影响大小,还对关键事件进行分级,并为每一级的事件赋予不同分数,用分数的差距表示不同关键事件的影响范围或程度差异。

对负面事件,PP公司根据其结果的影响范围和程度的大小每发生1次,给予事件的行为人记0~-3分。参照的评判标准:0分:发生的负面事件仅是对行为人本人工作产生影响,未影响他人或其他部门工作的正常开展,且未造成外部不良影响;-1分:发生的负面事件不仅影响本人绩效目标的完成,还影响其他岗位完成工作;-2分:发生的负面事件影响到多人或部门工作目标的完成;或者引起外部客户投诉;-3分:发生的负面事件在整个公司范围内带来不良影响;或遭到上级公司的批评;或者在公司外部给公司名誉、形象带来负面影响。

对正面事件,PP公司根据其结果或影响范围、程度的大小每发生1次记1~5分。参照的评判标准进行判定:1分:发生的正面事件,行为人给他人带来积极作用,有利于他人工作目标的完成;2分:发生的正面事件为部门层面工作的开展、目标的达成产生促进作用;3分:发生的正面事件对公司的形象、品牌、效益带来积极影响;4～5分:发生的正面事件在上级公司或外部环境中产生积极影响。

对改进事件,PP公司根据改进的措施、效果等因素每发生1次,给予行为人行为人记1～3分。参照的评判标准:1分:改进事件取得一定成效,对行为人本人或他人的工作带来积极的影响;2分:改进事件取得的效果显著,为本部门工作开展带来积极影响;3分:改进事件取得的效果十分显著,对公司的发展产生积极作用,或者在外部环境中提升会公司的知名度。

对记录的关键事件的判定与赋分由行为人的直接主管负责。员工在公司信息化系统中进行关键事件的记录、流转和查询。员工可记录本人的关键事件,也可记录关联岗位(其他员工)发生的关键事件。所有员工需真实、客观地记录工作中实际发生的关键事件,不能加入个人主观评价,也不能记录个人推测的事件。如果员工提供虚假关键事件记录的,一经核实每发现1次,给予记录入记-1分。关键事件法记录表见表4-4。

表4-4 关键事件法记录表编号:

事件主题				
KER 性质	(1)KER 正面事件(2)KER 负面事件(3)KER 改进事件			
记录人		所在部门		
KER 行为人		所在部门		
KER 事件 (STAR)	S 情境			
	T 任务或职责			
	A 行为			
	R 影响结果			
备注:				
直接主管对记录 STAR 的判定	是◎ 否◎	STAR 打分		
直接主管对下属自我行为记录的检核				
KER 行为人的表现	工作突出表现	是◎ 否◎	KER 真假最终审核	是◎ 否◎	KER 打分
	工作的改进	是◎ 否◎			
	工作差的表现	是◎ 否◎			

4.2.5 评价中心法

评价中心法(Assessment Center),也被称为情景模拟评价法。情境模拟法是一种模拟工作评价方法。这种方法原来主要用于人员招聘评价和人员晋升评价中,现已扩展用于人员培训与开发中,对员工的能力和个人特征进行评价,为个人发展、绩效改进和晋升提供依据。

它要求员工在评价小组人员面前完成类似于实际工作中可能遇到的活动,评价小组根据完成的情况对被考核人的工作能力进行考核。它是一种针对工作潜力的考核方法。

本书第1章就谈到,人们对绩效评估寄予了很多期望,绩效评估要满足很多不同管理的目的和员工开发的目的。使用评价中心法,可以对员工的工作能力和个人特征做全面细致的评价,发现优点、不足和发展潜能。评价结果为改进工作绩效、制定有针对性的培养培训方案和晋升决策提供较全面、准确、可靠的依据。世界各国著名企业,如贝尔公司、通用电器、福特汽车、西尔斯公司、IBM公司、可口可乐公司、柯达胶卷、丰田汽车、摩托罗拉等普遍采用评价中心评价法。

评价中心法常用的模拟工具有公文筐练习、无领导小组讨论、结构化面试、案例分析、演讲等。

(1)公文筐练习。又称公文筐测验。模拟公司发生的实际业务、管理情景,提供给评价对象的信息资料有财务、产品、市场、政府法规、客户等十几份或者更多。这些材料通常放在公文筐中,等待评价对象处理。这个测验要求评价对象以指定管理者的身份,模拟真实生活中的想法,在规定的时间和条件下,对各类公文材料进行处理,形成公文处理报告。通过观察评价对象处理过程中的行为表现和书面报告,对计划、组织、预测、决策等能力进行评估。

(2)无领导小组讨论。由一组评价对象组成一个临时工作小组,讨论给定的问题,并做出决策。由于这个小组是临时拼凑的,并不指定谁是负责人,目的就是观察小组讨论过程中每个人的表现,对评价对象的组织行为、洞察力、倾听能力、说服力、感染力、团队意识和成熟度进行评估。

(3)结构化面试。事先设计好要评价的要素,根据要素设计与工作环境类似的具体情景,让评价者讲述在规定的情景中如何做出反应。结构化面试可以评价成就动机、责任心、勤奋、人际交往能力、亲和力、价值观、诚实、逻辑思维能力、应变能力等等。

(4)案例分析。案例分析模拟企业实际发生的问题,要求评价对象进行分析和评价,或者提出解决方案。案例分析对分析判断能力、问题解决能力、综合能力、书面表达能力等进行评价。

4.3　不同个体相互比较的评价方法

绩效评估中的比较法,主要是要求评价者拿一个人的绩效去与其他的人进行比较。这种方法通常是对所有人的绩效进行全面评价,并设法把在同一个工作部门的人排出一个顺序。将不同个体的绩效相互比较的方法大致有三种:排序法、强制分配法和配对比较法。

4.3.1 排序法

排序法(Ranking method)将一个部门内部所有的员工按照绩效水平排出一个顺序,有两种排序方法。

一种方法叫做简单排序法,就是将同一个部门内部所有的员工从第一名排到最后一名,简单排一个队。

第二种方法叫做交替排序法。这种方法要求对所有接受评估的员工名单进行审查,我们假设接受评价的部门一共有 10 名员工。然后从中挑出一个最好的员工,将这个人的名字从名单中划掉,并做一个标记"1"。接下来从剩下的名单中找出最差的员工,也把名字从名单中划掉,并做一个标记"10"。依次类推,所有员工都被分配给一个顺序号。

使用交替排序法进行评估,要根据确定的评价要素或者评价维度进行,见表4-5。

表 4-5 交替排序绩效评价表

绩效评价要素:＿＿＿＿＿＿＿＿＿＿＿　　所在部门:＿＿＿＿＿＿＿．＿＿＿

针对评价要素,将所在部门所有员工的姓名都列出来。把在将要评价的要素上评价最高的员工姓名填写在第一行;将评价最低的员工姓名写在最后一行。然后,将评价第二好的员工姓名填写在第二行,将评价倒数第二低的员工姓名填写在倒数第二行。依此类推,直到本部门所有的员工都被填写在相应的位置

评价最高的员工

1. ＿＿＿＿＿＿＿＿＿＿＿＿＿＿＿＿＿＿＿＿
2. ＿＿＿＿＿＿＿＿＿＿＿＿＿＿＿＿＿＿＿＿
3. ＿＿＿＿＿＿＿＿＿＿＿＿＿＿＿＿＿＿＿＿
4. ＿＿＿＿＿＿＿＿＿＿＿＿＿＿＿＿＿＿＿＿
5. ＿＿＿＿＿＿＿＿＿＿＿＿＿＿＿＿＿＿＿＿
6. ＿＿＿＿＿＿＿＿＿＿＿＿＿＿＿＿＿＿＿＿
7. ＿＿＿＿＿＿＿＿＿＿＿＿＿＿＿＿＿＿＿＿
8. ＿＿＿＿＿＿＿＿＿＿＿＿＿＿＿＿＿＿＿＿
9. ＿＿＿＿＿＿＿＿＿＿＿＿＿＿＿＿＿＿＿＿

评价最低的员工

评价者签名:＿＿＿＿＿＿＿＿＿＿＿＿＿＿＿＿＿＿＿

4.3.2　强制分布法

强制分布法(Forced Distribution Method),又称硬性分布法,是按事物的"两头小、中间大"的正态分布规律,预先确定好各等级在被评估者总数所占的比例,然后按照每个员工绩效的优劣程度,强制列入其中的一定等级。公司可根据实际需要划分的等级数和比例,如三个等级、四个等级,或五个等级。图 4-5 所示常见的五个等级及相应的比例:优秀 10%,良好 20%,中等 40%,较差 20%,差 10%。在知识密集型的 A 企业规定评价为优秀的比例为 10%、良好为 40%、合格为 40%、有待改进为 5%、差为 5%。GE 前首席执行官杰克·韦尔奇凭借该规律,绘制出了著名的"活力曲线"。按照业绩以及潜力,将员工分成 A、B、C 三类,三类的比例为:A 类:20%;B 类:70%;C 类:10%。对 A 类这 20%的员工,韦尔奇采用的是"奖励奖励再奖励"的方法,提高工资、股票期权以及职务晋升。A 类员工所得到的奖励,可以达到 B 类的两至三倍;对于 B 类员工,根据情况,确认其贡献,并提高工资。但是,对于 C 类员工,不仅没有奖励,还要从企业中淘汰出去。

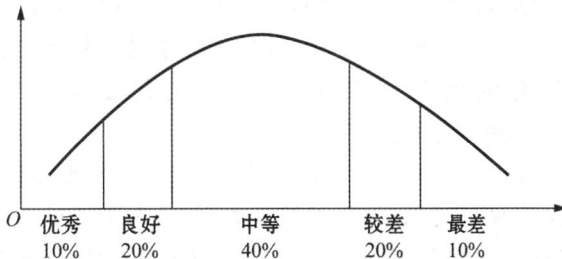

图 4-5　强制分布法示例

1. 强迫分配法的优点与不足

强迫分配法作为一种绩效评估方法,有其优点也有其缺点。

1) 强迫分配法的优点

主要表现为以下三点:

(1) 等级清晰、操作简便。等级划分清晰,不同的等级赋予不同的含义,区别显著;并且,只需要确定各层级比例,简单计算即可得出结果。

(2) 刺激性强。"强迫分配法"常与员工的奖惩联系在一起。对绩效"优秀"的重奖,绩效"较差"的重罚,强烈的正负激励同时运用,给人以强烈刺激。

(3) 强制区分。由于必须在员工中按比例区分出等级,可以使绩效评价结果有一个合理的分布,会有效避免评估中趋中效应,以及过宽或过严的现象。在管理者倾向给员工打高分,出现"天花板效应",或者给下属普遍打低分,出现"地板效应"，以及给几乎所有下属都打一个"居中"分数的情况下，适合采用强迫分配法。

2) 强迫分配法的不足

由于这种分配是"强迫"的，没有商量余地，在实施中往往会遇到下列主要问题：

（1）团队合力问题。排在"优异"的毕竟很少，一般只有10%左右，排名"优秀"或"良好"的员工对此颇有微词。有的甚至距"优异"只差个小数点，但最后得到的奖励却相距甚远。并且，绩效"一般"的员工更不平衡，奖励都让你们拿了，工作也由你们干好了。大家开始出工不出力。排名"优异"的员工受到排挤，情绪也开始消沉起来。

（2）分数的公正性问题。有的部门，整体员工素质与绩效都很不错，部门内评价"一般"的，也许到部门外可以得到"优秀"，但"强迫分配法"的规则，必须有人是最差的，部门领导难以接受，更不忍心"下手"。另外，对一些部门，如人力资源部、财务部、行政办公室等部门，因为人数少或太少，难以区分不同等级。因此，一些企业采用"滚雪球"的办法，将这几个部门员工的考核成绩捆绑计算，按总排名，计算出不同等级。为了使自己部门的员工能够有更好的排名，各部门负责人使出浑身解数，提高部门员工的考核分数。于是，对员工要求较严的负责人顿成众矢之的。有的受不了内挤外压，辞职了。留下来的，关系微妙起来，大家的关注点，由原有的工作，转移到高深莫测的考评政治上。

（3）结果的应用问题。对绩效很差的员工，如果这些员工市场就职能力低，辞退这些员工就不是容易事情；如果员工的能力强，或者员工的专业性强、行业内比较紧缺的，即使考核结果很差，企业却也不能将其淘汰。因为，只要公司一开口，有大把公司等着要呢。考核结果一出来，有些人自己就痛痛快快地炒了公司鱿鱼。另外，结果应用难还表现在奖励兑现难。考核结果出来后，出乎大家的意料，不少领导和员工心中的好员工，却不知为何拿不到好的成绩，考评"优异"的，有相当一部分难以服众。老板也不情愿给二流的人员发一流的工资。于是，考核"优异"的，怪老板言而无信；考核"优秀"的，心里不服气；考核"一般"的，有了推卸责任的借口；考核"较差"的，一部分要老板付出心力苦苦挽留，另一部分要企业付出金钱谨慎淘汰。混乱的局面，直到取消考核才开始停止。

客观说来，"强迫分配法"与其他绩效考评方法一样，是一种绩效考评和管理的工具，每一种管理工具，都有其优缺点。因此，如何发挥"强迫分配法"的积极作用，最大限度地减少负面影响，就变得重要。

2. 强迫分配法应用的注意点

应用强迫分配法必须注意以下几个方面：

1) 合适的文化基础和制度保证

"强迫分配法"较之其他考评办法,更需要文化的吻合。因为其强烈的刺激,给人们心理带来的冲击更大。GE 的"活力曲线"之所以发挥出很好的效果,在于其整整花费了 10 年时间来建立新的绩效文化。但即便是在 GE,冲突也是经常发生,有的部门负责人,甚至将已经过世的人的名字拉来,来充后 10％的人数。但 GE 的文化,较好地弥合了"强迫分配法"负面效应。坦率与公开是 GE 绩效文化中最显著的特点,人们可以在任何层次上进行沟通与反馈,在这种文化下,绩效的持续改进与提升是人们关注的重点。如果没有这种绩效文化的依托,"强迫分配法"也只能起到传统考核所起到的"胡萝卜加大棒"的效果。另外,杰克·韦尔奇坚决果断的领导风格,也是 GE 文化中较有亮色的一笔。

另外,制度的保证也必不可少。企业的各项管理系统间必须是兼容的。企业的人力资源系统内部、企业的其他管理系统与人力资源系统之间,必须有很好的融合度。如果企业的绩效管理本身就不够系统和规范,如果绩效只能与物质奖励(或惩罚)挂钩而无法引导员工的持续发展,如果企业的愿景和使命不能焕发起员工的激情,可以肯定,"强迫分配法"的激励效果会非常有限,甚至如章首案例中的那样,可能将员工的积极性也强迫掉了。

2) 切实根据企业实际需要,灵活应用

使用强迫分配法之前,一定要权衡利弊,如果确实利大于弊,方可采用,要研究如何将其负面影响降到最小,并根据企业的自身实际,灵活而不是机械式地应用。

由于不同部门间的平均绩效水准以及员工的素质参差不齐,在实践中,应该将员工的绩效与部门的整体绩效联系起来,而不应该简单地"一刀切"。在具体做法上,可考虑以下几种方法:

(1) 整体领先法。在各部门人数确定的前提下,根据部门整体绩效的等级,不同等级给予一定的调节系数,确定部门内各等级员工名额,对整体绩效领先的部门给予一定的倾斜。比如,同样人数的两个部门,A 部门整体绩效为"优异",则 A 部门获得"优异"的员工人数为:10％×人数×1.5;获得"较差"等级的员工人数为:5％×人数×0.5;B 部门整体绩效为"一般",则 B 部门获得"优异"的人数为 10％×人数×0.6;获得"较差"人数为 10％×人数×1.2。这种调节系数一定要根据企业的实际,经反复测算后方可确定,不可凭领导的主观偏好而定。

(2) 柔软等级法。与整体领先法相似,区别在于,不强调名额的精确性,模糊规定出上下限。比如,部门整体评价在"优异"的,只按调节系数规定出"优异"的人数,而不限制"优秀"、"一般"和"较差"的人数;如果有绩效较差的,就如实评价,如果没有,也不需要强行拉入;而部门整体绩效"较差"的,不仅按倾斜系数限制"优异"、"优秀"的人数,并且,"优秀"、"优异"的人数可以少于规定的人数,而"较差"的人数则只能比倾斜系数计算出的数量多。如此,不仅可以避免"绝对强迫"所产生的负面效果,更可以提高团队士气,达到长久的团队激励效果。

在实践中,对于中等企业而言,柔软等级法的效度更好些;而对于大型企业,采用规范化的整体领先法会更多地减少人为因素。

(3) 让单一的物质刺激转化为全方位激励。可采用多种办法,比如提供培训以及更有挑战性的工作机会等,激发员工的工作热情。另外,在必备的绩效文化没有形成前,企业在绩效结果的使用上也需要留有分寸。比如初期,可缩小最后一个等级的人数比例;或者,不把"强迫分配法"与员工的末位淘汰结合起来,将关注点由对过去的结果评价转移到对员工未来绩效与能力的提升上来。

总之,对于"强迫分配法"的使用,企业应该慎重。如果简单地将其作为强激励与强威胁的工具,就会混淆绩效管理之提升绩效的重点,处理不好,就会步入"以人际关系为导向"而非"以绩效为导向"之歧路,如此,就违背了考核的初衷。

4.3.3 配对比较法

配对比较法(Paired Comparison Method),又称两两比较法,它要求把每个员工的工作绩效与部门内所有其他员工进行一一比较,如果一个人和另外一个人比较的结果为优者,则记一个"＋"号,或者给他记一分,逊者则计为"－"或"0",然后比较每个被考评者的得分,并排出次序。表 4-6 所示的是以创新性维度,对编号为A、B、C、D、E 的 5 个人进行两两对比。

表 4-6　两两比较法举例

	A	B	C	D	E
A		－	＋	＋	＋
B	＋		－	＋	－
C	－	＋		＋	＋
D	－	－	－		－
E	－	＋	－	＋	
对比结果	差	中	差	好	中

配对比较法要求管理将每个员工与其他所有的员工进行比较。用这种方法区分不同个体的工作绩效,得到的评价等级更加准确。不过,配对比较的方法比较耗费时间,当一个部门内从事相同工作的员工数量较多,配对比较法实际操作的工作量很大。如果被评估者总数为 n,按照两两比较的规则,每一考评维度的对比次数就是 $n(n-1)/2$。例如,某部门有 10 个员工,该部门管理者要进行 45 次比较(10×

9/2）。如果部门人数上升到20，则管理者要进行190次比较（20×19/2）。

当绩效评估的目的是区分不同员工绩效的时候，使用个体间比较的绩效评估方法是最适合的。比较法排除了评分过分宽松、过严和居中趋势出现的可能性。如果管理者希望将绩效评估结果与奖励、加薪和晋升挂钩，就会发现此类方法尤其有价值。一般来说，强制分配法评估结果用于绩效奖励和加薪决策，排序法评估结果用于奖励特别优秀的员工或者晋升决策。最后，比较法容易设计和实施，所以通常被管理者接受。

个体间比较的绩效评估方法有不容忽视的局限性和缺点。首先，工作性质不同，不能进行量的比较，个体间的比较，通常在从事相同工作的员工之间进行。其次，个体间比较的结果，只能提供笼统的绩效信息，无法提供工作缺陷方面的明确信息，因此，员工不清楚他们必须采取怎样的措施才能改进绩效。管理者如果希望为帮助员工改进工作绩效，就不得不通过其他渠道获取另外的信息。第三，个体间比较的结果无法将个人工作目标与组织目标结合在一起。即使管理者对员工个人绩效对于组织目标贡献的程度进行评价，但这种评价是笼统的。第四，使用比较法评估，管理者对员工绩效评价主观性强，评价的信度和效度受评价者本人影响大，有时导致比较大的分歧。最后，员工可能更愿意将自己的工作表现与工作要求标准相比较，而不是和其他人相比。特别是那些工作绩效排在末位的员工，个体间比较的结果会让他们感到难堪。

本章小结

本章以米氏药业公司在采用三种常用的绩效评价方法中所产生的问题为引导案例，以此展开对绩效评价的常用方法的讨论。本章分别从与预期目标的比较、与工作标准的比较、个体之间的比较三个不同视角，对目标管理法、图尺度评价量表法、行为锚定评价量表法、混合标准量表法、关键事件法、评价中心法、排序法、强迫分配法、配对比较法的基本内容、特点及其应用方面进行阐述和讨论，并得出这些常用方法各有优点与不足，适合于不同情景和对象。

复习与思考

1. 目标管理有哪些优点与不足？
2. 什么是图尺度评价量表法？试举例说明。

3. 为什么图尺度评价量表法需要和其他绩效评价方法如关键事件法等结合使用？
4. 图尺度评价量表法、行为锚定评价量表法、混合标准量表法的相同点和不同点各是什么？
5. 关键事件法的优点与不足各是什么？如何确定绩效评价中的关键事件？
6. 强迫分配法有哪些优点与不足？如何有效使用强迫分配法？

第5章　新兴的绩效评价方法

本章学习要点

1. 360°绩效反馈的信息来源及其特点。
2. 360°实施障碍的克服。
3. 关键绩效指标建立的原则与程序。
4. 关键绩效指标建立的方法。
5. 平衡计分卡的概念与功能。
6. 平衡计分卡运作程序与注意问题。

案例

HQ 亚洲公司新总裁 Tom 的新选择

HQ 国际集团的前身是 1910 年用 1 200 美元创建专门生产工业机械的一家小公司。1914 年,公司取得了生产枪把和扳机开关的专利权,从而在能源机械工业界掀起了一场革命。1978 年后,HQ 国际集团已经在 109 个国家拥有分公司,并成为世界上最大的能源机械、草坪花园电器以及相关附属产品的最大生产制造商。20 世纪 90 年代的一项对 6 000 个品牌的调查表明,HQ 国际集团品牌的知名度已经居美国第 7 位,欧洲第 19 位了。虽然 HQ 国际集团在北美和欧洲取得了很大的成功,但在亚洲和拉丁美洲还面临着众多的挑战。

1993 年,亚洲公司的总部迁到了新加坡。新总裁 Tom 刚到新加坡时花了很多时间与公司上上下下的员工交谈。他发现在这里人们的管理方式之间存在着很大的差异。一些人管理方式偏向于授权给职员,其他的则老是独裁管理。坦白地说,一些经理不称职。他深入了解了许多做同样工作 5 年以上的员工。这些员工看上去并不想升职或有所发展。大约 70% 的管理和主管工作都被外国人占据了。这种情况有些不对劲。自己的员工得不到提升,那么,需要做些什么来改变这种情况。

最后,他对公司现行的管理评价和发展体制感到很不满意,他认为这一体制需要改变。亚洲公司的经理还在完全使用目标管理的体制,这种体制在美国9年前就被修正了,其他地区公司均已在采用1992年美国总部设计开发的多源绩效评价和培养方案。

在公司原有的目标管理体制下,上司会单独会见每位下属,共同讨论下属的表现情况,并一起为下属来年的工作进行清楚、明确而客观的分析。在考核期间,还要根据客观认同和会议安排制定出考核下属表现的标准。经理每年至少要与下属开一次会,考核一下下属的表现,并提供指导。

新总裁 Tom 讲了他参与 HQ 国际集团总部实施目标管理体制的经历:

"这一体制有其好的方面,但缺点是听不到公司其他人的意见。这一点很重要,因为作为老板,我只有10%的时间能够看到我下属的工作。不是我不在场,就是他们不在场,我可能会看到或听到一些有关他们表现的事情,但是仅此而已。在目标管理体制下,我曾经害怕对下属的表现进行考核。很多情况下,我对此没有什么可说的。如果有的员工没来上班,我通常是不知道其原因的。所以我提了一系列的建议,这种方法可能不是很有帮助,但这是我所能提供的唯一的考核。有时在考核阶段还会产生争议,人们有时会反对我的评价,认为我不了解他们在做些什么,因而形成不了一个正确的观点,他们可能是对的。"

为了改变 HQ 亚洲公司当时的绩效评价状况,果断地选择采用美国总部设计的多源绩效评价方法。这种方法包括6个主要步骤:

第一步,负责考核的经理按照表5-1的内容要求从员工的3~6名同事那里听取意见。

第二步,负责考核的经理按照表5-2的内容要求从员工的3~6名下属中听取意见。

第三步,负责考核的经理要求员工按照表5-3的内容要求进行自我考核。自我考核包括员工的背景档案、上一年的工作表现、工作才能以及其他考核。此外,还要发给每人一张空白表格,员工要总结他自己一年来的工作成就和表现。

第四步,负责考核的经理仔细阅读这些交上来的表格,并根据这些表格对员工的工作作出合理的考核。在对员工的工作表现进行考核时,经理主要看14项评价标准:走向成就、个人交流、概念思维、分析思维、主动性、决策力、专业知识、组织工作、客户凝聚力、质量意识、组织义务、领导才能、发展力及适应力。考核结果出来之后,负责考核的经理将所有同事和下属的考核表格全部销毁。

第五步,经理与员工碰面。会上,经理把他的考核报告拿出来与员工一起讨论。此后,经理和员工一起制定出员工工作表现,考核标准以及职业发展计划。

第六步,这些考核和计划被简要地写在一张单独的表格上,上面包括员工、经理及经理上司的意见。这些表格被保存在当地人力资源部经理办公室的文件里。整个考核培养方案的实施过程从每年11月1日开始,一直持续到来年的2月底。

表 5-1　同级人员评价

被考核的员工姓名		考核的时间	年　月　日到　年　月　日

请根据被考核人在考核阶段的表现客观地回答下列问题：

1. 你认为此人在被考核阶段中最重要的贡献是什么
2. 为保持有效性还应采取哪些措施
3. 为增强有效性应减少哪些措施
4. 哪些新措施能够在未来 12 个月中提高他/她的作用
5. 此人在考核期间的表现有没有遭到过其他人的反对，为什么有，为什么没有
6. 在你看来，该雇员在考核期间是否参加过小组活动
7. 他的哪些技术还有待于提高
8. 此人是否能够满足客户的需要
9. 为了在将来的 12 个月中更好地满足客户的要求，他是否应该改变做法

表 5-2　下属评价

被考核的员工姓名		考核的时间	年　月　日到　年　月　日

请根据被考核人在考核阶段的表现客观地回答下列问题：

1. 在考核阶段你的现任经理是如何帮助你表现良好的
2. 在考核阶段你是如何帮助你的现任经理表现良好的
3. 为了充分发挥你的作用，你希望你的现任经理在以后的 12 个月中做哪些事情
4. 你希望你的经理少做些什么
5. 其他考核

表 5-3　自我评价

姓名		考核日期：	考核阶段:从　年　月　日到　年　月　日

下面的问题能够帮助你理清你的思路，为讨论做好准备。根据你上一年的表现，请准备一份档案。该档案须在讨论之前交给经理(由考核经理填写)

背景	1. 职业背景(聘用日期，职位) 2. 学历/培训背景(公司培训和外部培训) 3. 关于背景的其他因素
上一年的工作表现	1. 表现与客观情况相比 2. 表现与现有责任相比 3. 重要成就 4. 重要长处 5. 为取得更大的成功还需提高哪些方面
工作意向与期望	1. 简要叙述工作责任 2. 简要叙述第二职业 3. 受到了什么挫折 4. 你最喜欢做什么 5. 你认为在你工作中哪些需要修改，补充或采纳 6. 你认为这工作本身的机会是否应该重新受到注意

工作意向与期望	7. 你认为在下一阶段时间内哪些应该作为主要目标和任务？列出新目标,优先权及达到这种目的的方式。注意列出必需的培训和课程 8. 你还需要什么支持、特殊技能和经验 9. 你认为你在哪些工作上取得了进步 10. 主管该怎样才能帮助你更好地达到你的目标

上述案例表明,公司绩效管理体制和评价方法不是一成不变的,需要随公司发展要求而不断变化。HQ亚洲公司选择了新的多源评价方法,并设计了可操作的评价量表,强调在绩效评价中的信息反馈,重视对员工的培养与开发,以满足公司新的发展需要。

5.1　360°

360°,作为一种新的绩效评价方法,目前已为许多企业所采用,其中包括许多《财富》500强中的著名企业。最近的一项调查显示,入选《财富》的1 000家企业中,超过90％的企业已经将360°反馈系统的某些部分运用于职业发展和绩效考核中。

5.1.1　360°的基本内涵

360°绩效评价方法是由被评价人的上级、同级人员、下级和(或)内部客户、外部客户以及被评价者本人担任评价者,从各自不同角度对被评价者进行全方位的评价,再通过反馈程序将评价结果反馈给被评价者,以达到改善被评价者工作行为、提高工作绩效的目的。因此,360°实质上是一种多源信息反馈的评价系统。以被评价者销售经理为例,其评估者可以是市场总监、销售员、如同级同事如财务部、人力资源部等,及外部客户如销售代理等,如图5-1所示。这种评估系统也被称为多评估者评价系统或多源反馈系统。

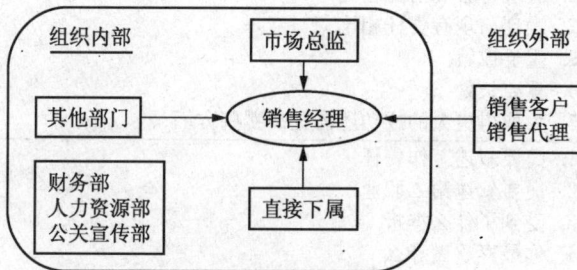

图 5-1　360°绩效评价举例

360°作为一种新的从西方引进的评价方法,有其优点也有其不足。

1. 360°的优点

与传统的由被评估者主要由直接上司进行评估的方法相比,360°主要具有以下优点:

(1) 比较公平公正。被评价者可以获得来自多层面的人员对自己素质能力、工作绩效等的全面、客观的评价,弥补了单纯由直线经理对下属进行评价,可能发生主观臆断,容易出现"晕轮效应",甚至滥用职权,打击报复"不同意见者"、拔高"溜须拍马者"的不足。从程序上看,每个被评价者不仅有同样的自述机会,而且也有同等的权利评价他人,员工站在同一个平台上参与评价,因此对评价的积极性高,避免了对评价的倦怠和马虎态度。

(2) 减少了考核结果的偏差。360°绩效评价的评价者不仅来自不同层面,而且每个层面的评价者往往有若干名,评价结果取其平均值;每个层面的评价结果又给予不同的加权,最后得到的加权平均值,从统计学的角度看,其结果更接近于客观情况,有利于误差的减少。同时评价者分别评价不同的内容,在自己最熟悉的方面对被评价者进行评价,可以较好地解决评价过程中由于信息不对称而造成的偏差。反馈给被评价者的信息更容易得到认可,与被评价者的自评结果比较,可以让其认识到存在的差距。

(3) 有利于组织成员之间的沟通。360°评价在评价过程中增进了整个企业内员工的相互了解,促进了员工在以后的工作中能换位思考,有利于组织成员之间的沟通与互动,提高了团队的凝聚力和工作效率,有利于组织的发展。

正因为以上优点,目前360°绩效评价技术一般应用于管理者和员工的自我评价与发展,绩效评估以及企业高层候选人的评价,组织变革与发展等领域。

2. 360°的不足

360°的不足主要表现为以下几点:

(1) 综合各方面信息增加了评价系统的复杂性。

(2) 有可能产生相互冲突的评价,每个评价者的立场和看法各不相同,受到的影响或干扰因素也不同。

(3) 一个包含各种身份评价者的评价系统自然会占用更多的时间,费用也较高。

由于360°的利弊并存,在评价系统中,参与者之间高度的信任和相关培训就变得重要和必要。

5.1.2 360°绩效反馈的信息来源及其特点

360°是一种多元来源反馈,如图 5-1 所示,它可以来自于内部和外部不同的信息来源,主要是包括直接上级、同级人员、直接下属和自我评价和外部客户等五个方面。

1. 直接上级评价反馈

直接上级的评价及其信息具有以下特点:

(1) 主管对特定部门负有管理责任。主管对下属负有评价和开发的职责。对主管而言,评价作为管理手段,为他们提供一种引导和监督员工行为、对其进行奖惩以激励员工提高绩效的方法,增强了对其下属的职权或控制,在某种程度上,提高了主管的威信。

(2) 主管通常处于最佳的位置来观察员工的工作绩效。员工的直接主管对于员工每天的工作表现、工作缺点和潜力会有全面的了解,能客观地提供相关的信息,并能从组织目标的角度来评价员工个人的工作绩效。

(3) 关心下属的培训和发展是每个主管工作的一部分。通过评价,有助于主管跟员工之间的沟通,了解员工的培训和发展需求,有利于改进员工的工作态度和绩效。同时,也排除了同级人员互相评价的一些弊端,具有一定的公正性。

但是,对主管来说,评价经常是一个高度情感化的过程。可能会强调员工绩效的某一方面,或受到偏见的不良影响,或与员工有矛盾,或与员工有私人交情等,削弱了对员工评价的客观性和准确性,降低了主管评价下属的信度和效度。在许多情况下,主管有可能很少有时间来观察员工的工作,从而无法对员工的工作绩效作出评价。因此,需要有不同于主管的其他人员参与评价。譬如:由一名更高级主管对直接主管的评价进行检查和补充。在加薪、提升的评价过程中,也有高级主管参与,会形成对直接主管评价行为的一种制约。

2. 同级人员评价反馈

同级人员指被评价者所在部门或团队的其他人员或组织中与被评价者处于相同层次并与其有经常联系的人员。有时也被称为被评价者的内部客户。

同级人员的评价及其信息具有正面与负面特点。正面特点主要表现为以下几点:

(1) 同级人员和主管是从不同的角度来看待某个人的绩效的。通常,主管们掌握着更多的有关工作要求和绩效结果的信息。而同级人员则经常以一种更现实的眼光来看待各自的工作绩效,因为人们经常在上司面前表现得与在别人面前有所不同。另外,同级人员不仅看员工与他们之间的相互关系,还看他与下属、上级之间的互相关系,对员工的工作绩效有一个综合的看法,也就比其他评价者拥有更多的相互信息。

(2) 同级人员与被评价的员工有密切的工作关系和日常频繁的接触,尤其在一些团队项目中,该员工的贡献、沟通信息的能力、主动性等,同级人员最了解,因此,他们可能会做出比较准确的评价。不同同级人员评价中包括众多的观点,客观性比较强,可用作对主管评价的补充,还可以帮助消除偏见,使评价误差最小化。被评价者也比较认同和重视同级人员的诚实的评价。

(3) 同级人员参与评价,会对同事形成一种压力和竞争,这是一个极为有力的激励因素,因为被评价员工认识到团队中的同事将会评价他们的工作,会表现出更高的积极性和工作效率。

与此同时,其负面作用主要有以下几点:

(1) 同事坐在一起互相评价,碍于面子和各自的利益,容易出现互相吹嘘,过高评价的情形。

(2) 同事之间的友情、敌意和接触的疏密等因素常常影响对被评价者的评价。如在一个竞争的环境中,在一个奖励个人的系统内,如果以同级人员的评价作为提升和奖励的依据,可能会造成同事之间关系紧张、争吵、抵触情绪,反而降低工作主动性,降低工作效率等问题,这些同级人员之间的利益冲突,处理不当,会影响评价的预期效果。

(3) 有些组织在寻找合适的同级评价人员时遇到困难。为了保证评价的有效性,同级人员相互之间必须有紧密的联系,才能掌握彼此行为的第一手资料。但对于某些工种如销售人员等,比较困难。由于互相之间了解甚少,就会影响评价结果的可信度和有效性。

为此,可采用一些弥补的方式,如同级人员以匿名的方式完成评价,由主管将评价结果运用在综合意见中;同级人员的评价不与加薪,晋升等敏感活动直接联系;多组织团队活动,增进同事之间的沟通与相互了解等。

同级人员评价有三种方式可以选择。同级人员提名,同级人员评价,同级人员排名(Kane & Lawler,1978)。第一种,同级人员提名。是指让每个员工指出在工作绩效的某个特定方面(如信用管理、团体关系、存货控制等)表现得最高或最好的特定数量的同级人员。也经常会要求员工指出表现最低或最差的那些人。在提名时,通常要求员工把自己考虑进去。第二种,同级人员评价。是要求每个员工根据一系列给定的评价标准,对团队中所有的其他成员进行评价。第三种,同级人员排名。是指每个员工要根据一个或几个评价标准将团队内的所有员工由最好到最差进行排名。这种方式的区分能力最好。

3. 直接下属评价反馈

在整个组织中实行直接下属评价,有助于管理者重新审视他们的管理风格,明确一些潜在的问题,并按照对管理者的要求采取一些正确的行为。这种评价方式使管理者能听到员工的声音,对促进管理者改进工作和发展很有价值。博纳丁和贝蒂(Bernardin & Beatty,1987)例证了实行下属评价的三个原因。

(1)下属所处的位置使其能从与大多数主管,同级人员不同的优势角度对管理绩效进行观察。

(2)和同级人员评价一样,下属评价有助于减少单一评价的偏见。

(3)下属评价系统与员工"忠诚"和"参与"模型相匹配,这两种模型是管理人员和学者共同提倡的提高员工劳动生产率的模式(Lawler & Mohrman,1989)。这种评价方法赋予了下属成员以超过他们上级管理者的权利,会导致管理者更为重视员工的满意度。这种评价方式也促进了管理者的信息沟通,工作任务委派、资源配置、协调下属矛盾、公正处理与员工之间关系等能力的提高。另一个用途,可以帮助管理层发现具有管理能力、可以晋升的主管人选。

但下属的评价信息也容易受上、下级关系的影响,以及下属自身能力和道德水平的限制。因此,在采用下属评价方式时,同样可不要求评价人注明个人身份,并向评价人保证他们的评价不会向其他同事或公司中任何其他人公开。也不要将主管们的报酬或晋升与下属评价联系太紧。也可采用外部咨询人员实施下属评价,因为,下属与咨询人员会面时更不容易生气,评价会更客观具体。

4. 自我评价反馈

自我评价也即员工个人的自我评价。它的特别有魅力之处,就是自我管理的核心,而自我管理对个人劳动率的提高及降低成本所做的努力是非常重要的。从监督的角度讲,人们能够自我管理,自我调整,对监督的需要就少了。

自我评价的优点包括:

(1)它能提高员工的自尊、自重和自我意识,使员工更好地认识自己的优点和不足,从而提高员工的自我管理、自我提高的能力。

(2)它有助于主管跟员工之间的沟通。当员工和管理者独立地填写绩效评价表,在评价面谈时,就能将两者进行比较,找出和明确产生差异的原因,员工更易接受主管的意见,也会自愿地提出更多的建议,有利于改进员工的工作态度和绩效。

(3)它提高了员工对培训、开发计划的需求的理解,以及对实施这些计划的系统目标的理解,促使其在现有自我评估的基础上,对自身提出更高的要求,有利于员工职业生涯的发展。

（4）能提高自我激发的可能性,减少评价对象的心理防卫倾向(Farh,Werbel &
Bedeian,1988;Lawwie,1989)。尤其是员工在相对孤立的条件下工作或拥有特别
技能时,员工本人通常比任何其他人都了解自己的行为,自我评价就显得特别
重要。

由于存在信息不对称,许多员工并不理解自我评价的目的是什么,会出现自我
评价比其他评价宽松(即对自己的评价高于事实),并且往往把对自己不利的结果
要和其他评价结果归咎于外部因素的情况。因此,要告诉员工,自我评价的结果要
和其他评价结果或绩效测量进行比较或加以验证,以提高自我评价的有效性。进
行自我评价时要让员工按照一个相对标准(如平均以下,平均,平均以上等)来进行
评价,而不是让其按照一些绝对标准(如优秀,差等)来评价;要对评定结果保密,直
到自我评价结果的偏差得到纠正。

5. 客户评价反馈

对于那些与公众大量接触的服务性职务,客户的评价往往也很重要。由于服
务所具有的独一无二的性质,即产品的生产和消费常常是在某一时点上发生的,所
以无论上级、同事还是下属都没有机会去观察员工的行为。相反,客户作为唯一能
够在工作现场观察员工绩效的人,就成为了最好的绩效评价者。

管理部门可以组织一些公司的老客户对本公司的员工进行评价,评价的结果
可在人事决策以及员工个体发展等方面起到积极的作用。但是,由于客户对职务
的性质及组织的目标并没有充分的了解和认识。因此,评价的结果是不全面的。

在实际通过外部资源进行评价时,管理部门应慎重地挑选具体的客户作为评
价人员。客户应当对员工的工作有充分的了解,并对其工作行为有最为详细的观
察。管理部门在挑选客户时,应考虑两个因素:评价人员必须能够消除或者减少在
评价中的个人偏见;评价人员必须有机会在一段较长的时间内,全方位地对员工的
工作表现进行观察。

360°绩效评价信息,来自上述的上级、同级人员、下属、客户及自我评价的各个
方面,通常采用调查问卷表的方式,请他们各自填写评价某人的调查问卷。然后用
计算机的统计系统对所有的反馈信息进行系统汇总,并加以数据分析,得出评级
结果。

5.1.3 360°在实施中的障碍和克服建议

产生于西方文化背景中的360°,是与西方倡导的"个人主义"、"平等"、"竞争"
的文化观念相适应,在中国文化背景下推行360°,就可能遇到阻力,尽管是以匿名
形式,也难以避免。

1. 360°在实施中的可能障碍

1）害怕下级评估的心理

360°让下级可以对上级进行评价，发表意见。管理者们认为他们的权威受到了挑战，在心理上一时难以承受。企业的中层害怕变革的心理会阻碍这种评价方法的推行。

2）文化传统观念的冲突

西方的文化开放性、强调竞争、敢于冒险，鼓励创新，西方员工往往敢于自我否定，善于听取各方意见来完善自我。而中国文化强调含蓄、保守，中国员工不太愿意袒露自己真实的想法，而且也不敢面对真实的自我。中国员工对这个评价方式也会有抵触情绪。

3）下属惧怕权威心态

员工可能惧怕权威，给上级以较高的评价。由于上级权力的无形压力，员工不敢得罪上级，怕上级会对自己施行报复，从而影响自己的前途。尤其是管理部门，上下级关系比较固定，上下级之间还要相处很久，这样员工就不倾向于表露自己真实的想法。这种评价方式还会导致另外一个极端就是，这种评价成为下级发泄不满的工具。尤其是即将离职的员工，反正不打算继续干了，就给上级一个很差的评价。

4）情感好恶与利益冲突

在同一公司工作的员工，既是合作者，又是竞争者，考虑到各种利害关系，评价者有时还会故意歪曲对被评价者的评价。比如，可能会给跟自己关系好的被评价者以较高的评价，给跟自己关系不好的被评价者以较低的评价。

2. 360°在实施中的障碍克服的建议

1）必须取得公司高层领导的支持

高层领导必须有坚决变革的决心，并能在公司内部倡导一种变革、创新、竞争、开放的文化，使员工摒弃旧有的传统观念，敢于竞争、敢于发表意见，也敢于接受别人的评价，让员工能够从观念上接受这种评价方式。

2）倡导公平、参与和开放的文化理念

如果企业文化是重视员工意见与参与，也重视员工的职业发展，则导入360°方法后，将可借由各种不同的角度进行评价，以帮助员工个人的成长，此外，企业如果重视以公正客观的考核及奖励制度来激励员工，那么推行的成功机率将会提高，受到员工抗拒的阻力也愈小。

3) 加强宣传与沟通

在 360°评价方法推行之前和推行过程中,应加强宣传和沟通,向员工讲清其意义何在,了解评价目的,消除评价中的人为因素。必须对评价者进行有效的培训,以免评价结果产生很多误差。在施行过程中也应该就评价的准确性、公正性向评价者提供反馈,指出他们在评价过程中所犯的错误,以帮助他们提高评价技能。

4) 选择合适的咨询公司

如果在公司内部找不到合适的人来负责项目的运作,就需要选择咨询公司来负责。好的咨询公司可以提供一套系统作为评估工具,以及一份完整的解析报告。但是,丰富且成功导入经验才是最重要的。咨询师们会依企业不同发展现状及导入目的给予适当的建议。现象解析也是一门学问,如何从这些数字中看出端倪,其功力并非一朝一夕即可养成。数字背后所隐藏的意义,检验咨询师的功力。例如:被评者自我的评分很高,但主管及同级的给分却都很低,其原因可能是被评者有自我夸大的现象。如果主管给分较低,但自我及同级的评分都很高,可能是被评者过去曾与直属主管有嫌隙等。这些都是透过数据信息透露出个人及组织的问题,咨询师会针对问题,给予适当而中肯的建议,最后提出发展行动计划。选择能使员工充分信任的人员来执行 360°评价项目,这点非常重要。员工信任执行人员,他们才会发表自己真实的看法。

5) 360°评价方法通常适用于人员发展和培训

不同于一般评价方法,360°强调多源信息反馈评价,因此,这种方法实际上是一种“360°评价反馈”,所获得的信息主要用于提高员工的能力、改进员工的绩效和培训员工的依据,而一般不作为被评价者的薪酬调整、晋升等的依据,就如章首案例中的 HQ 亚洲公司那样,360°评价是服务于员工的培养方案。

需要强调说明的是:绩效考核是一种人力资源管理的责任,而权力是基于责任的。如果上下左右都有评价他人的权力,而不承担对考核结果的责任,那么当这种责任失落以后,剩下的只有权力时,共同拥有的而不承担责任的权力,必然滋生不负责任的评价,这是非常可怕的。同时,如果让上下左右都有评价考核他人的权力,也是各级管理者逃避人力资源的管理责任。正确地评价下属是各级管理者义不容辞的责任、权利和义务。下属干得如何,直接主管很清楚,如果主管不能对下属的绩效做出准确的评价,是主管的失职。

5.2　关键绩效指标

关键绩效指标(Key Performance Indicators,KPI)是衡量企业战略实施效果的关键指标,其目的是建立一种机制,将企业战略转化为内部过程和活动,以不断增强企业的核心竞争力和持续地取得高效益。通过 KPI 可以落实公司目标和业务重点,传递公司的价值导向,有效激励员工为公司战略目标共同努力。

5.2.1 关键绩效指标的内涵与意义

1. 关键绩效指标的内涵

关键绩效指标是对企业组织运作过程中关键成功要素的提炼和归纳。它通过对组织内部某一流程的输入端、输出端的关键参数进行设置、取样、计算、分析,衡量流程绩效的一种目标式量化管理指标,把企业战略目标分解为可运作的愿景目标的工具。

关键绩效指标是用于评价被评价者绩效的可量化的或可行为化的指标体系。它必须是可量化的,如果难以量化,也必须是可以行为化的。如果可量化和可行为化这两个特征都无法满足,那就不能称之为关键绩效指标。同时,KPI 符合一个重要的管理原理——“二八原理”。在一个企业的价值创造过程中,存在着“20/80”的规律,即 20%的骨干人员创造企业 80%的价值。同样,80%的工作任务是由 20%的关键行为完成的。因此,必须抓住 20%的关键行为,对之进行分析和衡量,这样就能抓住绩效评价的重心。

KPI 可以按其评价实施主体分为企业级 KPI、部门级 KPI 和具体岗位 KPI(或个人级 KPI)。对组织绩效进行评价时要用企业级 KPI,对部门绩效进行评价要用部门级 KPI,而对个人绩效进行评价就要用具体岗位 KPI。而在实施绩效管理时,三者并非是完全独立的,因为组织绩效依赖于部门绩效,部门绩效又依赖个人绩效,反之,个人绩效、部门绩效的最终目的还是为了提高组织的总绩效。所以在对个人进行绩效评价时,既要评价其个人 KPI,又要适当评价其所在部门的 KPI,评价部门 KPI 时,要看它对于企业 KPI 的贡献,这样可以有效地将个人利益与部门利益、组织利益有效地结合起来。KPI 是以战略为导向的一个指标体系。

2. 关键绩效指标建立的意义

在企业中建立关键绩效指标体系,是对传统绩效评价理念的一种创新。它强调战略在绩效评价过程中的核心作用,员工的行为是主动地达到预先确定的、由层层分解而确定的战略目标,其意义主要体现在以下几方面:

(1) 通过 KPI 体系的设计,可以将组织的战略目标有效地分解到各个企业部门和个人,使个人目标、部门目标与企业目标之间始终保持一致,从而齐心合力为共同的目标努力,保持企业的持续发展。

(2) KPI 体系不仅成为企业员工行为的约束机制,同时发挥战略导向的牵引作用,能通过绩效管理过程有效地实施企业战略目标。企业在经营过程中,其战略目标,经营重点会随市场环境和内部状况而变化,可以通过 KPI 体系的变化和调整来引导员工的行为,使 KPI 体系成为企业战略实施的工具。

(3) KPI 体系的建立能为价值评价体系和价值分配体系提供客观、公正的数据,可最大限度地规避各级主管因各种人为因素造成价值评价的偏差,保证员工对立足于 KPI 而建立的价值评价体系的认同,从而激励与约束员工行为。

(4) 设定关键绩效指标,能帮助管理者确定工作重点,明确部门的主要责任,制定绩效目标,有效地实施绩效管理,不断强化与提升企业的整体核心竞争力。

(5) 通过关键绩效指标的建立达成的承诺,员工与管理人员可以进行工作期望、工作表现和未来发展等方面的沟通。关键绩效指标是进行绩效沟通的基石,是组织中关于绩效沟通的共同词典。有了这样一本词典,管理人员和员工在沟通时就可以有共同的语言。

5.2.2 关键绩效指标建立的原则与程序

1. 建立 KPI 体系应遵循的原则

关键绩效指标的建立,必须遵循的一般原则就是 SMART(Specific,指特定的;Measurable,指可度量的;Attainable,指可实现的;Relevant,现实相关的;T,Time-bound,指有时限的)原则,具体表现为以下几方面要求:

(1) 目标导向。KPI 必须依据企业目标、部门目标、职务目标等来进行确定,体现企业的发展战略与成功的关键点。

(2) 注重工作质量。由于工作质量是企业竞争力的核心,但又难以衡量,因此,对工作质量建立指标进行控制特别重要。

(3) 可操作性。关键绩效指标必须从技术上保证可操作性,对每一指标都必须给予明确的定义,并建立完善的信息收集渠道。

(4) 强调输入和输出过程的控制。设立 KPI 指标,要优先考虑流程的输入和输出状况,将两者之间的过程视为一个整体,进行端点控制。

(5) 三个层次责任明确。KPI 体系在三个层次上的责任明确,在此基础上,强调各层次间、各部门间的连带责任,以促进相互之间的协调和沟通。

2. 设计关键绩效指标体系的程序

企业级 KPI 的产生,不是凭个别或少数管理者的想象,而应由专家、管理者和普通员工群策群力,其中专家的作用尤其重要。首先让专家充分了解本企业的战略发展目标及企业的组织结构和运行情况后,由企业的高层管理人员和专家一起,借以利用头脑风暴法和鱼骨分析法等,找出本企业的业务重点,即价值评估重点,并找出这些关键业务领域的关键绩效指标,从而建立企业级的关键绩效指标。

在确立了企业级关键绩效指标后,在专家的指导下,各部门的主管对相应部门的关键绩效指标进行分解,分解出各部门级的关键绩效指标。然后各部门的主管和管理人员一起将部门级的关键绩效指标进一步细分,分解为更细的关键绩效指标及具体岗位(即个人)的绩效衡量指标。至此,整个企业的 KPI 体系通过上述程序就可产生。

通常可采取以下具体步骤:

(1)详细描述部门和岗位的工作职责。根据组织的战略目标与部门设置情况,根据部门间工作业务流程的关系,确定每一部门的基本职责。

(2)提取工作要项。工作要项指各部门和岗位的工作中所包含的重要职责。由管理者与本管理者通过商讨共同确定哪些工作作为工作要项。

(3)建立关键绩效指标。每一个工作要项就是一个关键绩效指标。关键绩效指标必须符合数量化和行为化的标准。关键绩效指标的基本类型为数量、质量、成本和时限四种,进行绩效评价时,常从这四个方面评价。

(4)确定不同指标的权重。即确定不同方面的绩效指标在总体绩效中所占的比重。

(5)确定绩效标准。关键绩效指标体现了每一部门或岗位对组织目标有增值作用产出。标准规定了从哪些方面对工作产出进行衡量和评价;而标准则表明了在各个指标上分别应达到什么样的水平。指标解决评价“什么”的问题,标准则解决要求被考核者做得“怎样”、完成“多少”的问题。绩效标准通常是一个范围,其下限为基本标准,上限为卓越标准。基本标准是期望被评价对象达到的水平,每个被评价对象经过努力都能够达到的水平;卓越标准是指对被评价对象未做要求和期望,但是可以达到的绩效水平。

5.2.3　不同层级关键绩效指标建立的方法

如前所述,关键绩效指标一般分为企业、部门和岗位三个不同层级。不同层级的关键指标,其建立的方法不同。

1. 企业级 KPI 的建立方法

企业级 KPI 的建立方法常用的有:标杆基准法、成功关键分析法和目标分解法三种。

1)标杆基准法

标杆基准法来源于标杆管理,标杆管理的概念是在 20 世纪 70 年代末由施乐公司首创,后经美国生产力与质量中心系统化和规范化,现在它已是现代西方发达国家企业管理活动中支持企业不断改进和获得竞争优势的重要管理方式之一。

标杆基准法是企业将自身的关键绩效行为与最强的竞争企业或那些在行业中领先的、最有名望的企业的关键绩效因素作为基准进行评价与比较,分析这些基准企业的绩效形成原因,在此基础上建立本企业可持续发展的关键绩效标准及绩效改进的最优策略的程序与方法。

标杆基准法成功的关键在于寻找业界最佳绩效标准作为参照的基准数据,如,客户满意度、劳动生产率、资金周转速度等。确定最优绩效标准后,企业需以最优绩效标准为牵引,确定企业成功的关键领域,通过各部门及员工持续不断的学习与绩效改进,缩小与最优基准之间的差距,如图 5-2 所示。

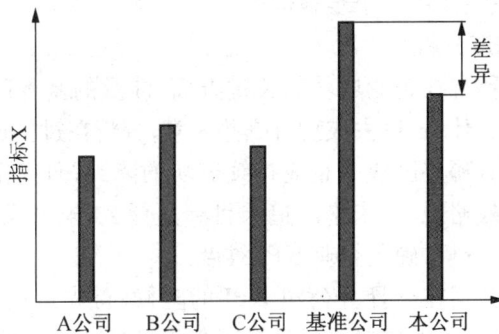

图 5-2　标杆基准法示例

标杆基准可以有不同的选择标准,通常有两种分类方式:按照特性划分和按照参照的对象划分。

按照特性可以分为三类:

(1)战略与战术标杆系统,包括总体战略标准、职能战略标准;产品标准、职能标准、最佳实践标准等。

(2)管理职能的标杆系统,包括市场营销、人力资源、生产作业等。

(3)跨职能的标杆系统,包括客户标准、成本标准等。

按照标杆参照的对象分为三类:个体行为标杆、流程标杆和系统标杆。

应用标杆基准法,选择指标的基本程序如下:

(1)详细了解企业关键业务流程与管理策略,曾构成这些流程的关键节点切入,找出企业运营的瓶颈。

(2)选择与研究行业中几家领先企业的绩效,剖析行业领先者的共性特点,构建行业标杆的基本框架。

(3)深入分析标杆企业的经营模式,从系统的角度剖析与归纳其竞争优势的来源,包括个体行为标杆、职能标杆、流程标杆与系统标杆,总结其成功的关键要领。

(4) 将标杆企业的绩效与本企业的绩效进行比较与分析,找出存在的差异,借鉴其成功经验,确定适合本企业的、能够赶上甚至超越标杆企业的关键绩效指标。

2) 成功关键分析法

成功关键要点分析,就是要寻找一个企业成功的关键要点是什么,并对企业成功的关键要点进行重点监控。通过寻找企业成功的关键,层层分析从而选择考核的 KPI。基本思想是通过分析企业获得成功或取得市场领先地位的关键因素,提炼出导致成功的关键绩效模块,又称"KPI 维度";再把绩效模块层层分析为关键要素,为了便于对这些要素进行量化考核与分析,需要细分为各项 KPI。

这里,结合春华旅游公司 KPI 考核案例,具体说明如何应用成功关键分析法选择 KPI。这种方法主要由三个步骤构成。

步骤 1　KPI 维度分析

通过鱼骨图分析,寻找企业成功的关键方面,涉及的基本问题包括:该企业为什么成功,过去成功靠什么,过去成功有哪些要素;分析在过去成功的要素中,哪些能够使企业持续成功,哪些已成为企业持续成功的障碍;研究作为一个企业,要面向未来,根据企业的战略规划,未来的追求目标是什么,未来成功的关键究竟是什么。通过这些问题的分析,确定企业 KPI 维度。

例如,春华旅游公司在选择分公司 KPI 的时候,首先运用鱼骨图对企业的关键成功要素进行分析。关键成功要素是保证企业组织目标实现的重要保障。确定该公司作为旅游公司的关键成功要素有四项:市场领先、客户服务、利润增长、人员和组织管理,如图 5-3 所示。

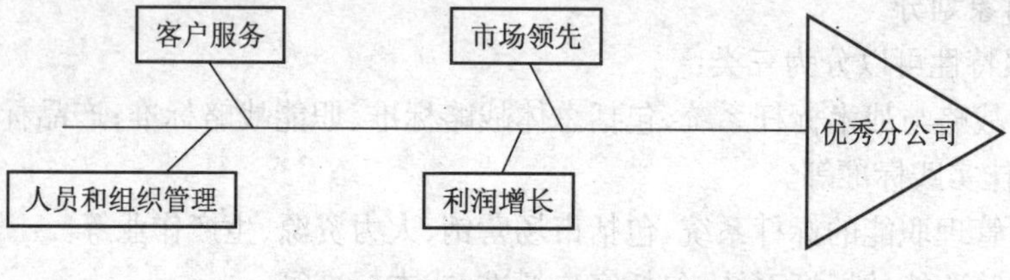

图 5-3　春华旅游公司分公司成功关键分析

步骤 2　KPI 要素进一步解析

KPI 维度确定以后,即成功关键确定以后,需要进一步对维度解析。这种解析的过程主要是解决以下几个问题:①每个维度的内容是什么? ②如何保证这些维度的目标能够实现? ③每个维度目标实现的关键措施和手段是什么? ④维度目标实现的标准是什么?

春华旅游公司的四个 KPI 维度进一步的解析如图 5-4 所示。

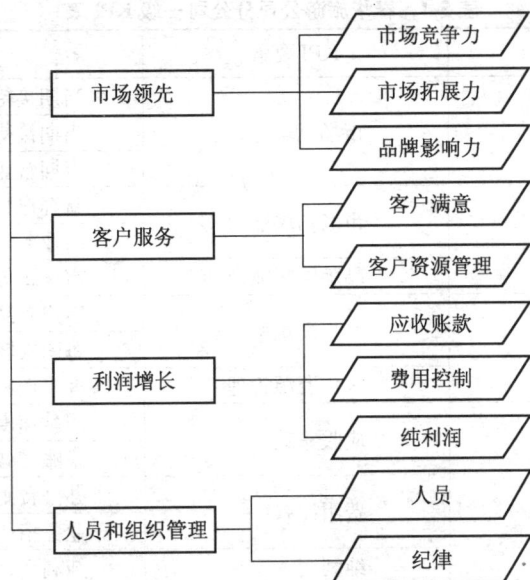

图 5-4　春华旅游公司 KPI 要素解析

步骤 3　选择 KPI 和汇总 KPI

要素进一步细化,就是 KPI 的设计和选择。对 KPI 的选择必须遵循前面所述的原则,要求 KPI 能客观地、集中地反映要素的特点,尽量能量化和可测量。在春华旅游公司,以市场领先维度的细化分解为例,如图 5-5 所示。然后,汇总形成春华旅游公司分公司一级 KPI 表,见表 5-4。

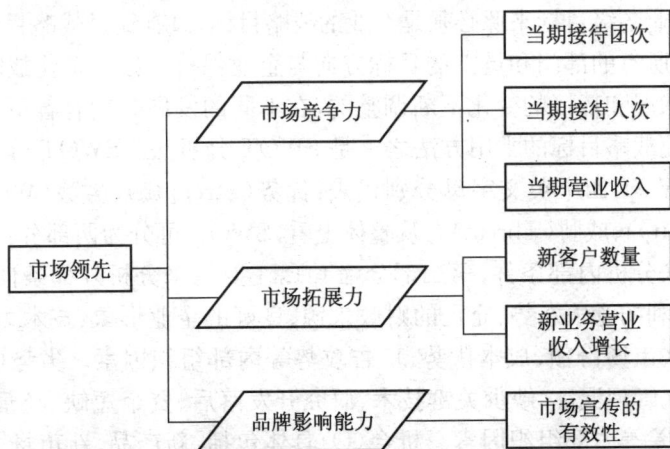

图 5-5　春华旅游公司市场领先的进一步解析

表 5-4　春华旅游公司分公司一级 KPI 表

KPI 维度	KPI 要素	KPI
市场领先	市场竞争	当期接待团次
		当期接待人次
		当期营业收入
	市场拓展能力	新客户数量
		新业务营业增长率
	品牌影响能力	市场宣传的有效性
客户服务	客户满意率	客户对品牌认知度
		每团次客户投诉数量
	客户资源管理	客户档案管理
利润增长	应收账款	回款速度、期限
		呆账、坏账数量
	费用控制	办公费用
		业务招待费用
	纯利润	纯利润目标达成率
人员和组织管理	人员	业务骨干人才离职率
		管理人员离职率
		员工综合满意度
	纪律性	总公司政策执行情况
		国家相关法规执行情况

3) 目标分解法

应用目标分解法,主要需要确定企业战略,然后进行业务价值树分析。

首先,企业各级目标来源必须是企业的战略目标,只有经过战略目标的层层分解,才能保证所有的部门和员工的目标方向与企业保持一致。企业战略目标是根据企业发展状况和环境的变化不断调整的,在不同的发展时期有着不同的经营重点。制定企业战略目标的常用方法之一是 SWOT 分析法。SWOT 分析法又称态势分析法,SWOT 四个英文字母分别代表:优势(Strength)、劣势(Weakness)、机会(Opportunity)、威胁(Threat)。从整体上看,SWOT 可分为两部分:第一部分为 SW,主要用来分析内部条件;第二部分为 OT,主要用来分析外部条件。优势(S)具体包括:有利的竞争态势、充足的财政来源、良好的企业形象、技术力量、规模经济、产品质量、市场份额、成本优势、广告攻势等内部组织因素。劣势(W)具体包括:设备老化、管理混乱、缺少关键技术、研究开发落后、资金短缺、经营不善、产品积压、竞争力差等内部组织因素。机会(O)具体包括:新产品、新市场、新需求、外国市场壁垒解除、竞争对手失误等外部组织因素。威胁(W)主要包括:新的竞争对手、替代产品增多、市场紧缩、行业政策变化、经济衰退、客户偏好改变、突发事件等外部组织因素。SWOT方法的优点在于考虑问题全面,是一种系统思维,可以对问题的"诊断"和"开处方"紧密结合在一起,条理清楚,便于检验。

例如,CC公司是一家生产和销售啤酒的中外合资企业,2005年,为了制定公司战略目标和阶段性策略重点,CC公司应用SWOT分析法分析公司所处的内外环境,见表5-5。

表5-5　SWOT分析法应用举例

机会	1. 国民经济平稳较快的发展	2005年国内生产总值达到182 321亿元,在前两年分别增长10%和10.1%的基础上增长9.9%
	2. 居民收入继续保持较快增长,消费需求不足的现象有所改观	城镇居民人均可支配收入10 493元,扣除价格因素,比上年实际增长9.6%,社会消费品零售总额67 176亿元,同期增长12.9%。社会保障制度不断完善和趋于合理,即期消费有望扩大
	3. 啤酒消费量持续增长	2005年全国啤酒消费量是3 061.56万千升,同比增长10.3%,啤酒人均年消费量达到近25升,同比增长10%
	4. 啤酒企业和工厂数减少	年产量20万吨的啤酒企业从2004年的近90个,下降到2005年的80个左右,年产量5万吨级以下的啤酒企业仍在不断减少
威胁	1. 通货膨胀压力有所增大	近年来各种价格指数都有所反弹,尤其是流通环节生产资料价格同比涨幅提高较大,加上当前货币供应较为宽松,通货膨胀的压力有所增大,特别是啤酒生产原料如小麦、啤酒的价格同比增长近50%,此外,包装材料如纸、铝制易拉罐等也价格大幅上涨
	2. 外资并购竞争激烈	由于外资并购和新建工厂促动,啤酒企业面临结构调整,在整合期内,合资、独资的啤酒企业利润总和处于亏损状态
	3. 零售价格太低,替代品增多	啤酒产量占饮料酒的近80%,但啤酒行业的经济效益远比葡萄酒、白酒差,其主要原因就是啤酒价格太低,很多啤酒品牌的零售价甚至低于矿泉水
	4. 消费季节性太强	中国目前尚没有形成啤酒文化,饮用啤酒的季节主要是气候炎热的夏季,到了冬天很少有人去喝,所以消费的季节性很强,这给企业安排生产和管理带来了很大的难度
	5. 啤酒生产的能耗大,造成环境污染	啤酒工业在食品行业内是耗能较大,排废较多的行业之一。虽然我国啤酒行业的消耗指标逐年下降,但与国际水平相比还有很大差距,节能降耗是啤酒行业的长期任务
优势	1. 公司拥有设备和技术优势,产品质量优秀	公司借助于母公司在行业拥有的100多年的经验和技术,在行业内有很高的技术优势,公司产品的质量多次获得行业评比的第一名。公司的生产设备大都是进口的,设计生产能力高达25万吨,是国内沿海地区最大的产能公司之一

优势	2. 品牌的市场优势	公司的主要品牌啤酒在沿海地区有 10 多年的历史,拥有良好的品牌形象,有大量固定的消费群体。在公司不断进行品牌塑造和年轻化战略的努力下,消费群体正在不断扩大
	3. 集团内部优势互补	通过集团重组兼并,各兄弟企业间形成了优势互补,公司不仅生产和销售自有品牌,还生产集团的其他品牌啤酒,有效摊薄了固定成本,可以充分利用产能,降低损耗
劣势	1. 损耗比较高	由于管理制度尚不健全,企业在生产过程中的酒损、瓶损等比较高。此外,生产能耗也非常高
	2. 工人效率较差	年龄结构偏大,由于原先不重视人员培训与开发,导致员工的技能与竞争企业相比不具优势
	3. 员工绩效意识差,缺乏团队合作精神和使命感	各部门的员工都只关心各自部门或各自岗位的工作,不关心横向部门间的合作。由于绩效与个人收入的关联度不高,所以员工绩效意识比较薄弱,不关心企业的发展

CC 公司结合 SWOT 分析,依据公司发展愿景和使命,制定公司发展战略目标是:在未来 5 年中,每年税后利润获得两位数的百分比持续增长,为此,阶段性计划目标为三个:提高市场竞争力、提高利润率和产量。

然后,进行业务价值树分析。业务重点是为了实现企业的战略目标必须完成的重点,这些业务重点就是企业的关键绩效领域。行业不同,其关键绩效会有所不同,见表 5-6。企业产品生命周期不同,其 KRA 也会有差异。比如对市场部来说,在投入期关键工作领域应是广告宣传、销售渠道的开辟;成长期则为建立一定美誉度和信誉、销售渠道的增加;成熟期为维护市场,渗入竞争对手的市场;衰退期则为改善企业形象,转移经营重点。

表 5-6　不同行业关键绩效举例

行业类别	KPA
石油、煤炭	原料资源
船舶制造、炼钢	生产设施
航空、音响	设计能力
纯碱、半导体	生产能力
市场、零部件	产品范围、花色品种
大规模集成电路、计算机	设计和技术能力
汽车、电梯、家电	销售能力、售后服务
胶卷、啤酒	销售网络

战略目标确定以后,通过业务价值树分析,对战略方案和计划进行评估,并按照它们对企业价值创造的贡献大小进行排序,分别建立企业的价值体系,并从中找出企

业中数目有限的关键战略价值驱动因素,进而确定关键的部门和岗位。图 5-6 是以 CC 公司为例,依据公司战略目标逐步进行业务价值树即关键绩效领域的分析。

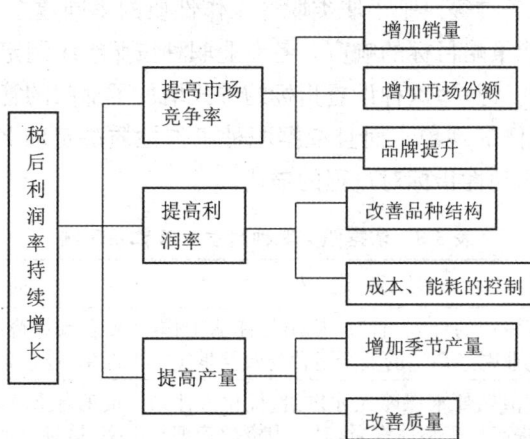

图 5-6　业务价值树分析举例

2. 部门级 KPI 的建立方法

1)依据部门承担责任的不同建立 KPI 体系

依据部门承担责任的不同建立 KPI 体系的方式,主要强调部门本身承担责任的角度,对企业的目标进行分解,进而形成评价指标,见表 5-7。这种方式的优势在于突出各部门的参与,但是有可能导致战略稀释现象发生,指标可能更多的是对于部门管理责任的体现。

表 5-7　依据部门承担责任的不同建立 KPI 体系举例

部　门	指标侧重	指　标　名　称
市场部	市场占有率指标	销售增长率、市场占有率、品牌认知度、销售目标完成率、市场竞争比率
	客户服务指标	投诉处理及时率、客户回访率、客户档案回访率、客户流失率
	经营安全指标	货款回收率、成品周转率、销售费用投入产出率
生产部	成本指标	生产效率、原料损耗、设备利用率、设备生产率
	质量指标	成品一次合格率
	经营安全指标	原料周转率、备品周转率、在制品周转率
采购部	成本指标	采购价格指数、原材料库存周转率
	质量指标	供应商交货一次合格率
人力资源部	经营安全指标	员工自然流动率、人员需求达成率、培训计划完成率、培训覆盖率

2) 依据职类职种工作性质的不同建立 KPI 体系

职类主要依据工作性质的不同进行区别,如可以把员工分为管理类、营销类、技术类、专业类、事务类等。基于职类职种工作性质的不同建立 KPI 体系(见表 5-8),突出对组织功能策略目标的响应。各专业职种按照组织制定的每一项目标,提出专业的响应措施。但是,这种设置指标的方式增加了部门的管理难度,有可能出现忽视部门管理责任的现象。而且依据职种工作性质决定的 KPI 体系更多的是结果性指标,缺乏驱动性指标对过程的描述。

表 5-8　依据职类职种建立 KPI 体系示例

职类	职种	职 种 定 义	指 标 名 称
管理服务类	财经	负责资产的计划、管理、使用与评估工作,对企业财经系统的安全运营与效益承担	责任预算费用控制、支出审核失误率、资金高度达成率等
	人力资源开发	依据战略要求保障人才供给、优化人才结构,提高员工整体素质,对人力资源管理与开发系统的有效运营承担责任	员工自愿流动率、人员需求达成率、培训计划达成率、核心人才流失率等
市场类	营销支持	及时有效地为营销活动提供支持与服务,对企业的产品与服务品牌的认知度、忠诚度、美誉度承担责任	市场占有率、品牌认知度、投诉处理率、客户档案完整率等
	营销	从事产品市场拓展与商务处理工作,及时满足客户需求,对企业产品的市场占有率与覆盖面承担责任	销售目标达成率、销售增长率、销售费用投入产出比、货款回收及时完成率等
	采购	保障原材料的有效供应,对原材料的质量以及供应的及时性承担责任	采购任务达成率、采购价格指数、供应商一次交货合格率等
技术类	工艺技术	从事原料仓库、生产工艺的技术支持工作,保障生产工艺准确实施,预防保养生产线,对生产环节的高效运行承担责任	设计及时率、技术服务满意度、生产设备技术故障时停台时数等
	研发	从事产品及相关技术等的研发与创新工作,对确立产品及技术在行业中的优势地位承担责任	设计损失率、第一次设计完成到投产修改次数、单项目及时完成率等

3) 目标分解法

设计部门级 KPI 同样可以应用目标分解法,依据公司战略目标,建立包括财务和非财务指标对企业绩效水平进行监控的一种方法。

应用目标分解法选择部门级 KPI,主要包括以下几个步骤:

首先,明确企业战略目标和公司级 KPI。企业战略目标主要包括在行业中的领先地位、总体规模、竞争能力、市场份额、投资回报率及企业形象等。企业应用诸如 SWOT 分析法进行环境预测和内部评估,确定战略目标的期望水平,并预测企业未来的绩效水平,找出目标期望和未来预测水平之间的差距,制定弥补差距的战略方案和计划。在此基础上,明确公司级关键绩效领域和公司级KPI。

其次,确定部门关键成果领域。在明确企业战略目标、公司级关键绩效领域和公司级KPI的基础上,分解公司级的KPI。为此,需要对最有效驱动公司战略目标的部门关键成果领域进行确定。部门关键成果领域是指对企业战略目标和部门目标的实现有重大影响的变量,它是制定部门关键绩效指标的重要依据。这就要求各部门根据部门的职责定位相应组织的战略目标,在组织战略目标的指导下确定部门的目标。在部门目标的制定过程中,由于部门不仅承担公司级KPI直接分解的指标,还应当包括部门本身组织建设、工作改进等责任。因此,部门KPI是对部门关键成果领域的具体分解过程,表5-9和表5-10分别所示CC公司人力资源部门和财务部门对部门关键成果领域(KRA)的分解举例。

表 5-9　公司人力资源部 KPI 举例

部门 KRA	KRA 分解	KPI
费用和成本控制	部门费用预算达成率	人事费用控制在预算的 100％内
	招聘费用预算达成率	招聘费用控制在预算的 95％内
	培训费用预算达成率	培训费用控制在预算的 100％内
员工满意度	员工满意度	员工满意度比去年提高 5％ (该数据按年度满意度调查报告)
薪酬管理	员工工资发放出错次数	年出错次数为 0
招聘管理	招聘空缺职位所需的平均天数	招聘落实时间为经理/主管/员工－60/40/20(天)
福利保险管理	员工四险一金办理的及时性和计算出错率	按时办理社保,出错率为 0
员工流失	员工流失率	员工年流失率控制在 8％内
劳动生产率	人均运营收入	人均产值与去年相比提高 10％
产量指标的完成	产量指标的完成	按公司级产量 KPI
销售指标的完成	销售指标的完成	按公司级销量 KPI

表 5-10　公司财务部 KPI 举例

部门 KRA	KRA 分解	KPI
资金管理	主营业务收入完成率	每月编制损益表,追踪主营业务收入完成情况,提供改善建议,确保主营业务收入完成率 100％
	债权债务结构	长期应收款控制在××,应收账款平均账龄在 30 天内,资产负债率控制在××

部门 KRA	KRA 分解	KPI
资金管理	及时的信贷存储确保生产经营的资金需要	每月编制现金流量表,及时追踪和分析,确保企业经营的所需现金流,控制速动、流动比率各为××
成本控制	成本核算和审计及时率、准确率	定期制作成本核算与分析报告,提出改善建议并加以落实,控制采购标准成本,使其同比下降5%
纳税、所得税清算	纳税、所得税清算工作的及时率和准确率	与税务部门保持良好关系,没有税务部门的任何处罚
审计工作	审计工作的及时率	与审计各相关部门保持良好关系,配合审计人员确保审计工作按时完成
公司经营的内部支持	财务工作的公司内部满意率	每月关于应付、应收、放信、合同相关的投诉分别控制在2次以内
会计报表	报表的准确率,及时率	各种财务报告编写及时率,准确率达100%
固定资产管理	固定资产建账管理、监督	定期进行固定资产盘点,固定资产账务处理及时率达100%
预算管理	预算的制定、审批和监督	按时完成预算制定工作,各项费用审查及时率达100%,审查出错率为0
MIS信息系统	确保ERP和各信息系统的运转	ERP软件运转出错率为0,年内无因信息系统瘫痪引起的重大事故
产量指标的完成	产量指标的完成	按公司级产量KPI
销售指标的完成	销售指标的完成	按公司级销量KPI

KPI指标根据其性质可分为四种类型:数字型KPI,如利润额、销售收入等;时限型KPI,如交货期、投诉响应期、供应周期等;项目型KPI,如技术开发项目、管理制度建设项目、项目分析等;混合型KPI,包含以上两种或两种以上性质,如某项目工程既有成本控制,又有工期控制。

数字型KPI和时限型KPI通常不可分解,但有时也可以,如公司销售收入或利润来源可分为国内市场和国外市场,从而分解到营销部和外贸部。供货期可分为营销部的响应期、生产部的技术准备期和生产期、质保部的质检期、物流部的运输期等。

项目型混合型KPI通常能进一步分解细化。KPI在分解时主要有以下三种思路:

(1) 按组织结构分解。此方法也称为"目标—手段"法,如图5-7所示。按组织结构分解的主要优点在于,上下指标关系清晰,层层支撑,保证公司战略目标和KPI指标得到有效落实。同时也易于发现难以有效落实的指标,从而提醒管理层提前做好各种准备,采取应有的措施。但这种分解方法也存在较多的问题和风险,例如,指标分解本身是非常困难的,甚至有许多指标根本无法分解;或者,指标的分解往往会使指标的数量有所增加,指标过多与所要求的KPI就会产生矛盾;更重要的是,KPI

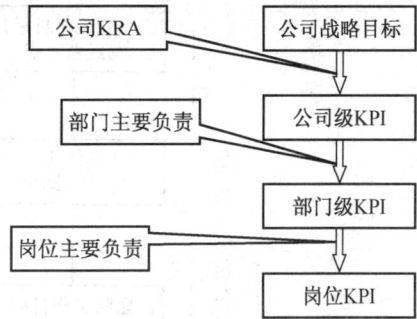

图 5-7　按组织结构分解 KPI

的分解往往会产生"1+1≥2"的情况,下级的指标未必能有效反映上级的指标。

（2）按主要流程分解。按主要流程分解也称为目标责任法,它强调连带责任关系,体现了"下道工序就是顾客"的理念。由于组织中的任务是通过它的主流程、支持流程和管理流程来完成的,要支撑战略和业务需要,就不得不关注到流程。并且,按流程设定和分解指标可以适应公司客户至上的导向、清除部门间的壁垒、加快响应的速度等,因此根据业务流程的输入、输出就可以较为清晰地确定和分解KPI。

该方法也不是没有缺陷,按流程设定或分解的指标,最终还要落实到相应的职能组织和岗位上去;过分强调和依赖流程目标,从而淡化了各组织、各岗位的职责,评价结果往往因为集体责任而无法拉开差距。

（3）先按业务流程分解,再按组织结构审视。此种方法结合了以上两种分解思路的好处,有效规避了两者的问题。先从流程出发,沿着业务流横向分解和确定KPI;再根据各组织、各岗位的职责,纵向检查指标和目标的设置情况,避免过多捆绑或挂一漏万。

3. 岗位关键绩效指标建立的方法

任何战略的实施,最终都要落实到个人的行动上。如果企业内各级员工的行为失去企业整体目标的牵引,而仅仅是按照岗位的专业内容开展工作,其结果必然会发生"战略稀释"现象。在极端情况下,甚至可能出现员工的工作努力与企业整体的发展规划方向背道而驰。因此,必须通过绩效目标的指定使企业的战略层层传递和分解,使企业中每个岗位都被赋予战略责任,如图5-8所示。

员工努力程度与企业绩效之间的关系可以用图5-9来进行形象地说明。只有当员工的努力程度与企业的战略规划目标高度一致的情况下,企业整体的绩效才可能得到提高。

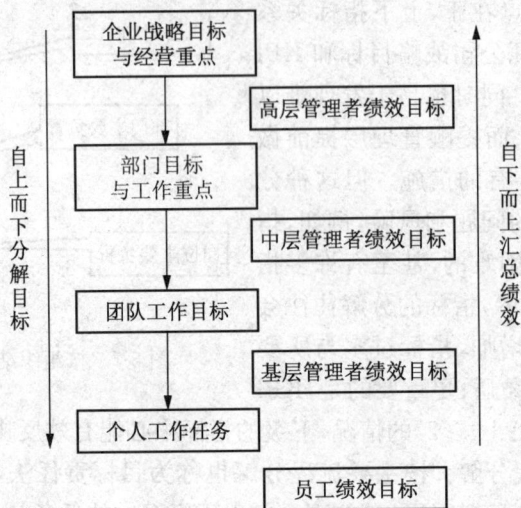

图 5-8　目标的层层分解

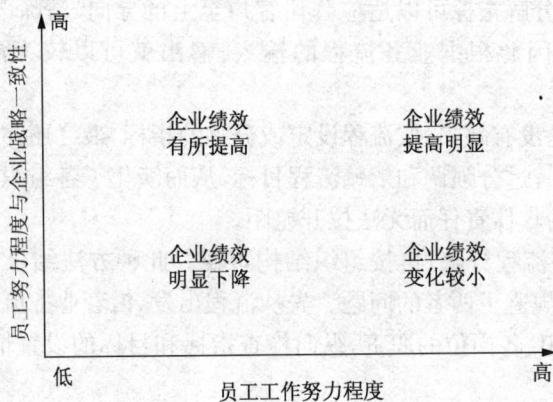

图 5-9　员工努力程度与企业绩效的关系

　　制定具体岗位的绩效指标时,一般从两方面进行考虑:对结果的关注和对过程行为的关注。但是对处于不同层次的人员,由于承担的责任范围不同,结果指标和行为指标所占的权重是不同的。处于企业高层的管理者,往往更多的是对结果承担责任,工作内容更多的是决策和管理,需要的是灵活性和意识性,对其在达成结果的过程中行为很难进行严格规范,因此绩效标准也是以 KPI 为主。而基层管理者往往不能直接对结果承担责任,或者说基层管理者对结果的影响主要是通过其完成任务过程中表现出来的行为规范性来决定的,因此对基层管理者来说,过程行为就显得非常重要,在设计绩效指标时对基层管理者来说往往行为指标占了较大

138

权重,而结果指标占的权重则小。

具体到一个岗位的 KPI 主要是由部门目标分解得出的,分解过程同岗位应负责任分析、工作模块分析结合在一起。分解得出的指标要经过筛选,确定出确实能反映岗位绩效的指标,作为岗位的 KPI 进行评价,确定流程如图 5-10 所示。

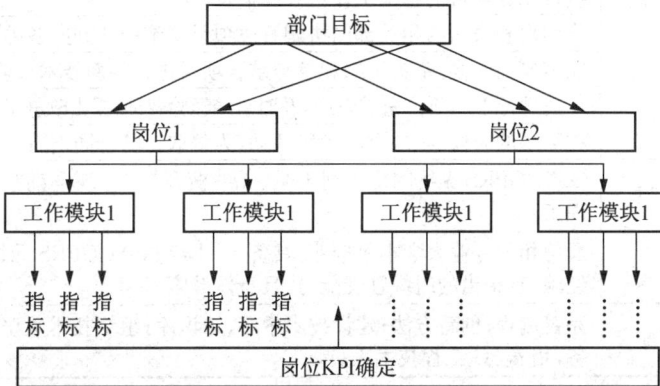

图 5-10　岗位 KPI 确定流程

在此过程中,部门首先应依据岗位分析,撰写规范的岗位说明书;同时对岗位应负的责任指标进行分解,制定岗位 KPI。表 5-11 所示的是 Q 通信公司网络部技术主管岗位说明书,依据此说明书,Q 公司制定网络部技术主管岗位 KPI,见表 5-12。然后,将制定的岗位 KPI 布置给员工,要求员工根据指标制定工作计划、提出细分的具体指标。工作计划促使员工认真思考要干什么和怎样干,即使最终结果没有达到预期的目标,但搞清楚这两个问题本身也很有价值。

表 5-11　Q 通信公司网络部技术主管岗位说明书

名　称	描　　述
职务	GSM/GPRS 无线网络规划技术主管
部门	网络部
销售支持	积极支持公司的销售工作,与其他部门一起共同努力,完成公司的年度业务目标
工作范围	带领一支服务队伍按时保质保量完成合同规定的 GSM/GPRS 无线网络规划项目,支持网络优化工作,保证重点城市的网络质量
责任范围	根据合同规定的服务内容和要求,协同部门主管组成合格的服务队伍,落实所需资源,确定项目工作计划和总体策略
	牵头制定项目技术方案细则,在必要的时候发起部门内或更大范围的专家论证

名　称	描　述
责任范围	监督和指导具体技术工作的实施,在必要的时候亲自做其中的关键性工作 对规划结果的质量负责把关 监督完成项目的各项工作记录和数据归档 与用户和公司内相关部门协调解决项目实施中遇到的各种问题 在需要的时候,牵头组织和参与结合项目进行的新技术试验 项目进行中和项目完成以后,及时总结经验教训,提出改进工作流程的建议 在需要的时候,参加市场销售活动,为争取新的合同出力
仪器、设备及工具	GSM/GPRS 无线网络规划工具、无线测量工具、现场勘察工具,项目管理工具
资格条件	通信相关专业大学本科毕业,具备 3～4 年 GSM/GPRS 无线网络规划的经验,有相当的组织管理能力,且身体健康
技术积累和创新	完善流程;创新方法;建设技术中心、知识库;组织技术攻坚;进行技术储备,培养 3G 工程技术人员

表 5-12　Q 通信公司网络部技术主管岗位 KPI

编号		内容描述	评价标准	权重
1		A 市、M 和 N 地区移动网络设计、规划和优化		
	1.1	A 移动网络质量在全国巡检中排名前十位	第 10 名得满分,每降低 5 名扣 5 分,每升高 5 名加 5 分	20%
	1.2	M 地区联通网络质量在全国巡检中排名前五位	第 5 名得满分,每降低 2 名扣 5 分,每升高 2 名加 5 分	20%
	1.3	N 市网络质量在全省巡检中排名前五位	第 5 名得满分,每降低 2 名扣 5 分	20%
2		在完善流程、创新方法、技术攻坚、技术储备、提升部门整体技术实力方面的贡献	最少 4 篇有价值的技术报告或文档 4 篇得 10 分,每增加 1 篇加 2 分,每减少 1 篇扣 2 分	15%
3		客户满意:内外部客户评价	12 分起评分。投诉高于 1 次,每多 1 次扣 2 分;客户每表扬 1 次,加 1 分。严重投诉 1 次即不得分	15%
4		公司销售目标的达成情况	按公司销售目标完成比例得分,直至满分	10%

5.3　平衡计分卡

　　至目前,财富 500 强企业中已有 80% 的企业在管理中引入平衡计分卡。国内理论界对平衡计分卡也做了不少理论阐述,许多企业也开始不断关注或准备引入平衡计分卡。

在将平衡计分卡(Balanced Score-card,BSC)作为一种绩效评价工具使用之前,应该了解平衡计分卡提出的背景及其内容特征,以在具体情景下选择和设计合适的平衡计分卡。

5.3.1 平衡计分卡提出的背景

20世纪80年代末90年代初,欧美很多学者和大公司发现,传统的以财务为单一衡量指标考核企业经营绩效的模式,存在两方面的缺陷:

第一,传统的单一财务评价指标偏重有形资产的评估和管理,对无形资产和智力资产的评估与管理显得无力。信息时代提高了无形资产管理对企业未来价值创造的地位与作用,因而对企业经营绩效的反映,不仅体现在有形资产的管理及其管理的财务结果方面,还应包括企业无形资产的管理等多方面内容。如:发展与客户的关系,维系现有的客户对企业的忠诚,并使新客户和新市场获得高效的服务;以低成本和高质量提供定做的优质产品,提供因人而异的优质服务;对市场反应灵敏,及时设计出新型产品,以满足特定客户群体的愿望;员工在工作中的积极性和对企业的满意度等。而利用原有单一财务考核模式,对这些内容无法科学地进行评估。从某种程度上,反映了传统的考核模式无法适应飞速变化的商业环境、日益激烈的竞争和与日俱增的客户期望。

第二,传统财务评价模式适合满足以投资促成长的工业时代,而不能有效满足信息时代。工业化时代,由于输出的一致化和转化过程的标准化,导致公司能力的提高和顾客关系的改善,通过提高投资便可达到。信息时代则不然,输出的个性化导致转化过程多样化。因此,需要员工适应非固定程序的能力、供应商的支持、柔性制造工艺、迅速的新技术的采用、对不断革新的热情等多方面的支持,才能提高公司的绩效。

由于单一的财务评价模式的局限性,越来越多的企业希望结合财务指标与非财务指标进行经营绩效评价。西方理论学者开始重视研究企业多源绩效评价指标。平衡计分卡随之产生。

平衡计分卡是由哈佛大学的卡普兰(R. S. Kaplan)教授和来自波士顿的顾问诺顿(D. P. Norton)两个人共同开发。1990年卡普兰和诺顿带领一个研究小组,对10多家公司进行研究以寻求一种新的绩效评价方法。卡普兰和诺顿与这些公司都认为依靠财务指标的绩效评价会影响公司创造价值的能力。他们讨论了多种可能替代的方法,最后决定用一种包括整个企业组织活动如顾客问题、内部业务流程、员工活动和股东关心的问题的绩效指标计分卡观念。卡普兰和诺顿为这种新工具起名为平衡计分卡,随后,在《哈佛商业评论》发表三篇文章,在第一篇中定义指出"平衡计分卡—驱动绩效的评价指标体系"。

5.3.2　平衡计分卡的概念

平衡计分卡是一个将企业的战略落实到可行的目标、可衡量的指标和目标值上的一个战略实施工具。它能使企业有效地跟踪财务目标,同时关注关键能力的进展,并开发对未来成长有利的无形资产。它促使高层管理人员从财务、客户、内部流程和学习/成长四个角度平衡定义企业的战略;分析它们的相关性及其链接;根据对目标值结果的跟踪分析,尽早发现问题,及时调整战略,目标和目标值;建立战略实施的架构以确定重点。因此,平衡计分卡克服了传统绩效考核以单一财务指标考核的局限,另外兼顾了客户、内部流程、学习/成长三个重要方面,从四个方面观察企业,定义企业的战略,使企业全面平衡地发展。

1. 平衡计分卡的维度和要素

平衡计分卡包括四个维度:财务、客户、内部流程和学习/成长。每一个维度包括目标、绩效指标、目标值和行动计划,如图 5-11 所示。

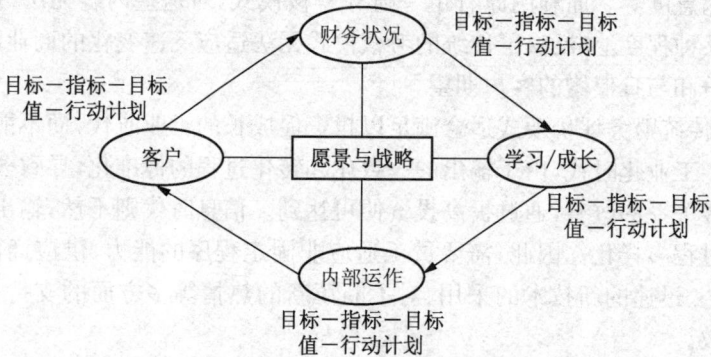

图 5-11　平衡计分卡

1）财务角度

我们要在财务方面取得成功,应向股东们展示什么? 作为实体主体,企业必须以赢利作为生存和发展的基础。而对企业的股东而言,财务目标是最主要的,通常股东们从财务角度来判断企业成功与否。因此企业所有的改善都是为了最终达到预定的财务目标。财务方面是所有目标考核焦点。平衡计分卡体系因果链上的结果上是归于"提高财务绩效"财务一般包括营业额、毛利率、净利润、资产和负债情况,并依次计算各种财务比率。

142

2）客户角度

要实现我们的设想,我们应向客户展示什么?从更广更平衡的角度来考虑企业的战略目标和绩效考核时,一定要非常重视客户角度。因为企业为了获得长远的财务绩效,必须创造出让客户满意的产品和服务。最典型的客户角度通常包括:定义目标市场和扩大关键细分市场的市场份额,其他还可以包括客户满意度以及关注那些能够为企业带来更大利润的客户等。客户角度的目标可以包括市场份额、客户保留率、新客户开发率、客户满意度和赢得关键客户和目标市场的价值定位等。

3）内部流程角度

要想让股东和客户满意我们应该擅长哪些业务过程?这是平衡计分卡突破传统绩效考核的显著特征之一。为了形成组织独特的竞争优势,平衡计分卡从满足股东和客户需要的角度出发,它们能够使企业更加专注于客户的满意度,并通过开发新产品和改善客户服务来提高生产力、效率、产品周期与创新。从价值链上针对内部业务流程进行分析,提出了四种绩效属性:质量导向的考核、基于时间的考核、柔性导向的考核和成本指标考核。

4）学习/成长角度

要想实现设想,我们将如何保持改变和提高能力创造价值?平衡计分卡最大的益处之一,在于它把学习/成长也列为四个角度中的一个,确定了学习/成长的战略重要性。人力资源是企业的第一资源,要把人力资源管理提升到与企业的战略链接起来,注重分析满足需求的能力和现有能力的差距,通过培训,在企业内部提高员工的技能和能力,为其他三个角度绩效的突破提供人才支撑。学习/成长角度的目标包括新产品开发循环期、新产品销售比率、流程改进效率等。

每个维度所包括的目标、绩效指标、目标值和行动方案的主要内容如下:

目标是由企业战略分流出来的关键战略目标。每一个战略目标都包括一个或多个绩效指标。

绩效指标是衡量企业战略目标实现结果的定量或定性的尺度。

目标值是对期望达到的绩效目标的具体定量要求,也称具体的目的。

行动方案和项目类似,它由一系列相关的任务或行动组成,目的是达到每个指标的期望目标值。

卡普兰和诺顿指出平衡计分卡方法最大的益处之一就是把目标、指标、目标值和行动方案联系起来,加上任务这一项,就能确保平衡计分卡落实具体的行动。这里的任务,是指那些对战略执行或方案成功实施具有关键作用的主要任务。

每个角度都应该包括一个或几个目标。每一个目标,都要设定主要一个或几个绩效指标。每一个指标都必须明确它的目标值。行动方案指的是为实现目标和达到目标值而单独设计的行动项目计划。它包括:确立关键任务,跟踪关键任务的进行,以确保行动方案的有效实施。所有这些都是与战略相链接的,如图 5-12 所示。

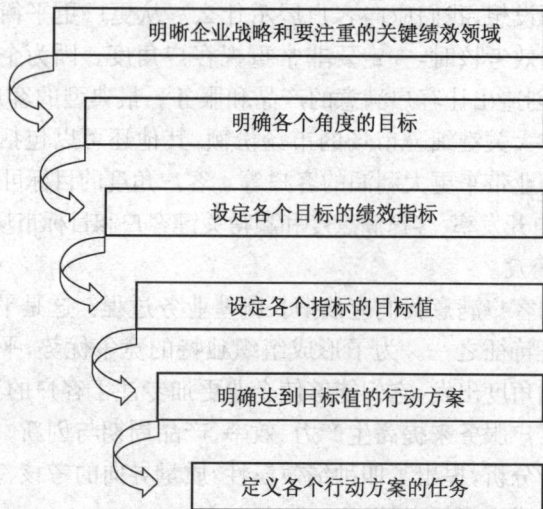

```
┌────────────────────────────────────┐
│     明晰企业战略和要注重的关键绩效领域        │
└────────────────────────────────────┘
        ↓
   ┌────────────────────────────────────┐
   │          明确各个角度的目标               │
   └────────────────────────────────────┘
           ↓
      ┌────────────────────────────────────┐
      │        设定各个目标的绩效指标            │
      └────────────────────────────────────┘
              ↓
         ┌────────────────────────────────────┐
         │        设定各个指标的目标值            │
         └────────────────────────────────────┘
                 ↓
            ┌────────────────────────────────────┐
            │       明确达到目标值的行动方案          │
            └────────────────────────────────────┘
                    ↓
               ┌────────────────────────────────────┐
               │        定义各个行动方案的任务          │
               └────────────────────────────────────┘
```

图 5-12　链接战略与任务

虽然平衡计分卡从财务、客户、内部流程及学习/成长四个相对独立的角度系统地对企业的经营绩效进行考核,但这四个考核维度之间具有内在的逻辑关系,包括结果和驱动指标、财务和非财务指标、内部和外部指标、短期指标和长期指标,并揭示每个指标之间的因果联系,指明非财务指标是如何影响长期财务目标的。例如,在财务方面,为了获得较高的投资回报率,我们必须得到较高的客户满意度。如何才能得到较高的客户满意度呢? 在客户方面,我们要努力做到提高准时交付率;在内部流程方面,一要保证产品质量,二要控制生产周期,实现敏捷生产;在学习和成长方面,我们要做到不断提高员工技能,只有高水平的员工才能创造出高水准的绩效。

2. 平衡计分卡的功能

平衡计分卡之所以受到较广泛关注和应用,是因为它具备多方面的功能,能够满足企业多方面的需要。

(1)平衡计分卡采用了衡量企业未来绩效的驱动因素的方法,具有战略管理的功能。平衡计分卡可作为核心战略管理的衡量系统,完成对关键过程的有效控制和资源的优化配置,并且把企业的战略或使命转化为具体的目标和评估指标。

(2)平衡计分卡表明了源于战略的一系列因果关系,把部门目标、个人目标与战略目标相联系,把战略目标与长期具体目标和年度预算相衔接,发展和强化了战略管理系统。

(3)对于不同的企业和企业发展的不同阶段,平衡计分卡可以发挥不同的功能。例如：利用平衡计分卡实现传统组织与新战略的衔接、作为实施组织战略的工具、作为企业目标体系建设和绩效控制、衡量的系统手段，作为企业的核心管理系统，以完成重要的管理过程等。

（4）对企业变革的有效推动。在变革中，通过平衡计分卡可以有效处理组织内部、外部各种变量的相互关系，保证组织系统变革过程中的均衡性。

（5）平衡计分卡具有激励功能，它主要反映在绩效与报酬的对等承诺关系之中。例如：组织、团队、个人目标的相互关系的一致性而产生的工作意义的内激励；成果与报酬对等承诺关系的建立而产生外激励；过程指导和沟通的激励；对达成成果的奖励如工作的成就感等。

5.3.3 平衡计分卡中的常见指标

作为绩效评估系统的平衡计分卡，包括多源性指标体系，即结果和驱动指标、财务和非财务指标、内部和外部指标、短期指标和长期指标。在为公司设计平衡计分卡指标体系时，应综合考虑协调各种根本不同的战略指标之间的关系，努力使其达到一致的目标，以激励员工按照企业的战略目标及最大利益努力工作，并增强沟通、凝聚组织的作用。

这里，围绕四个维度，就其常见指标体系分列如下。

1. 财务方面指标体系

财务方面指标体系见表5-13。

表 5-13   财务方面指标体系

指　标	内　　容
财务效益状况指标	1. 净资产收益率＝净利润/净资产 2. 总资产报酬率＝净利润/总资产 3. 销售（营业）利润率＝销售利润/销售净收入 4. 成本费用利润率＝利润总额/成本费用总额 （注：成本费用＝销售成本＋销售费用＋管理费用＋财务费用）
资产运营状态指标	1. 总资产周转率＝销售收入/总资产 2. 流动资产周转率＝销售收入/流动资产平均余额×12/累计月数 3. 存货周转率＝销售成本/存货平均值 4. 应收账款周转＝赊销净销售额/应收账款平均值
债务偿还状况指标	1. 资产负债率＝总负债/总资产 2. 流动比率＝流动资产总值/流动负债总值 3. 速动比率＝速动资产/流动负债 4. 现金流动负债率＝现金存款/流动负债 5. 长期资产适合率＝固定资产/固定负债×自有资本

指　标	内　　容
衡量发展能力的指标	1. 销售(营业)增长率＝本年度销售额/上年度销售额 2. 人均销售增长率＝(本年度销售额/本年度员工数)/(上年度销售额/上年度员工数) 3. 人均利润增长率＝(本年度利润/本年度员工数)/(上年度利润/上年度员工数) 4. 总资产增长率＝本年度总资产/上年度总资产
其他财务指标	1. 投资回报率＝资本周转率/销售利润率 2. 资本保值增值率＝期末净资产/期初净资产 3. 社会贡献率＝工资＋利息＋福利保险＋税收＋净利 4. 总资产贡献率＝(利润＋税金＋利息)/平均资产总额×12/累计月数 5. 全员劳动生产率＝工业增加值/员工数×12/累计月数 6. 产品销售率＝销售产值/生产总产值 7. 附加价值率＝附加价值/总产值

2. 客户方面指标体系

客户方面指标体系见表 5-14。

表 5-14　客户方面指标体系

指　标	内　　容
市场占有率(市场份额)	1. 特定产品在目标市场细分中,相对于主要竞争对手的占有率或对整体市场的占有率 2. 第一级顾客占该特定产品业务量的百分比
客户维持率(老顾客续约率)	1. 挽留目标细分中的既有顾客不要流失,即顾客保留率 2. 进一步了解顾客的忠诚度,即衡量既有顾客的业务成长率
新客户开发率(新顾客成长率)	1. 新往来客户数的增长率 2. 新客户的业务增长率
顾客满意度	1. 老顾客续约率 2. 新顾客成长率
产品和服务的属性	1. 时间 a. 迅速和正确的回应以争取新顾客并留住老顾客 b. 缩短新产品或服务上市的前置时间,以满足目标顾客的期望(即掌握顾客新需求至开发新产品或服务速交到顾客手中的时间愈短愈好) 2. 质量 每百万个产品的不良率〈PPM〉 服务保证 3. 价格

指　标	内　容
供应商的目标	1. 批量/仓储/收货/运送/预付资金效益 2. 品质/验货/退回/再验 3. 交期/安全存量/排程变更 4. 顾客获利率 a. 证明自己最能帮顾客赚钱 b. 驱动顾客的满意度、忠诚度、延续率 5. 顾客关系 a. 回应时间、交期、购物经验 b. 建立和维护殷勤待客形象 c. 长期允诺/赋予供应商优先选用资格 6. 形象和商誉

3. 企业内部流程方面指标体系

内部流程方面指标体系见表 5-15。

表 5-15　企业内部流程方面指标体系

指　标	内　容
创新流程—— 新产品开发流程的量度	1. 上市时间 2. 产品初次设计即完全符合规格的比例 3. 产品初次设计至量产的变更设计次数 4. 设计错误造成的损失占营收的比例 5. 用来衡量产品开发周期的效能 6. 新产品从开发到上市,并产生利润偿付开发成本为止,共需的时间 7. 产品开发效率 8. 获利能力:销售利润＞开发成本 9. 时间:抢先推出/加快回收
运营流程—— 衡量流程的品质	1. 每百万个产品的不良率 2. 良品率 3. 废料率 4. 废品率 5. 重作率 6. 退货率 (以制造业为例)
售后服务流程	1. 故障回应速度周期时间 2. 一次成功率 3. 流程效率 4. 瑕疵和退货处理 5. 付款手续 6. 衡量产品或服务速交后到顾客付清尾款的时间

4. 学习/成长方面指标体系

财务方面指标体系见表5-16。

表5-16 学习/成长方面指标体系

指　标	内　容
成果量度	1. 员工满意度 2. 员工留任率 3. 员工生产力 4. 员工的技术改造 5. 职位适任率（人力盘点） 　即符合特定策略职位资格的人数/组织预期需求人数 6. 培训投资率
信息系统的能力	1. 信息系统支援流程的覆盖率 2. 与顾客接触的第一线员工可在线上直接取得顾客信息的比例 3. 信息系统的灵敏度 4. 信息系统更先进
激励/授权/配合度	1. 员工建议的平均次数 2. 建议被采纳的次数 3. 重要流程的实际改进速率

上述所列的常见指标可供企业作参考。不同的企业在具体制定各类指标体系时,应根据企业所处的行业、不同发展阶段、具体的内外部环境,以及企业的发展战略等因素,选择适当的目标和评价指标。例如,企业处于不同的生命周期,其财务目标会有很大的差异,在成长阶段,侧重于销售增长率、市场占有率、新产品服务开发周期;维持阶段,侧重于权益报酬率,销售收入毛利率;在收获阶段,侧重于现金回收率。因此,每个公司的平衡计分卡都应该是量身定做、独一无二的。

5.3.4　平衡计分卡的运作程序与注意问题

从前面对平衡计分卡理论产生及主要内容的分析可知:平衡计分卡是一个战略执行工具,是战略系统、沟通系统和执行系统的三位一体;同时平衡计分卡是一个绩效管理系统,是一个评价指标系统等。从最初作为一个组织绩效衡量方法,进而成为企业整合和沟通的工具,最终成为企业战略管理工具本身。在20世纪90年代初期,对大多数企业而言,平衡计分卡其实就是一个衡量组织绩效的工具,用卡普兰和诺顿的话说就是"The Balanced Scorecard-Measures that Drive Performance"(中文含义:平衡计分卡—是驱动绩效的评价指标体系)。而到20世纪90年代后期,平衡计分卡在实践中则逐步变为战略管理工具,对此,研究者则表述为:"Having

Trouble With Your Strategy? Then Map It"(中文含义:如果你战略有问题,那么请考虑用它)。这些对国内企业的启示在于:当引入平衡计分卡时,必须审视自己的现状和需求,并非每一个企业都适合引入平衡计分卡。

1. 平衡计分卡的运作基本程序

以平衡计分卡为基础建立企业的绩效评估体系,一般需要经由四个基本程序:建立愿景、沟通、业务规划、反馈与学习,如图 5-13 所示。

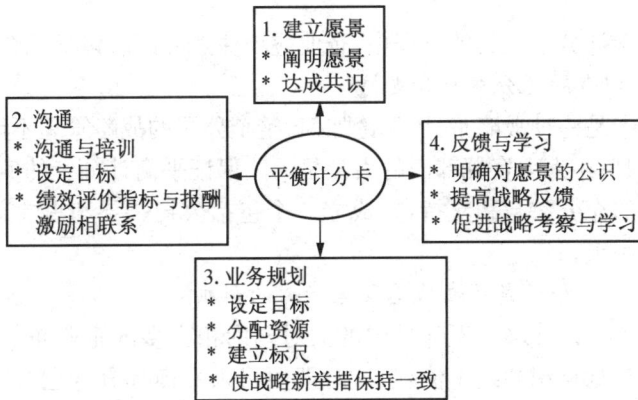

图 5-13　平衡计分卡的四个基本程序

第一个程序是建立愿景。它有助于企业全体成员就组织使命和战略达成共识。应将组织的使命和战略表述成组织中人们共同愿望的景象,变成全体成员衷心共有的一套完整的目标、价值观和测评指标,把大家凝聚在一起。

第二个程序是沟通。它使各级经理能在组织中就战略要求进行上下沟通,并把它与各部门及个人的目标联系起来,引导全体成员从局部综观整体,系统地看问题,确保组织中各个层次的员工都能理解长期战略,短期规划、使部门及个人的目标与企业的总战略目标保持一致。

第三个程序是业务规划。它使企业能实现业务计划与财务计划的一体化。使经理们能以平衡计分卡全面设定的多角度的战略目标为依据分配资源和确定工作优先顺序,有利于采取那些推动长期战略目标实现的新措施,并在工作中有目的地加以协调。

第四个程序是反馈与学习。它赋予企业一项称之为战略性学习的能力,通过工作过程中的反思进行学习。以信息反馈和反思为基础,以平衡计分卡为核心,从四个角度监督短期绩效,并根据结果及时修改,调整战略,将学习融会于工作中。

平衡计分卡把战略置于中心地位,它根据公司的总体战略目标,将之分解为不同的目标,并为之设立具体的绩效考核指标,并通过将员工报酬与测评指标联系起来的办法促使员工采取一切必要的行动去达到这些目标。这就使得公司把长期战略目标和短期行动有机地联系起来,同时它还有助于使公司各个单位的战略与整个管理体系相吻合。因此,可以这样说,平衡计分卡不仅仅是一种测评体系,它还是一种有利于企业取得突破性竞争绩效的战略管理工具,并且它可以进一步作为公司新的战略管理体系的基石。

2. 平衡计分卡运作中需要注意的问题

在导入平衡计分卡工具的过程中,企业应该注意并解决以下几个主要问题。

1)高层管理者的充分参与和支持

平衡计分卡是一种战略工具,无论如何,整个公司的战略管理不能只交给一个职能部门来做,单靠人力资源部门的力量是无法保证平衡计分卡的实施。因此,需要高层管理者的充分参与和支持,并成立一个包括公司领导和重要部门经理在内的平衡计分卡小组。

2)实施平衡计分卡是提高战略管理能力的契机

平衡计分卡是以战略管理为导向的。对国内相当多的企业而言,目前尚未形成战略管理的自觉意识和既定流程,这时即便引入平衡计分卡也会因为组织战略的频繁变化导致平衡计分卡的名存实亡。因此,如果企业要导入平衡计分卡,必须增强企业战略管理能力,并深入思考如何加强战略管理的问题,将实施平衡计分卡当作提高战略管理能力的契机,而不是避重就轻或知难而退。国内企业要认真弥补在战略管理方面与跨国企业的"差距",把它当作企业的"内功"来修炼。

对多数国内企业,实施平衡计分卡最好分两步走:首先在组织或战略层面实施,即创建企业战略管理模式,包括企业战略制定、实施与评估系统。这一系统可以帮助设计企业层面平衡计分卡设计及分公司/部门平衡计分卡等;其次,建立员工绩效管理系统。设计员工绩效管理系统时,以战略为导向,从岗位分析与设计开始,就融入平衡计分卡的概念与方法,将绩效评估、工作回报、员工职业发展、人才评估、梯队计划、反馈与指导等方面有机结合,形成战略性人力资源管理系统,以支撑企业的长远发展。

3)确定不同层面的关键成功因素之间的驱动关系

想让平衡计分卡真正发挥作用,就得像造名表一样设计平衡计分卡,认真分析并建立起各项指标间的推动关系,使各指标间能够相互推动。例如,内部运营面的改善究竟如何提高企业在客户面的表现,这通常需要企业考虑综合运用各种方法如价值链分析法、作业成本法和统计分析法等,通过定性分析和定量分析相结合的方法,明确不同因素之间的驱动关系及其显著程度。假如一家企业准备引入平衡计分卡,它可以先进行流程分析,确定企业的核心流程和辅助流程(或者制造流程和业务流程),明确企业的各增值环节。在此基础上针对流程进行作业成本分析,从而完成对企业生产经营的价值和成本分析。企业可以根据分析结果,结合平衡计分卡的理论框架,较为明确地识别不同层面的关键成功因素及衡量标准。

4)明确不同层面的关键成功因素的构成及衡量标准

如对一家企业而言,其在客户面所要明确的关键成功因素是什么,是企业对客户需求的反应速度还是售后服务。这通常需要通过流程分析和市场调研相结合的方式来进行,藉此明确该层面关键成功因素的构成如结果/过程、先行/滞后、财务/非财务等、衡量标准及其各自所占的权重。此处所谓的权重既包括平衡计分卡不同层面的关键成功因素数量的分布,也包括同一层面不同因素之间的权重。根据BEST PRACTICES 对全球成功实施平衡计分卡的企业统计结果,企业在建立平衡计分卡时,财务面、客户面、内部流程面、学习成长面的关键成功因素所占比重通常为 22%、22%、34%、22%,并且非财务因素应当占到 80%。至于同一层面不同因素所占的权重就需要根据层次分析法来予以确定。

5)建立较完整的基础数据系统

由于目前国内很多公司 IT 系统比较薄弱,很多公司可能只有财务管理系统,而没有实施 ERP(企业资源程序系统)、HRIS(人力资源信息系统)等管理系统,即使实施了上述系统的公司很可能因为使用的不是同一家公司的产品,或上述系统使用的数据库不同,从而为实施平衡计分卡带来问题。

对许多企业而言,导入平衡计分卡的主要数据困难突出表现在财务数据以外的其他三个方面。例如某企业的平衡计分卡中明确了内部流程面的关键成功因素,包括建立快速服务信息、经销商品质、完整的订单等。对此,在平衡计分卡中需要将其转化为目标、衡量指标、目标值、行动计划。以完整的订单为例,其目标就可以包括完成订单的速度、完成订单的准确性、完成订单的成本等。接着,就要确定衡量指标如完成订单时间、完成订单出错率、降低单个订单的成本等。在此基础上,根据决策层目标和行业最佳实践确定相应的目标值,如在未来半年中,将订单完成时间缩短为 3 周,订单出错率降到 2%以下,单个订单的成本降为 30 元。可见,这里需要很多数据包括企业目前完成订单的时间、出错率及成本记录、完成订单的各环节所费时间、成本及有关出错记录、同行业的这些数据记录等。这些数据有些是企业目前的信息系统中所没有的。这就意味着企业在引入平衡计分卡时必须十分重视内部业务信息系统建设,否则平衡计分卡就会成为空中楼阁。

因此,那些关注平衡计分卡但内部数据基础很薄弱的企业,在着手建立企业的平衡计分卡时,就必须同时考虑相关的数据采集,明确企业目前在这方面的瓶颈和改善措施。这样才不会导致平衡计分卡引入后落入缺乏数据来源、发挥不了应有的决策指引和执行指导作用。将平衡计分卡落实到每一个员工身上时,需要不断完善包括各类管理软件在内的数据采集系统。同时企业也要树立正确的认识:企业在初期可能需要容忍平衡计分卡实施中的某些不够完美之处,但要在建立和完善平衡计分卡的过程中,不断完善数据系统,持续改善,终见成效。

6)畅通的沟通

平衡计分卡推崇的是良好的参与气氛和畅通的沟通渠道,否则平衡计分卡所倚重的四个层面的各个关键成功因素及其背后的驱动因素很难被识别出来,更需要在企业内部进行广泛沟通。平衡计分卡是一个战略管理和执行的工具,这意味着企业在引入平衡计分卡时必须结合现状,如果企业目前的压力在于获取短期目标如扩大市场份额、迅速降低成本等等,则这样的企业其实并不适合引入平衡计分卡。

本章小结

本章以 HQ 亚洲公司新总裁 Tom 选择多源评价新方法为引导案例,以此展开对新兴的绩效评价方法的讨论。本章首先分析了 360°的多源评价新方法,着重分析 360°绩效反馈信息来源及其特征,并分析了 360°在实施中的障碍及其克服的途径。然后,讨论了关键绩效指标方法,着重分析关键指标建立的原则、程序和方法。最后,讨论了平衡计分卡,分析平衡计分卡的概念、功能和常见指标体系,并分析平衡计分卡的运作程序及需要注意的问题。

复习与思考

1. 360°绩效反馈的信息来源有哪些? 这些信息来源各有什么特点?
2. 360°绩效反馈在实施中存在哪些障碍? 如何克服这些障碍?
3. 什么是关键绩效指标? 企业中主要有哪些层级的关键绩效指标?
4. 设立关键绩效指标应遵循那些原则和程序?
5. 企业设关键绩效指标的方法有哪些?
6. 如何设立部门和岗位的关键绩效指标?
7. 关键绩效指标与关键成果领域有何联系?
8. 什么是平衡计分卡? 它有哪些主要维度? 维度之间关系如何?
9. 平衡计分卡的功能有哪些? 如何有效发挥平衡计分卡的功能?

第6章 绩效沟通与指导

本章学习要点

1. 绩效沟通的一般技巧。
2. 绩效评估面谈方式与过程。
3. 绩效改进的指导准备与行动。

～～～～～～～～～～～～～～～～～～～～～～～～～～～～～～～～～

案例

盛强公司的员工绩效"闷包"

又到财政年的年末,盛强公司除了忙着做今年的会计决算和来年的财政预算外,经理和员工们又开始了一年一度的被称之为"表演的"绩效考评了。

盛强公司与许多公司相似,人员绩效管理主要反映在绩效考评上。本来,盛强公司管理决策者想通过绩效考评对员工绩效进行区分,以此给予员工合理回报和奖励,调动员工积极性。然而,事实上目前绩效考评结果却并不尽如人意。员工觉得考核结果也未反映出自己的工作实绩,因而满腹牢骚。当然,牢骚归牢骚,填表还需要填的。

盛强公司是一家 IT 行业的民营企业,成立于 1995 年,现有员工 115 人。盛强公司的设备和软件产品主要用于连接计算机网络系统,为用户提供方便快捷的信息传输途径,帮助用户降低成本开销,提高工作效率,有效地缩短用户与其客户、商业伙伴和公司职员之间的距离。

章经理是盛强公司产品研发部的经理,直接管理 15 名技术人员。由于平时项目较多,十来号人看上去工作总是忙忙碌碌,章经理更是觉得每天要做的事情总是满满的。年底考评到了,章经理又将忙于填写 15 份内容相差不多的绩效考核表。由于人事部已经催了很多次了,所以他必须在这个周末之前完成这些表格。否则,下周一又要接到人事经理的催"债"电话了。

这次,章经理灵机一动,想了一个好办法。他把表格发给每位员工,让员工自己在上面打分,然后派人收齐,在上面签上名,再交给人事部。好,问题解决了,纸面上的工作都按人事部要求完成了,人事部也没有不满意。这下,章经理心想,每个人都结束表演回到了"现实的工作"中去。

忙碌一时的绩效考评工作就这样"完成"了。章经理压根儿没想到要与员工还做什么绩效沟通或反馈,公司人事部也没有这项要求。其他部门的经理也都选择了回避绩效沟通。考评结束之后,考评结果的书面材料在人力资源部束之高阁,绩效考评也就变为一种填表游戏,成为一种形式主义的"表演",员工绩效处于"闷包"中。员工不知道组织和上司如何评价自己绩效的,不知道自己在哪些方面做得好、哪些方面做得不够以及怎样改进和提高。

事实上,这种填表游戏在一段时间内仍影响员工情绪。尽管章经理在绩效考评结束后感到卸了一个包袱,但他的员工却很难找到这种感觉。小吴是一位毕业于名牌大学计算机专业的硕士生,进盛强公司研发部工作已近3年,越来越觉得这种考评没有意思,增薪或减薪、晋升或转岗都是在考核中打"闷包"。说是通过考核来体现,但是怎么体现,那只有员工猜测的份了。因此,尽管小吴觉得没意思,但考核结束后的一段时间内心情也不可能平静。老孙则是与小吴不同的心情。老孙其实并不老,40过了点,但该部门的员工大多在30岁左右。老孙当初进盛强公司产品研发部时也很年轻,但岁月如梭,毕竟年龄不饶人。以前年年这样考核,老孙也就糊里糊涂应付过来,没觉什么压力,但随着年龄的增大,反而在意这种形式化的考评,担心这种考核影响自己的奖金和用工期限。

小吴和老孙的想法虽不同,但都引起心理或情绪波动,会影响工作积极性,降低工作效率。如果员工情绪蔓延开来,盛强公司的管理决策者应该反思其绩效考评的作用,绩效考评到底是为了提高员工绩效还是降低员工绩效?如果是为了提高员工绩效,那么公司管理者不仅对绩效考评方式需要进行改进,而且需要上升为绩效管理水平,强调对员工绩效沟通和指导,重视对员工绩效考评结果的反馈。

章首案例表明:如果没有绩效沟通或反馈,就不可能产生有效的绩效考评,更谈不上对绩效的管理。绩效沟通是绩效管理的重要内容。从绩效计划的制订、绩效辅导、绩效评估、绩效反馈和激励,沟通贯穿于绩效管理的每个环节,如图6-1所示。不论是哪一环节的绩效沟通,绩效沟通都履行不断改进员工工作和开发员工的职责。主管与下属在持续的绩效沟通中,增强互动和理解,营造和谐和合作的工作环境,提升工作绩效。

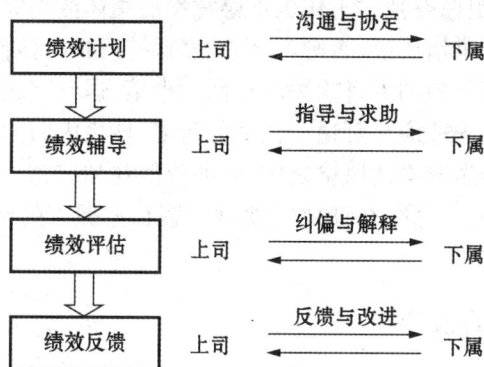

图 6-1　绩效管理中主管—下属间的沟通

6.1　绩效沟通的一般艺术

有效的绩效沟通需要有良好的沟通技巧,管理必须理解如何运用绩效沟通的方式和方法。绩效沟通的一般艺术主要包括:明确绩效沟通的目的与意义、把握沟通风格、发挥谈话的技巧、善于使用和观察"体语"、注意倾听,关注反应和辨别信息等方面。

6.1.1　明确绩效沟通的目的与意义

绩效沟通的目的与意义具体体现在以下几点:

(1)绩效沟通是否对他人有用。如果绩效沟通不能帮助他人得到提高,绩效沟通就失去意义。

(2)绩效沟通是否能帮助他人更清楚地了解自己。为此,绩效沟通强调的是通过谈话方式,而不是居高临下的公布方式。

(3)收益是否大于付出,是否值得进行绩效沟通。建设性的批评对个人、团队或部门甚至整个组织都有好处。

6.1.2　把握沟通风格

每个人与他人交流和沟通时都有自己的风格。对有些人来说,不管在什么场合都喜欢采用一种非常正式的风格,对另一些人来说,则喜欢采用开玩笑的或半真半假的方式。作为管理者,在绩效沟通时应该努力使自己的沟通风格适应具体情景,即反馈的目的、对象和内容。

通常,人的沟通受个人性格影响。性格内向的人,遇到问题宁愿自己解决,也不愿意说出来,他们更愿意独立工作也不愿意参加集体活动。在当面交流时,除非他们觉得有很重要的事情要说,否则,他们大多保持沉默。他们对滔滔不绝的谈话会感到不舒服。性格外向的人喜欢关注外部的事情,遇到问题往往就喜欢讲出来。他们对参加交谈感到很适应和舒适。在他们看来,性格内向的人想得太多了。

除了人的性格会影响沟通风格之外,人的价值观和信念、情绪等因素也在不同程度上影响沟通风格。因此,在绩效反馈时了解和把握人的沟通风格将有助于提高绩效反馈的有效性。

6.1.3 发挥谈话的技巧

绩效反馈是管理者与员工之间人格平等的谈话。在谈话过程中要注意:

(1) 说话速度平稳沉着,避免过快或急促,声音和语调一致。

(2) 避免居高临下或盛气凌人的谈话,采用平等谈话的方式。

(3) 正视和尊重对方的存在。

(4) 不要攻击对方,即使受到攻击也要克制自己。

(5) 不要作出羞辱他人的评论,或使用可能导致情绪反抗或抵触的词汇。

(6) 不要将自己的想法强加于人,如果这样做了,应该及时向对方道歉。

(7) 为对方提供充分的发表意见或看法的机会。

(8) 鼓励员工讲出自己的感受。

(9) 列举具体行为,就事论事。

(10) 不使用含糊其辞或模棱两可的语言。

(11) 充分肯定他人的优点或长处。

(12) 注意聆听。

(13) 不要将反馈变成说教或演说。

(14) 不要一次涉及太多的问题。坚持使问题清楚简单,太多反馈会削弱重点,主次不分、印象模糊。

(15) 注意时刻保持自己良好的心态。

6.1.4 善于使用和观察"体语"

在绩效沟通中,善于使用和观察身体语言(简称"体语"),具有言语无可替代的作用。

在绩效沟通中,善于使用"体语",有时可起到"此时无声胜有声"的效果,增强绩效反馈效果。善于使用的"体语"主要表现在以下几方面:

(1) 使用积极的目光接触。通常,说话人会通过观察听话者的眼睛判断其是否在倾听。因而,与说话人进行积极的目光接触,不仅可以使你集中精力,并可鼓励说话人。

（2）展现赞许性点头和恰当的面部表情。赞许性点头、恰当的面部表情与积极的目光相配合，都能向说话人表明你在认真倾听，都是能够实现有效倾听的非言语信号。

（3）避免分心的举动。在倾听时，注意不要进行如看表、心不在焉地翻阅文件、拿着笔乱写乱画等行为。这是没有集中精力聆听的表现，由此很可能遗漏一些说话者想传递的信息，同时，这些举动也是对说话人的不尊重，使人有话也不想再说下去，欲言却止。

（4）使用适当的动作暗示对方讲话停顿。伸开手掌，或将手置于双方之间，或将目光暂时从对方身上移开，或起身递给对方一杯水等，这些动作可用于在难以让对方停住而又必要让对方停下的时候，能转移对方的吸引力，或给对方以某种暗示。

善于观察对方"体语"，有时能识别接受者的真实内心世界，帮助了解接受者的想法或愿望，促进绩效反馈。人们使用言语可能言行一致，也可能言行不一。言语可真实表达内心世界，也可伪装内心世界，如"口是心非"、"言不由衷"等。然而，"体语"有时作为在非语言沟通中做出无意识的反应，更能真实地反映人的真实的内心想法。

表 6-1 列出的一些"体语"及其可能的基本含义，可在绩效沟通中供参考。

表 6-1 "体语"及其可能的基本含义

序号	体 语	可能的基本含义
1	说话时捂上嘴	说话没把握或撒谎
2	摇晃一只脚	讨厌或不耐烦
3	把铅笔等物放到嘴里	需要更多的信息，焦虑
4	没有眼神的沟通	试图隐瞒什么
5	脚置于朝着门的方向	想准备离开
6	擦眼睛或捏耳朵	疑惑
7	触摸喉部	想要加以重申
8	触摸耳朵	准备打断别人
9	擦鼻子	反对别人所说的话或怀疑他人说话的真实性
10	紧握双手	焦虑或紧张
11	握紧拳头	意志坚决、愤怒

序号	体　语	可能的基本含义
12	手指头指着别人	谴责、惩戒
13	坐在椅子的边缘	随时准备行动或谨慎、胆小、羞涩
14	坐在椅子上往前移	以示赞同或积极主动
15	双臂交叉置于胸前	不乐意或不在乎
16	衬衣钮扣松开,手臂和小腿均不交叉	开放或松散
17	小腿在椅子上晃动	不在乎
18	背着身坐在椅子上	支配性
19	背着双手	优越感
20	脚踝交叉	收回
21	搓手	有所期待
22	手指叩击皮带或裤子	一切在握
23	有意识地清嗓子	轻责、训诫
24	无意识地清嗓子	担心、忧虑
25	双手紧合指向天花板	充满信心和骄傲
26	一只手在上,另一只手在下置于大腿前部	十分自信
27	坐时架二郎腿	舒适、无所虑
28	眨眼过于频繁、说话时掩嘴、用舌头润湿嘴唇、清嗓子、不停地做吞咽动作、冒虚汗和频繁地耸肩	撒谎或不诚实
29	经常性地用手触摸下巴	善于控制自己情绪或较世故
30	手上喜欢不停地摆弄某件物品,如将笔不停地甩来甩去	喜欢我行我素或性格较内向

6.1.5　注意倾听,关注反应和辨别信息

　　绩效沟通是一种双向的交流过程,积极的倾听有助于了解全部信息,相互改善关系,从而解决问题;同时,积极倾听可以鼓励他人,帮助讲话者廓清思想。然而,在现实中,对于许多管理者而言,做一个好听众远比做一个好的演说家要难得多。

　　积极倾听,是对信息进行主动的搜寻,它不同于被动地面对信息和信息传递者。从生理学角度分析,倾听对个体的消耗很大,在倾听过程中,个体必须集中全

部注意力,并对获得的信息进行整理与思考。国外有人分析,正常的语速是每分钟150个词汇,而倾听的接受能力则高达每分钟1000个词汇。巨大的差值使大脑能够有充足的时间进行思考。但即使大多数人都具备倾听的生理基础,也并不是所有的人都是成功的倾听者。

尽管倾听技巧不易掌握,但通过学习与开发,倾听技能能够得到大幅度提高。罗宾斯(S. P. Robbins)和贾奇(T. A. Judge)提出,积极倾听有四项基本要求:专注、移情、接受和对完整性负责的意愿。

专注,即积极倾听者要精力非常集中地听人所言。人的大脑容量能接受的说话速度,是人们一般说话速度的6倍,那么在大脑空闲的时间里,积极的倾听者干什么呢?他应该关闭分散注意力的念头,积极地概括和综合所听到的信息,并留意需反馈的信息内容。

移情,即积极的倾听者要把自己置于说话者的位置,努力理解说话者想表达的含义,而不是自己想理解的意思,要从说话者的角度调整自己的所见所闻,使自己对信息的认知符合说话者本意。

接受,即积极的倾听者要客观地、耐心地倾听说话者的内容,而不应即刻作判断。事实上,说话者所言常常会引起听者分心,尤其是对于所说内容存在不同看法时,聆听者可能在心里阐述自己的看法或反驳所闻之言,这样一来就会漏掉余下的信息。此刻,能否将他人言语听下来,而把自己的判断推迟到说话人的话说完之后,是对积极倾听者的挑战。积极的倾听者应该做到豁达大度、兼收并蓄。

对完整性负责的意愿,积极的倾听者要千方百计地从沟通中获得说话者所要表达的信息。这就要求在倾听内容的同时要倾听情感。尤其是管理者在倾听员工说话时,要有诚意,少摆架子,形成一种相互信任的良好氛围,使员工愿意倾吐肺腑之言。否则,就会可能得不到真实的信息或得不到真实而完整的信息。

在绩效反馈中,积极倾听的同时关注对方的反应。必要时,可采用一套"快速反馈"规则来关注对方的反应。这套规则由5步构成:

第一步:当……发生时,——描述员工行为。

第二步:我觉得……,——说出你的反应。

第三步:因为……,——解释你这样反应的原因。

第四步:我想象的是……,——如果可能,进一步说明你理解员工行为背后的原因。

第五步:我更希望的是……,——建议另一种行为方式。

另外,在绩效反馈的倾听过程中,还需要注意辨别对方的信息。辨别信息要求从总体和细节两方面着手。应该思考的总体性问题主要包括:管理者是否对反馈相关的环境足够了解;是否清楚反馈提供者与接受者的角色;是否明白对对方所起的作用;是否理解各部分之间的关系。细节方面主要注意必要的提问和总结的艺术。提问和总结容易造成的麻烦是限制对方谈话。因此,充分发挥提问和总结的艺术就很重要。提问应尽量使用开放性问题,避免简单使用"是"或"否"来回答的问题;提问尽量是一次提一个问题;提问时,应解释想知道什么以及为什么想知道,或者可以表示对员工的谈话内容很感兴趣,让员工详细叙说所说过的内容;在发现员工欲言又止时,可用提问方式鼓励员工把知道的情况说出来;在员工所讲的内容含糊不清时,可用提问方式要求员工将问题表达清楚。

如果在绩效反馈的倾听过程中,对方所讲的问题比较复杂,就需要停下来与对方一起总结前面所讲的内容,以保证在沟通中取得共识。例如,"让我们看看我是否正确理解了你的意思,你是认为这次销售额提高的原因由于这样几个因素……"。同时,必要的总结也是推动谈话继续围绕主题的有效方式。如果发现员工总是在讲一些细枝末节的事或无关痛痒的问题,可以对员工所说的内容加以总结,然后要求对方谈相关问题。例如,"你讲的问题我已经知道,让我们来谈一下……"

6.2 绩效评估面谈

绩效评估面谈是绩效反馈的一种主要方式或手段。通常,评估面谈是在一年一次的评估结束后进行。它既是对被评估者以往一年的工作表现进行总结性的评估面谈,更是立足于被评估者以后的工作表现进行交流。因此,致力于发掘被评估者内在潜力和开发被评估者的工作技能是绩效评估面谈的根本目的。

6.2.1 绩效评估面谈的主要方式

在实践中,绩效评估面谈有多种方式。不同的管理者因为不同的员工、不同的评估目标及不同的情景,都可能采用不同的绩效评估面谈方式。一般地说,绩效评估面谈主要有告知和推销、告知和聆听、解决问题等三种方式。

1) 告知和推销方式

这种方式是先"告知"后"推销"的形式。即在评估面谈时,管理者向员工告知评估的主要过程和结果,并向员工提出一些建议。与此同时,管理者不仅力图让员工相信评估活动的公正合理,而且还要求员工接受所提出的意见或建议。这种面谈形式实质上是一种单向沟通,员工处于一种被动接受信息的状态,容易形成自卫心理。

2) 告知和聆听方式

这种方式是先"告知"后"聆听"的形式。这种形式较之前一种形式有一定变化。在评估面谈时,管理者向员工告知评估的主要过程和结果的同时,鼓励员工发表对评估的看法,表示愿意倾听员工的意见。这种面谈是一定程度的双向沟通。但由于管理者一开始是一种"告知者"的身份,员工处于被动接受的地位,仍然容易引起自卫心理,尽管管理者告知完后表示愿意倾听员工的意见。有些员工的戒备心理可能难以立即消失。

3)解决问题方式

这种方式是在评估面谈一开始,管理者就以一种与员工共同讨论问题和解决问题的方式展开。管理者鼓励员工回顾在工作中取得的成绩及存在的问题。在讨论中对员工的工作表现作出评价,同时对存在的问题提出解决思路和方法,对以后的工作提出希望。这种方式自始至终是一种双向交流,管理者与员工处于一种平等地位。

每一种评估面谈都有其不同特点,适合于不同的情景。事实上,三种评估面谈方式,很难有好坏之分,只有在具体的情景下有合适与不合适之分。例如,对那些不适合目前工作的员工,组织计划对他或她进行转岗或解聘,那么,告知和推销方式大多是合适的。如果是一个工作成熟度和积极性都很高、工作表现又突出的员工,采用告知和聆听方式则是合适的。员工在管理者告知完后,一般会积极配合管理者,坦诚地说出自己的想法或观点,与管理者进行双向交流。问题解决方式一般适合于从事工作较复杂的知识型员工。知识型员工参与欲较强,认知和理解都较强,管理者采用这种方式,知识型员工比较乐于接受。

6.2.2 绩效评估面谈的原则

由于组织内存在岗位分工的不同和专业化程度的差异,因此,在管理者与员工之间存在信息不对称的情形。为了提高绩效评估面谈的有效性,管理者与员工进行面谈时应该遵循有关重要原则,即另一种含义的 SMART 原则。这种 SMART 原则不同于前面目标设立和管理所述的 SMART 原则。这里所讲的 SMART 原则的内涵如下:

S——Specific。面谈交流要直接而具体,不能作泛泛的、抽象的、一般性评价。对于管理者来说无论是赞扬还是批评,都应有具体、客观的结果或事实、数据来支持,使员工明白哪些地方做得好,差距与缺点在哪里。既有说服力又让员工明白管理者对自己的关注。如果员工对绩效评估有不满或质疑的地方,向主管进行申辩或解释,也需要有具体客观的事实作基础。这样只有信息传递双方交流的是具体可分别的事实,每一方所作出的选择对另一方才算是公平的,评估与反馈才是有效的。

M——motivated。面谈是一种双向的沟通,为了获得对方的真实想法,主管应当鼓励员工多说话。受到鼓励的员工才可能充分表达自己的观点。因为思维习惯的定向性,管理者似乎常常处于发话、下指令的角色,员工是在被动地接受;有时管理者得到的信息不一定就是真实情况,对下属意见的表达,管理者不应随意打断与压制;对员工好的建议应充分肯定,也要承认自己有待改进的地方,共同制定双方改进和发展的目标。

A——actual。绩效反馈面谈中涉及到的是工作绩效,是工作的实际表现,员工是怎么做的,采取了哪些行动与措施,效果如何,而不应讨论员工个人的个性或其他方面。员工的优点与不足都是在工作履行中体现出来的。个性等特点本身没有优劣好坏之分,不应作为评估绩效的依据,对于关键性的影响绩效的个性特征需要指出来,必须是出于真诚的关注员工与发展的考虑,且不应将它作为指责的焦点。

R——reasonable。反馈面谈需要指出员工不足之处,但不是一味指责,而应立足于帮助员工改进不足之处,共同分析绩效未达成的原因,并努力给以指导、建议。员工会感觉是合理的和可接受的。如果管理者只是指责和批评,员工出于人的自卫心理,马上会产生抵抗情绪,使得面谈无法继续或者出现攻守相抗的困境。

T——trustful。没有信任,就没有真正的交流,缺乏信任的面谈会使双方都会感到紧张、烦躁,甚至充满冷漠、敌意。双方似乎在演戏,不会放开说话。评估面谈需要管理者与员工建立一种彼此互相信任的氛围,沟通才可能顺利进行,达到理解和共识。管理者应多倾听员工的想法与观点,尊重对方,向员工沟通目标和事实,多站在员工的角度,设身处地为员工着想,勇于当面向员工承认自己的错误与过失,努力赢取员工的理解与信任。

6.2.3 绩效评估面谈过程

绩效评估面谈过程一般分为准备、实施、总结和改进三个阶段。管理者应该掌握相关的操作程序和技能。

1. 绩效评估准备阶段

绩效评估面谈事前需要做好充分的准备,针对员工的绩效考评结果,结合员工的特点,事前要预料到员工可能会对哪些内容有疑问,哪些内容需要向员工作特别的澄清说明,只有每项内容都准备充分了,才可能更好地驾驭整个面谈的局面,使之朝积极的方向发展,而不是陷入尴尬的僵局或面红耳赤的争吵,僵局和争吵都会损坏管理者和员工的关系,不利于以后的工作安排。绩效评估的准备工作主要包括以下几方面:

1) 绩效目标

当初在绩效规划阶段,管理者与员工一起制订的绩效目标,这是管理者和员工共同的承诺,也是组织与员工讨论的结果和共识,是绩效管理整个过程的重要依据,在绩效评估面谈时,它依然是重要的信息来源。因此,一定要把绩效管理目标和标准拿出来,作为谈话的重要内容之一,以备随时参阅。

2）职务说明书

职务说明书作为人力资源管理基础和重要的文件,是绩效评估的基本信息来源。管理活动是个动态的过程,员工的工作有可能在过程当中发生改变,可能增加一些当初制订绩效目标时所未能预料的内容,也有可能一些目标因为某种原因没能组织实施,那么,这时职务说明书作为必要补充发挥其作用。因此,员工的职务说明书也要置于案头以备查阅。

3）绩效考评表

员工的绩效考评表的准备。如果公司采用多元或立体考评,则需要汇总员工的绩效考评表,在绩效评估面谈时,拿出来与员工讨论,并让员工签字认可。

4）员工相关的绩效记录

绩效记录是管理者在平时的管理活动中,跟踪员工绩效目标所发现和记录的内容。这些记录是管理者作绩效评价的重要辅助资料,是事实依据,需要拿出来。这一工作可能是一些管理者的薄弱环节,平时只忙于业务,无暇收集和记录这些资料,也有可能根本忽视了这个环节,如果你到现在还没有开始收集员工的绩效资料,没有建立员工绩效档案,那就需要开始做这个工作,否则在评估面谈时难以向员工充分解释有关考评结论,员工也难以信服或认可所作的评估结论。

5）安排面谈计划

通常一个主管有若干个下属,主管不可能同时面对一群人来面谈,只能一个个单独面谈。因此,必须有一个统筹的安排,包括时间、场所的选择。面谈时间应避开上下班、开会等让人分心的时间段,与员工事先商讨双方都能接受的时间;面谈场所应选择安静、轻松的小会客厅,双方成一定夹角而坐,给员工一种平等、轻松的感觉。在阅读和熟悉所收集的资料和数据的基础上,起草面谈提纲,或者制定一份面谈记录表,见表6-2。并将面谈的主要安排事先告知员工,让员工有一个心理和行动上的准备。面谈是主管和下属两个人共同完成的工作,只有双方都做了充分的准备,面谈的成功才成为可能。

主管绩效评估面谈的设计者和引导者,需要掌握绩效评估面谈的模式和重点。主管既要明确肯定下属的优秀业绩和工作努力等优点,也要重视下属的不良业绩改善和学习成长。后者是绩效得以持续提升的关键。总体上,绩效评估面谈可采用"REPORT"模式进行:

Review:回顾绩效期望及责任;

Encourage:给予工作努力和业绩上的肯定;

Performance：引导下属自我评价个人绩效表现（好/差）；

Obstacles：了解工作瓶颈和影响绩效的根本原因；

Refine：找出可行的改善方法；

Task：达成下一阶段绩效内容与目标共识。

对绩效不好的下属，需要制订绩效改善计划。因此，主管需要事先考虑如何根据员工存在的工作业绩、技能和行为问题，订定明确的、可行的、有期限的、双方认可的改善目标及改进行动方案，以帮助员工改善绩效。

表 6-2　绩效评估面谈记录样例

×××公司年度绩效评估面谈记录表

面谈对象：	岗位：	部门：

第一部分：绩效回顾与讨论

过去一年制定的绩效目标	实际完成的绩效及影响绩效完成的个人因素和环境因素讨论
绩效目标 A 绩效目标 B 绩效目标 C	绩效目标 A 的完成情况及其评价 绩效目标 B 的完成情况及其评价 绩效目标 C 的完成情况及其评价 总体绩效评估：

第二部分：绩效发展与计划

学习需要（改进工作绩效所必需的知识、技能和能力）

行动计划（双方同意或提议的行动以满足上述的学习需要，如培训课程或内容、形式等的提议，并指出哪些行动需要得到高层管理者的批准，如合适，请注明期限）

工作发展的期望（列出面谈对象对自己的工作发展期望）

面谈对象的评议

直接主管的评议

签名 面谈对象： 日期：	签名 直接主管： 日期：	签名 直接主管的上级： 日期：

2. 绩效评估实施阶段

这阶段是评估面谈的实质性阶段。它主要包括:按照面谈绩效目标、评估标准和方法,与员工共同回顾员工的工作表现;说明具体的评分及评分依据;充分肯定成绩和优点;指出不足;提供改进的建议和途径;做好必要的记录;谈话的重点放在具体的工作表现及其结果、以后工作如何做得更好上;谈话首先从双方无异议的话题谈起,然后逐渐进入有异议的内容,相互平等地加以讨论,并留有充分时间让对方陈述、申辩或补充,其间面谈者需认真倾听,并努力与双方达成共识。

在具体的绩效面谈实施中,面谈者还应特别注意以下几点面谈技巧:

(1) 建立轻松愉快的谈话气氛。实行什么样的开场白,往往取决于谈话的对象与情景,设计一个缓冲带,时间不宜太长,可以先谈谈工作以外的其他事,如共同感兴趣的某一场球赛,上下班挤车的情形,孩子的学习等,拉近距离,消除紧张,再进入主题,明确说明这次面谈的主要目的和内容。"好的开始是成功的一半"。

(2) 自始至终双向交流。面谈中主管常犯的错误是喋喋不休,连指责带命令,这样只会使面谈成为只有一个听众的演讲,而没有信息的交流,调查表明即使主管听了员工的谈话也至多只记了对方不足30%的内容,所以主管应尽量撇开自己的偏见,控制情绪,耐心地听取员工讲述并不时地概括或重复对方的谈话内容,鼓励员工继续讲下去,这样往往能更全面地了解员工绩效的实际情况,帮助分析原因。

(3) 巧用"你们"与"我们"。称赞员工多用"你们"、批评时用"我们",如"你们九月份开发的项目,顾客非常感兴趣,董事会也注意到了"、"我们对产品的市场调查还不够,只做到了40%"。这样的沟通方式很容易让人接受,激起员工的兴趣,排除戒备心理,慢慢调动员工的主动性。

(4) 善于给员工下台阶。面谈中,员工有时已清楚自己做得不好,在主管给出了具体的事例与记录后,却不好意思直接承认错误,主管就不要进一步追问,而应设法为对方挽回面子,可以这么说:"我记得以前这一项你们做得相当棒,这次可能是大意了",员工会随口说"是啊,是啊",这样,一方面给员工搭了个"台阶",使其对主管心存感谢,同时又引导员工承认自己的不足,可谓一举两得。

(5) 恰当把握"正面反馈"与"负面反馈"的面谈。通常,员工的绩效表现有正反两个方面,有表现优良、值得鼓励的地方,也有不足需加以改进之处。因此,评估面谈也应该从正反两方面着手,既要鼓励员工发扬优点,也要鞭策员工改进不足。

对于正面反馈,特别要注意三点:

第一,真诚。真诚是面谈的心理基础,不可过于谦逊,更不可夸大其词。要让员工真实地感受管理者确实是满意他的表现,管理者的表扬确实是一种真情流露,而不是"套近乎",或做表面文章。这样,员工才会把管理者的表扬当成激励,在以后的工作中更加努力。员工才会觉得管理者不是什么都表扬,也不是随时随处都表扬,而是在恰当之处表扬,一种真诚的表扬。

第二,具体。在表扬员工和激励员工的时候,一定要具体,要对员工所做的某件事有针对性地具体地加以表扬,而不是笼统地说员工表现很好就完事。比如,员工为了赶一份计划书加了一夜的班,这时你不能仅仅说员工加班很辛苦,表现很好之类的话,而是要把员工做的具体事特别点出,比如:"小王,你加了一夜的班赶计划书,领导对你的敬业精神很赞赏,对计划书的编写很满意。"这样,小王就会感受到不仅加班受到了表扬,而且计划书也获得了通过,受到了赏识,相比较,后面的话可能更会对小王有激励作用。

第三,建设性。正面的反馈要让员工知道他的表现达到或超过了经理的期望,让员工知道他通过他的表现得到了经理的认可,要强化员工的正面表现,使之在以后的工作中不断发扬,继续优秀的表现。同时,要给员工提出一些建设性的期望或意见,以帮助员工获得更大提高和改进。

对于反面的反馈,需要注意以下四点:

第一,描述而不判断。具体描述员工存在的不足,对事不对人,描述而不作判断。管理者不能因为员工的某一点不足,就作出员工如何不行之类的感性判断。通常,人们不喜欢别人评价自己,尤其不好的评价,更会引起员工的反感。然而,有些管理者却喜欢对员工做出判断,并不加思考地说出一些无顾忌的言论,完全不管员工的感受如何。这是容易伤害员工感情的行为。

第二,不指责。客观、准确、不指责地描述员工行为所带来的后果。管理者如果客观、准确地描述了员工的行为所带来的后果,员工自然就会意识到问题的所在,因此,这时不要对员工多加指责,指责只能僵化你与员工之间的关系,对面谈结果无益。

第三,倾听。耐心听取员工本人的看法或解释,即听员工怎么说,听员工怎么想,听员工想怎么做,而不是一味地告诉员工该怎么想,该怎么做。多听少说,有利于管理者从员工那里获得真实详细的信息,从而帮助员工分析问题,探讨问题解决的方法和途径。

第四,制定改进措施。针对员工不好的绩效表现,并不是谈完就算了,而是要如何改进现有绩效。面谈只是绩效改进的基础,最重要的还是后期的改进计划。因此,管理者要与员工探讨下一步的改进措施,与员工共同商定在未来工作中如何加以改进,并形成书面内容,双方签字确认。

(6)智慧应对评估面谈中的对抗反应。成功的评估面谈需要面谈者与面谈对象的双方配合,进行双向交流。但在现实中,面谈者可能有时会遇到面谈对象的不配合、甚至对抗抵触的情形。这种情形尤其发生在与问题员工的评估面谈,或者发生在反馈的是员工工作表现中的消极内容。遇到这种情形,一些主管往往表现为不知所措或者被动应付,对评估面谈产生回避或担忧心理。如何克服这种心理,提高评估面谈技能是绩效管理培训的一个主要内容。这里就一些典型的对抗反应,提出一些智慧应对的做法,见表 6-3。

表 6-3　绩效评估面谈的对抗反应及其应对办法

如果遇到下列情形……	面谈主管应该做……
打守球:阻拦反馈,任凭面谈者一遍又一遍地重复	问些开放性问题 退出:想一想这个问题,明天听反应 如果擅长幽默,则幽默开场 不要陷于僵局 唯一能够控制的就是给予最好的反馈 利用沉默
找托词:不涉主题,侃侃而谈	注意不要卷入托词之中 表示某种同感 说:"我得确认一下我是否理解正在谈的话题" 让托词作为解决问题的部分,循此进入主题
报复:反击信息反馈者	说:"我很愿意听你说,但是,这并不是我们现在要做的事"
打退堂鼓:沮丧、叫喊、情绪反常,以逃避得到反馈	不要有负疚感 问些开放性问题;表示更多的关心和热情 询问发生这种情况的原因
表面接受:应付搪塞,没有行动表现	帮助面谈对象树立优越感 提供结构式面谈 让人知道诚实是很重要的 不要接受没有理由的反应 给予较多的检查性的监督

　　为了能够智慧应对绩效评估面谈中的不配合或对抗反应,管理者应在平时练好自己的"内功",包括管理者的个人素质、管理者的管理风格、管理者对业务的精熟程度、管理者对员工的了解、管理者与员工的关系及对先进的科学管理方法的掌握等。在平时的管理工作中,关心员工,美化和改进员工的工作环境、提升员工的被认可的程度、提升员工的工作技能、改善员工的工作方法及习惯、修正引导员工对待工作的态度、提升员工的需求被满足程度、协助引导员工进行个人职业发展与规划、协调员工之间的配合程度等。在组织或部门内,注重改进组织气氛、人员配置、工作方式、工作的重点及先后顺序、组织或部门的形象及资源等。管理者在平时所练就的这些"内功"都会减少绩效评估中出现的不配合或对抗的现象,有力提

高绩效评估面谈的有效性。

（7）以积极的方式结束面谈。如果面谈中的信任关系出现裂痕，或由于其他意外事情打断，应立即结束面谈，不谈分歧，而肯定员工的工作付出，真诚希望对方工作绩效有提高，并在随后的工作中抽空去鼓励员工，给以应有的关注。如果面谈实现了其目标，主管要尽量采取积极的令人振奋的方式结束，或紧握员工的手，或拍拍对方的肩，语气亲切而诚恳地说："所有的问题都能解决，真令人高兴"，或"辛苦了，好好干吧"，这可以使面谈更加完美。

不管评估面谈以何种方式进行，过去的行为已不能改变，而未来的绩效与发展则是努力的目标。面谈反馈应尽量传递给员工鼓励、振奋的信息，使员工摆脱信息劣势，与主管一道以平等、受尊重的心态制定下一个绩效期的发展目标与可行方案，实现组织目标与员工个人发展，这才是绩效反馈面谈的最大成功。

在面谈结束之后，一定要和员工形成双方认可的备忘录，就面谈结果达成共识，对暂时还有异议没有形成共识的问题，可以和员工约好下次面谈的时间，就专门的问题进行二次面谈。

3. 总结和改进阶段

评估面谈结束后，需要认真汇总所作的必要记录，如评估面谈记录表中的内容；对有强烈不同意见的面谈对象进行仔细的客观分析，制定具体的协调方法或对策，向上级报告或沟通，获得支持和批准；整理有关资料和表格，作为人力资源管理档案。同时，管理者对自己履行的评估工作也进行回顾与思考，保持和发扬做得好的方面，改进存在的不足，不断提高管理水平和能力。

6.3 绩效改进指导

绩效评估面谈一般是对员工一年绩效进行评估的反馈面谈，绩效改进的指导则贯穿于绩效管理整个过程，特别是在绩效促进环节，是对员工绩效目标的跟踪与指导。

管理者是一个指导者（coacher）角色，通过指导（coaching）帮助员工提高绩效和开发职业。因此，良好的指导不应直接告诉员工该去做什么，而是通过指导，主管与员工分享看法，包括员工工作职责的履行情况、绩效目标的努力程度及实现绩效目标所需要的能力和技能情况；通过指导，提供发展员工知识、技能和行为的有效途径或方法，关注员工的绩效目标和发展目标，以取得更好的长期效果，帮助员工实现绩效目标和发展目标。

6.3.1 绩效改进的指导准备

管理者在对员工进行绩效改进的指导之前,需要做好相关准备。

1. 明确需要绩效改进的指导对象

在绩效管理的绩效规划环节,尽管管理者与员工已确立了指导与被指导的事实关系,但与员工进行具体的指导之前,还需要对绩效改进的指导对象进一步明确。作为一个主管,下属员工有绩效好坏之分。绩效好的员工与绩效不佳的员工,其指导方式、内容、投入的时间和精力都有所不同。管理者需要对每个需要指导的员工确立一种"协约",建立一个定期指导和反馈谈话的时间安排,准备一个笔记本用来记录员工的关键行为及对这些行为的看法,以备在必要时直接提供事实反馈。

2. 考虑绩效改进的有关指导问题

在对员工进行绩效改进的指导之前,还需要对一些主要的指导问题及其可行性进行思考和准备,并列成表,以备指导时作必要记录。这些问题主要包括:利用哪些机会对员工进行绩效改进指导? 如何利用这些机会提高员工绩效和开发员工的知识、技能和行为? 观察到的哪些情况对绩效改进指导有帮助? 员工的哪些能力和技能更加值得关注? 如何将员工的绩效改进指导与他们的利益和职业发展联系在一起? 在指导员工取得好的绩效的过程中指导者本人需要克服哪些障碍? 怎样克服这些障碍? 这些问题可列成便于操作的表,见表 6-4。

表 6-4 绩效改进的有关指导问题

说明:在与员工进行正式还是非正式的指导之前,可通过以下主要问题廓清指导的基本思路	
员工姓名:	管理者姓名:
利用哪些机会对员工进行绩效改进指导	
如何利用这些机会提高员工绩效和开发员工的知识、技能和行为	
观察到的哪些情况对绩效改进指导有帮助	
员工的哪些能力和技能更加值得关注	

如何将员工的绩效改进指导与他们的利益和职业发展联系在一起
在指导员工取得好的绩效的过程中,管理者本人需要克服哪些障碍? 怎样克服这些障碍

3. 通过多种适当途径,收集员工绩效的有关数据

对员工绩效改进的指导不是一次两次,而是一个持续过程。因此,管理者需要做一个"有心人",在日常管理中,通过适当途径,收集员工绩效的数据和信息,为员工绩效改进的指导服务。通常,管理者可从以下方面获得必要的信息:

(1) 对照当初建立的职务说明书、绩效规划或行动计划检查员工工作进展,考察员工是否与目标达成相一致。

(2) 回顾这次绩效管理周期开始时制定的绩效目标和标准。

(3) 到工作现场日常观察,与员工进行非正式的沟通和讨论。

(4) 从与员工一起工作的同事那里获得有关信息。

(5) 鼓励员工参加公司组织的 360°或多元信息反馈活动。

(6) 检查工作的产出和结果,以检查其工作质量和数量。

(7) 要求员工提供工作进展报告。

(8) 关注员工服务对象的投诉和满意度。

(9) 汇总与员工定期会谈的有关资料和记录。

6.3.2 绩效改进的指导行动

绩效改进的指导是管理者绩效管理的一个重要职责内容,也是一个动态的、持续性的管理行动。绩效改进的指导贯穿于绩效目标实现过程中,通常有正式成立和非正式两种方式。正式绩效改进的指导大多定期的,有以季度为一周期,也有以月度为一周期。非正式绩效改进的指导是日常性和情景性的。正式绩效改进的指导间隔时间的长短主要取决于工作需要、工作性质和员工工作表现。

1. 绩效改进讨论

绩效改进讨论是一种正式的绩效改进的指导行动。不论是管理者还是员工,双方都应该为讨论做好充分准备。管理者事先需要针对被指导的员工个人具体情况做准备,了解员工当前的绩效状况,准备讨论提纲。

讨论的内容主要包括:根据本季度(月度)的主要计划和目标,讨论员工的工作进展情况;讨论当前影响或阻碍工作目标实现的因素或事件,或者可能影响下一季度(月度)或全年目标达成的因素或事件;讨论下一季度计划做的主要活动和事件。这些讨论的内容需要做必要的记录,通常以绩效改进表的形式保存,其样例见表6-5。记录内容应该得到双方共同认可,以双方签字为准。

表6-5　绩效改进反馈样例

员工姓名:	岗位:
绩效反馈期间:第一季度	地点:
绩效反馈者:	岗位:
本季度的主要计划、目标及实际进展情况	
本季度的主要计划、目标:	结果/成就(本季度主要活动和事件的结果)
当前和可能存在的阻碍因素	
当前影响或阻碍工作目标实现的因素或事件:	可能影响下一季度(月度)或全年目标达成的因素或事件:
下一季度计划做的主要活动和事件:	
员工签名: 日期:	绩效反馈者: 日期:

在绩效改进的指导讨论中,围绕讨论的内容,反馈者应该重点注意以下几点:

(1) 陈述讨论的目的和重要性。

(2) 从前一个季度的目标、任务和责任开始,征求员工的意见,询问员工对前一阶段目标完成的看法,以及怎样才可能提高员工的绩效。

(3) 对员工的每个观点予以反馈,从管理者角度陈述帮助员工提高现有绩效的计划或行动。

(4) 询问员工对下一阶段的工作目标和计划,对员工的计划予以反馈和分析,给予指导,与员工获得共识。

(5) 总结要采取的行动,确定下次讨论的时间。

(6) 表达对员工的信心并给予支持。

2. 适时积极表扬员工

适时积极表扬员工是一种正强化的绩效改进的指导行动。真诚的表扬能带来持久的激励效果。当员工感到自己和所从事的工作受到管理者的重视和赞赏时，他们会在工作中表现得更出色。

积极表扬员工往往是一种日常性和情景性的，更具有非正式的指导作用。以下几种情景适合积极表扬员工：

(1) 一贯能够完成绩效目标。

(2) 一贯能够出色地完成日常目标。

(3) 正在学习从事新的工作或任务。

(4) 在短时间内明显提高绩效水平。

(5) 成功实现某一具体绩效目标或完成一项艰巨任务。

(6) 在实现一个复杂或长期的绩效目标中取得突破性的进展。

(7) 出色表现出某种能力。

真诚、具体的表扬有助于提高员工的信心和自尊，并导致员工重复产生好的绩效，同时也能帮助管理者与员工建立相互信任的关系。积极表扬员工的管理者会得到员工更多的合作、更高的生产率，更少出现抵触情绪的员工。

总之，有效的绩效改进反馈具有以下一些特征：

(1) 及时而不拖延。

(2) 抓住关键，不在微不足道的问题上吹毛求疵。

(3) 反馈始终是双向的沟通。

(4) 描述而不是评判员工的行为。

(5) 反馈的是具体的行为和事件，不是泛泛而谈。

(6) 关注问题的解决与未来绩效的提高。

(7) 帮助和发展导向。合格的员工善于不断提高自己的技能。每个员工都从定期的日常指导中获益。

(8) 平衡：既充分表扬工作表现出色的员工，也不忽略员工工作存在的不足或问题。

有效的绩效改进指导是实施绩效管理的重要内容。管理者要学会做指导者或教练。教练是指导员工具备处理危机和实现成就的正确意识和方法，提供条件和工具，以达到绩效。有了绩效改进指导，有了定期的交流和反馈，到年底员工就不会再吃惊，而心服口服。由于绩效改进反馈能帮助员工搞清楚他们应该做什么和怎样做，因此，员工能够了解自己的权利大小及自身价值。员工会因为对工作及工作职责有更好的理解而受益，他们会从管理者的绩效改进反馈中受益，而主动投入

172

创造价值的工作中,而不认为他只是在为企业工作,或被动受管理者管理。

本章小结

  本章以盛强公司的员工绩效"闷包"为引导案例,以此说明绩效沟通和指导的重要性。在绩效管理中,绩效沟通和指导环节能充分体现绩效管理的过程性和开发性的特点。本章首先讨论了绩效沟通的一般技巧,这也是绩效评估结果反馈环节和绩效指导环节的基础。然后,侧重分析了绩效评估面谈的主要方式与过程。最后,讨论了如何进行绩效改进的指导,侧重分析了绩效改进的指导准备和指导行动。

复习与思考

1. 绩效沟通的一般技巧有哪些?
2. 绩效评估面谈主要方式有哪些?
3. 绩效评估面谈应遵循的原则是什么?
4. 绩效评估面谈作为一项过程性活动,主要有哪些阶段构成? 每个阶段主要包括哪些内容?
5. 绩效评估面谈的主要技巧有哪些?
6. 在实施绩效改进的指导工作之前需做哪些准备?
7. 绩效改进的指导行动主要有哪些?

第7章 绩效管理培训

本章学习要点

1. 绩效管理培训需求分析模式与主要方法。
2. 绩效管理培训目标。
3. 绩效管理培训主要内容与方法。
4. 绩效管理的实施与评估。

案例

荣耀有限公司的绩效管理体系为何走样

荣耀有限公司是一家国有商贸企业,部门设置主要包括营销、仓储、人事、财会等部门,员工为 400 多人。为了提高人力资源管理水平,向管理要效益,2001 年 10 月份,公司聘请慧倾人力资源咨询公司设计绩效管理体系。在慧倾咨询公司和公司人事部的共同努力下,当年 12 月上旬设计和引进一个较科学规范的绩效管理系统。该系统包括职务说明书、绩效目标管理卡、绩效评估流程、绩效评估结果应用和员工发展四部分。然而该系统在实施过程中,却遇到了不少问题,与公司所预计的目标有较大距离。

一些管理者反映,虽然觉得绩效管理系统设计得科学和规范,但不知道如何对员工进行迅速而有效的绩效管理,特别反映在对员工绩效评估部分。例如,营销部的郝经理有一件麻烦事,就是对员工肖雷的评估。郝经理明明知道他很好地完成了一年的指标,超过了其他许多人,心里很想给他高分,但是他又不敢给高分。因为,肖雷这个人喜欢我行我素,人际关系很不怎么样,部门内和外的许多人都说他不行。如果给他高分,郝经理担心自己在别人眼里成为另类了。他想来想去,还是将肖雷的分给拉下来了。没想到肖雷知道了自己的评估结果后向公司人事部投诉郝经理,讲他绩效评估不公平、不公正。

另有一些管理者则认为考核过程繁琐,耽误很多工作时间。绩效评估指标包括结果指标和过程指标两类,结果指标主要是可量化评价的指标,相对易操作,过

174

程指标中包含员工不可量化的工作过程指标(履职情况)以及工作态度和能力。在实际考核运行中,那些不可量化的指标,如态度和能力,尽管评分等级的标准已相对较为明晰,但是管理者的实际打分结果却差别不大——绝大多数员工得分均为中间分3分,只有那些有明显工作失误或人际关系不好的个别员工得1分或2分,得5分的也很少。这样的考核结果产生了消极影响。首先,员工认为绩效考核不过是个形式,个人绩效高低与实得奖金关系不大,打击了高绩效员工的积极性,也助长了低绩效员工不求进步的惰性;其次,绝大多数得3分,意味着绝大多数人工作绩效相同,而实际上员工的绩效水平并不一样,部分员工离管理者的期望和行业的标杆还有不小差距。这种随大流的做法混淆了员工自我评价的标准,失去了绩效提升和改进的目标和动力。打分结果失去了绩效评价的真实性、有效性。

绩效考评刚完成,一些被考核人以结果不公平为由,直接向人事部申诉,要求公平和公正,搞得人事部经理疲于应付而影响了其他工作。有些员工对绩效评估提出质疑:绩效评估是不是就是繁琐的填表和交表?是不是就是为了找不会搞人际关系或不受领导喜欢的员工的不足与缺陷?

管理者对评估结果的描述和应用的方法简单,与员工又缺少必要的沟通。员工觉得,请来了有水平的咨询公司设计了绩效管理系统,但在实际中,除了一些考核程序、标准、方法等变得复杂外,许多管理者的具体做法和态度并没有什么实质性变化。员工认为公司的员工绩效管理其实是一种换汤不换药。

荣耀公司花了钱,请了咨询公司帮助设计了适合公司的绩效管理系统,但为什么没能达到预期的效果呢?

一个绩效管理系统在企业人力资源管理实践中能否成功,有两个关键环节:一是开发和设计,这决定了系统本身的科学性和适用性;二是实施和执行过程。这两个环节决定了科学适用的管理系统能否真正发挥其作用。应该说,荣耀公司的绩效管理系统本身并不存在什么问题,主要原因在于该系统的实施和执行过程,相关人员包括部分管理者和员工对系统本身目的和意义认识不足,不少承担绩效管理职责的管理者对绩效管理特别是绩效评估的方法和技能的欠缺,由此导致咨询公司设计的绩效管理体系在实施中变了样。

章首案例表明:如何将适合于公司的绩效管理系统真正发挥起作用,有关绩效管理的培训提到重要的议程上。

7.1 绩效管理培训需求分析

绩效管理培训是绩效管理体系实施中的一个重要环节。由于在我国许多企业中,这一环节常被忽略,或者即使一些企业开始重视绩效管理培训,但往往在培训程序和方法上存在不足。为此,本书将绩效管理培训专门作为一章进行讨论。

绩效管理培训既是绩效管理内容,又是人力资源管理中的专项培训之一。组织和实施绩效管理培训需要了解一般培训管理系统,并掌握一般培训管理的方法和技术。根据企业实际需要,制定合适的绩效管理培训计划。绩效管理培训需求分析是绩效管理培训计划制定的基本依据,也是绩效管理培训活动的首要环节。

在章首案例中,荣耀公司聘请咨询公司设计了绩效管理系统,而未对相关人员进行必要的培训。那些进行了绩效管理培训的企业又是怎样进行培训的? 让我们看两篇简要新闻报道,然后作些思考。

报道1:

近日,某地区电信分公司在全体员工中开展BPR流程实施及分公司修订后的绩效考核指标培训。该分公司为加强内部管理,不断提高服务质量,在学习、实施BPR流程的过程中不断加强与员工的沟通,广泛征求意见,逐步修订和完善绩效考核办法,真正体现业绩与薪酬挂钩。目前,新的绩效考核办法已下发到各部门、班组及个人,并通过职工大会进行讲解培训。重新修订后的绩效考核办法加大了对员工的考核力度,对不同岗位、级别通过不同的标准进行考核,拉大了差距,并为以后的竞争上岗、年终评优提供了可靠的依据。

报道2:

为了进一步推进华尔集团人力资源法规建设,集团人力资源课题组于11月16日,邀请高昂咨询公司曲博士在公司一间会议室成功举办了"华尔集团岗位评估与绩效评估培训班",为期2天。集团全体董事会成员、总助以上干部和相关部门负责人及人力资源法规课题组成员近100余人参加了培训。在培训班上,曲博士结合其多年的咨询经验,对人力资源管理体系进行了系统的讲解,并将"岗位评估与绩效评估"的设计作为课程的重点,突出了课程的操作性。企业为什么进行"岗位评估和绩效评估"? 曲博士首先指出当企业的使命与战略方向明确后,企业必须通过战略规划,明确企业中长期战略目标,明确实现战略目标的成功关键因素,包括所需资源及如何获得所需资源,同时还必须明确通过什么指标来反映和评价企业战略的完成情况。为此,企业必须形成一套使战略落地的人力资源管理模式。其中,岗位分析和评估是企业人力资源管理的基础性工作,其目的是明确企业各岗位的核心职能,对各岗位进行正确的工作分析,制订出规范化的岗位说明书,从而进行正确的岗位评估,保证企业的高效有序进行;绩效管理是企业人力资源管理的核心内容,一套好的绩效评估制度,能够正确衡量企业员工的贡献,激发员工的工作潜力,不断提升个人绩效,使员工和企业使命紧密相连,从而实现企业利润的最大化。然后,曲博士就如何进行岗位描述、岗位评估、绩效评估以及与薪酬政策之间关系进行了详细的讲解。最后,曲博士就绩效评估中企业关键业绩指标KPI管理

176

与操作流程进行了重点讲解。KPI 可以使部门主管明确部门的主要责任,并以此为基础,明确部门人员的绩效衡量指标。建立明确的切实可行的 KPI 体系,是做好绩效管理的关键。

从这两则报道中可看出,两家公司都意识到绩效管理培训的重要性,并进行不同程度的有关绩效管理培训,同时也存在不同程度的问题。

报道 1 中的某地区电信分公司在广泛征求员工意见的基础上,制定的绩效考核方案的目的是真正体现绩效与薪酬挂钩。新的绩效考核办法是作为文件下达到各部门、班组和个人,同时通过职工大会"全员参加"方式讲解培训。一方面,这家国有的垄断行业企业正在改进其绩效评估方法;另一方面,这家公司的管理改进工作大多停留在表面上。且不知该公司的绩效考核办法是否科学合理,就绩效考核培训来看,只是通过职工大会来讲解培训,与其说是培训,不如说是一个动员会,更谈不上是培训的目的性、程序性和有效性。

报道 2 中的华尔集团的绩效评估培训,相比前一个报道的公司,该公司的绩效评估培训更具针对性和系统性。集团公司为了进行绩效评估,成立了人力资源课题组,组织集团相关管理人员,将人力资源管理专家请来作培训。然而,这种培训仍然是一种通用性的培训,而不是针对华尔集团绩效管理个案情况的培训,即不是一种咨询式的培训。同时,这种培训仍然停留于绩效评估培训,尚未上升到绩效管理系统水平的培训。因此,华尔集团的绩效评估培训仍有不少值得改进之处。

那么,一个企业怎样针对实际需要进行有效的绩效管理培训呢? 这里,我们先从有关绩效管理培训的模式和基本方法开始讨论。

7.1.1 绩效管理培训需求分析模式

绩效管理培训作为组织的一项专项培训,其培训需求分析模式与一般培训需求模式相一致,它涉及人员、工作、组织及其组织所处的环境,其中,组织、工作和人员三个层面的培训需求分析构成此系统的主体部分。

1. 组织层面的绩效管理培训需求分析

绩效管理培训需求的组织分析依据组织目标、结构、文化和价值观、政策等因素,分析和找出组织绩效管理中存在的问题与问题产生的根源,以确定绩效管理培训是否能解决这类问题,确定在整个组织层面需要进行哪些相关人员和内容的培训。因此,绩效管理培训需求的组织分析涉及到影响绩效管理培训计划的有关组织的各个方面,包括对组织目标和绩效管理目标的检验、组织资源的评估、组织特征的分析以及环境影响作用的分析等方面。具体而言,组织分析主要包括以下几方面内容:

1) 组织目标与绩效管理目标

明确的组织目标和绩效管理目标既对组织发展起重要作用,也对绩效管理培训计划的制定与执行起决定性作用。组织目标和绩效管理目标的分析主要围绕组织目标和绩效管理目标的达成是否需要培训展开和支持。

2) 组织资源

如果没有明确可被利用的人力、物力和财力资源,就难以确立绩效管理培训目标。组织资源分析包括对组织的资金、时间、人力等资源的分析。资金是指组织所能提供的经费,它将影响培训的宽度和深度。时间,对一个组织而言就是金钱,绩效管理培训需要相应时间的保证。如果时间紧迫或安排不当,则会影响培训效果。人力则是决定培训是否可行和有效的另一关键因素。组织中是否具备可胜任的绩效管理培训师,现有的管理者的能力、知识和素质如何。

3) 组织特征

组织特征对绩效管理培训的成功与否也起重要的影响作用。因为,当绩效管理培训计划和组织的价值观不一致时,培训的效果则很难保证。员工的工作精神、工作态度,对公司的向心力以及对企业文化的理解和接受程度等都对组织目标和绩效管理目标的达成有重要影响。尽管这些因素在设计和开发绩效管理体系时可能得到分析,但在绩效管理培训需求分析时仍需要进行回顾和分析。组织特征分析主要是对组织的系统结构、文化、信息沟通情况的了解,以判断这些因素是否适应和支持绩效管理培训,是否存在障碍因素而需要解决的问题。

2. 工作层面的绩效管理培训需求分析

这主要是针对管理者的工作岗位职责和要求的分析。任何一个管理岗位,除了有本岗位的业务工作职责外,同时还有对人管理的职责。例如,一个销售经理岗位,除了负责销售产品、客户服务管理、扩大产品市场占有率等业务职责外,还负有对本部门销售人员的聘用选拔、绩效考核、工作指导等管理职责。不同的管理岗位,所承担的人员管理的责任和权限不同,要求的胜任能力和资格也不同。此外,人力资源职能管理岗位的管理人员,除了与直线管理岗位承担相似的人员管理职责外,还具有对公司整个人力资源管理系统运行的相关职责,如公司人力资源管理系统的程序开发、政策研究和建议、为直线管理人员提供咨询、建议和支持等职责。不同公司、不同发展阶段、不同层面的人力资源职能管理岗位,其职责、要求和胜任能力都不相同。

绩效管理培训需求的工作分析是通过查阅工作说明书或具体分析完成某一工作所需要的技能,了解管理者有效完成该项工作必需具备的条件,找出差距,确定绩效管理培训需求。绩效管理培训需求的工作分析的目的在于了解与绩效管理有关的工作内容和标准,以及胜任工作所应具备的知识和技能。这就需要从公司整体发展需要和绩效管理目标角度,分析工作层面的绩效管理培训需求。公司的发展壮大,对各个管理者的要求不是一成不变的。公司发展对管理岗位工作的要求,既是绩效管理培训需求分析时需充分考虑的一个重要因素,也是绩效管理培训追求的一个目标。

需要值得说明的是,虽然工作层面的绩效管理培训需求分析主要针对管理岗位,但在一些企业,一些非管理的员工岗位,其工作层面的分析并不仅仅局限于岗位职责分析,而是扩展工作所在的部门工作要求的分析。例如,F公司研发部专业技术岗位,尽管研发专业技术岗位说明书没有规定考核同级同事或提供服务者的职责,但F公司考虑研发部门专业技术岗位在公司发展中的重要地位和更好地激励研发专业技术人员的自主性和积极性,同时也为了促进研发部管理人员的能力提高,规定研发部专业技术岗位提供有关人员的绩效评估信息。也许,在H公司,像F公司研发部专业技术岗位的现象扩大到多个部门乃至整个公司的岗位,在每个部门都规定这样的做法。因此,这种工作层面的绩效管理培训需求分析就扩展到部门层面。

3. 人员层面的绩效管理培训需求分析

绩效管理是管理者和员工共同参与完成的事情。管理者需要承担绩效评估者的角色,但并不意味着:在现实中,每个管理者都胜任绩效评估者的职责。在许多企业中,那些没有接受有关绩效管理培训的管理者是凭经验或自我感觉评估其员工。作为被评估者的员工,在不同的企业、不同的岗位,参与绩效评估的程度不同,承担的职责也不同。在一些企业,从事较复杂工作的知识型员工,在被评估的同时也需要对自己进行评估。在采用多元信息反馈或称为360°信息反馈评价的企业中,部分员工不仅是自己绩效的评估者,还是同级同事、上司绩效的评估者。

人员分析是从绩效管理受训者的角度分析培训需求,通过人员分析确定哪些人需要培训及需要何种培训。人员分析一般分为两类,一类是管理人员分析,这主要对照工作绩效标准,分析管理人员目前人员管理绩效水平及胜任情况,找出管理人员的现状与标准的差距,以确定受训者及其培训内容和培训后需达到的效果。另一类是一般员工分析,这主要是分析作为被评估者的要求和能力,以及同时作为评估者的要求和能力,对照员工的现状,确定需要培训的内容。

可见,绩效管理培训需求的分析贯穿于组织、工作、人员三个不同层面,又相辅相成构成一个有机的系统分析模式,缺少任何一个层面的分析都不能成为有效的分析。绩效管理培训需求分析模式如图7-1所示。

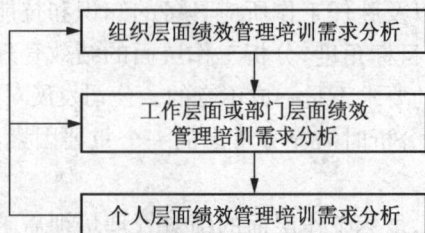

图 7-1　绩效管理培训需求分析模式

7.1.2　绩效管理培训需求分析方法

一般地说，分析培训需求包括两个方面：一是收集培训需求信息，二是整理和分析这些信息，以确定培训需求和目标。由于绩效管理培训是一项专项培训活动，因此，收集的信息相对集中和明确。结合前面分析的绩效管理培训需求分析模式，采用的需求分析方法主要有访谈法、问卷法、关键事件法、经验预计法和基于胜任力分析法等。

1. 访谈法

访谈法是通过与被访谈人进行面对面的交谈，来获取培训需求信息。绩效管理培训需求的分析主要是通过与企业管理层面谈，特别是高层管理者的面谈，因为，绩效管理体系的实施和执行往往是一种管理方法或制度的变化，涉及管理者和员工观念的改变。与高层管理者面谈，不仅能了解组织对绩效管理培训的总的指导方向和准则，还能了解组织通过绩效管理希望达到哪些观念的转变和强化。与一般管理者面谈，既能了解管理者对绩效管理体系的认识，也能了解他们的要求与期望。与一般员工面谈，既了解员工对绩效管理体系的认识，也能了解员工对管理层和组织的要求和看法。访谈法需要一些专门的技巧。在访谈开始前，首先应该明确需要何种信息，然后准备访谈提纲。访谈中提出的问题可以是开放性的，也可以是封闭性的。当然，封闭式的访谈结果比较容易分析，但是，开放式访谈常常发现意外的更能说明问题的事实。访谈可以是结构式的，即以标准模式向所有被访者提出同样的问题。访谈也可以是非结构式的，即针对不同对象提出不同的开放式问题。一般情况下，两种方式相结合，以结构式访谈为主、非结构式访谈为辅。

2. 问卷调查法

问卷调查法是以标准化的问卷形式列出一组问题，要求调查对象就问题进行打分或是非选择。当需要调查的人员较多，并且时间较为紧迫的时候，则可以精心准备一份问卷以信函、传真或直接发放的方式让对方填写,也可以在进行面谈和电话访谈时由自己填写。在进行问卷调查时,问卷的编写尤为重要。在绩效管理培训需求分析中,问卷一般同时面向管理层和员工征求绩效管理培训的需求意见,并了解目前绩效评估中存在的不足或问题。

一份好的问卷通常需要遵循以下步骤:

(1) 列出希望了解的事项清单。

(2) 问卷,一份问卷可以有封闭式的问题和开放式问题组成,两者应视情况各占一定的比例。

(3) 对问卷进行编辑,并最终成文。

(4) 请别人检查问卷,并加以评价。

(5) 在小范围内对问卷进行模拟测试,并对结果进行评估。

(6) 对问卷进行必要的修改。

(7) 实施调查。

运用问卷调查法有其优势也有其不足。其优势主要表现为:

(1) 灵活的形式和广泛的应用面。可以以大范围调查形式面向不同层次的对象收集意见。

(2) 多样的提问方式。如多项选择、填写、简短回答、优先排序等样式。

(3) 自主性。填写者可以随时随地在有时间的情况下完成,而培训部门不必投入大量人力进行控制、解释和管理。

(4) 成本较低。相对于面谈和调研等形式可投入较少的时间、人力和资金。

(5) 便于总结和报告。因为调查问卷的内容简短明确,容易对收集上来的数据进行统计和汇总。

问卷调查法的不足主要表现为:

(1) 缺少个性发挥的空间。因为调查问卷的形式强调的是"面"而不能照顾到每一个回答者的特性。

(2) 要求科学的问卷内容设计和明确的说明。在准备阶段要耗费一定的精力。

(3) 深度不够。因问卷的简明性而不适用于探索深层次的较详尽的原因。

(4) 低返回率的可能性。特别是回答者需要通过邮寄等较麻烦的形式返回问卷,或者当回答者对题目不感兴趣或者设计说明不清晰都可能造成较低的返回率。然而,如果问卷是由公司组织实施,问卷的返回率一般较高,这也就不会存在不足。

通常,访谈法与问卷调查法结合使用,通过访谈来补充或核实调查问卷的内容,讨论填写不清楚的地方,探索较深层次的、较详尽的原因。

3. 关键事件法

在人力资源管理中,关键事件法是一种应用较广的方法。它可以作为绩效评价的方法(请见本书第 4 章中的相关阐述),也可以用于培训需求分析、工作分析等领域。在绩效管理培训需求分析中,关键事件主要指对绩效管理目标和绩效目标实现其关键性积极或消极作用的事件,例如管理者由于绩效评估偏差引起员工强烈不满而投诉的事件、评估指标不合理导致员工积极性降低、生产率下降或人才离职率上升的事件。

关键事件的记录为绩效管理培训需求分析提供了方便而有意义的信息来源。关键事件法要求人力资源管理职能人员记录导致事件发生的原因和背景,相关特别有效或失败的行为,关键行为的后果,以及管理者或员工自己能否支配或控制行为后果等等。关键事件分析时应注意以下两方面:

(1)制定保存重大事件记录的指导原则并建立记录媒体(如,工作日志,事项记录等)。

(2)对记录进行定期的分析,明确员工的能力或知识方面的缺陷以确定培训需求。

4. 经验预计法

绩效管理培训需求有时具有一定规律性,可以凭借丰富的管理经验进行预计。对于预计到的绩效管理培训需求,可在需求发生之前采取对策,这样既避免了当需求临时出现时给绩效管理培训工作带来措手不及的尴尬,又防止了可能发生的某些由于缺乏培训带来的损失。预计绩效管理培训需求一般可通过以下途径:

1)借鉴同行先进的管理经验

借鉴同行业的标杆企业或领先企业的绩效管理经验,分析本企业绩效管理中存在的不足或差距,为企业制定与企业发展战略目标相一致的绩效管理目标,针对不足或差距,分析绩效管理培训的需求。

2)企业组织重组和变革

在企业重组或兼并的过程中,观念的碰撞和磨合,管理机制和方法的改变,其中必然包括绩效管理体系的变革。新的绩效管理体系在新的环境中实施,需要一个适应和接受的环节。为了尽快使管理者和员工适应变化的环境和接受新的绩效管理体系,需要对管理者和相关员工进行必要的培训。

3)改革薪酬管理战略与制度

绩效管理体系的变革与薪酬管理战略和制度的变化有密切关系。通常,公司要改革薪酬管理战略与制度,必然要改革现有的绩效管理体系,以有力支持薪酬管理战略与制度的改革,因此,随之而来的是需要进行绩效管理培训。

5. 基于胜任力的需求分析法

正如本书前面对胜任力概念所做的分析,它指员工胜任某一工作或任务所需要的个体特征,包括个人知识、技能、态度和价值观等。现在许多公司依据经营战略建立组织层面的胜任力模型,为公司员工招聘选拔、培训和开发、绩效考评和报酬管理服务。

基于胜任力的培训需求分析,其主要步骤如下:

1)职位概描(Position Profiling)

将所需要的绩效水平的胜任力分配到职位中,这是行使一个具体工作职能所要求的专业能力,通过职位要求的绩效水平,确定所需的相关胜任能力。职位概描为胜任力识别和分配提供了基础。

2)个人概描(Personal Profiling)

依据职位要求的绩效标准来评估职位任职者个体目前的绩效水平。结合有关数据资料,依据个体绩效现状及重要性排序确定培训需求。个人能力概描提供了员工胜任力的记录。

职位和个人胜任力得到界定后,确定培训需求就变得容易了。同样,组织层面的新的胜任力需要可以与已知的胜任力结构相呼应,并由此可以有效地预测组织范围内的未来培训需求。

在绩效管理培训需求分析中,应用基于胜任力的需求分析将更有针对性。对管理者来说,分析其胜任力构成中对人员管理的能力要求。如果公司中许多管理者对人员绩效评估和管理的能力欠缺,则需要对管理者进行针对性的绩效管理技能和能力的培训。

不同的公司应该根据其绩效目标与绩效管理目标,结合公司的具体情况,选择合适的绩效管理培训需求分析方法,通常可结合考虑选择两种或多种分析方法,以提高绩效管理培训需求分析的有效性,尽可能避免高层管理者"拍脑袋"或由外部咨询公司牵着鼻子走,"没方向"、随大流,缺乏绩效管理培训的针对性和实用性。

7.2 绩效管理培训计划

经过培训需求分析,明确了培训需求之后,即可确定培训计划。绩效管理培训计划既是绩效管理培训需求分析的结果,也是绩效管理培训实施的指导方案。绩效管理培训计划的制定将绩效管理培训目标变为现实。培训计划主要包括设立培训目标、确定培训内容和受训对象、选择和确定培训师、培训方法、培训预算等。

7.2.1 绩效管理培训目标

绩效管理培训目标是依据组织发展目标和绩效管理目标,通过制定合适的绩效管理培训计划,支持和实现绩效管理目标。绩效管理培训目标主要表现为以下几点:

1. 帮助和促使管理者和员工认识、理解和接受绩效管理体系

制度执行,理念先行。先有正确的认识和理解,才有有效的执行。通过培训,让评估人和被评估人真正认识绩效管理的意义、绩效管理指标和标准的含义和目的,促使管理者和员工端正态度、转变观念。通过培训,减少管理者与员工之间的不必要摩擦,让双方明白各自的角色和职责。

2. 培养责任感

绩效管理是一项从公司战略目标着眼,本着提高公司总体绩效为目的,集中于员工个人绩效,对员工绩效和公司总体绩效相联系进行绩效管理的制度。通过绩效管理培训,培养管理者和员工的责任感。这种责任感是有效实施绩效管理的必要条件。

3. 掌握绩效管理的技巧和方法

一个完整的绩效管理系统,涉及多种绩效管理和评估方法,以及相应的绩效管理和评估技巧。通过培训,使管理者能制订出下属的工作职责和工作目标;掌握绩效管理和评估方法、程序和评估标准;掌握绩效评估面谈、绩效管理指导和绩效改进计划技巧;克服和避免绩效管理和评估过程中的主观偏差。

7.2.2 绩效管理培训的主要内容

根据绩效管理培训目标,绩效管理培训内容一般包括观念和意识培训、知识和理论培训、技巧和方法培训三类。具体的绩效管理培训内容又因为不同的受训对象而不同。通常受训对象分为管理者与员工两类,在管理者中又分为直线管理者与职能管理者。

1. 绩效管理的观念和意识培训

在绩效管理培训中,观念和意识的转变培训先行。企业实施绩效管理的意义与目的、绩效管理体系的基本内容及操作流程和政策等需要通过宣传、培训的手段,灌输给员工,让员工认识、理解和接受。在我国,虽然企业改革已有 30 余年的历程,但许多企业的人力资源管理观念和水平仍需要提高。一般地说,企业推行一套绩效管理体系,都是对原有绩效考评的一次改革。因此,关于绩效管理的观念和意义的培训就更为重要。这种观念和意义的培训通常是全员性,以绩效管理的动员大会拉开序幕。

2. 绩效管理的知识和理论培训

这一部分内容的培训既系统又有一定的专业深度,一般是针对人力资源职能管理人员进行。这种培训通常需要基于人力资源管理理论系统展开,结合薪酬管理和员工开发的知识和理论,集中于绩效管理,对绩效管理的系统知识和理论进行培训。这种职能性的培训,企业一般都让人力资源管理职能人员参加"外训",即由外面专业培训机构组织的专业人士的培训。如果公司是规模经营的集团公司,培训中心根据需要组织各子公司的人力资源管理职能人员进行培训。

3. 绩效管理的技巧与方法培训

这主要针对直线管理者和员工的实用操作性的培训。直线管理者和员工有各自不同的培训侧重点。直线管理者的培训主要内容见表 7-1,员工的培训主要内容见表 7-2。

表 7-1 直线管理者绩效管理的技能与方法培训主要内容

序号	主　要　内　容
1	如何设置目标与计划工作:包括建立绩效衡量方法,不仅指绩效"好"与"中等"这些机制性的特征,还包括一些激励和相关人际关系的技巧
2	如何管理具体的工作背景:帮助员工找到克服工作障碍的方法
3	如何了解员工的工作岗位胜任力和具体工作行为
4	如何收集绩效信息和衡量员工绩效,克服评估的主观偏差
5	如何提供绩效反馈,接受和回应反馈
6	如何考察和判别员工绩效产生的原因,在员工及员工所处环境两方面进行识别
7	如何考察和跟踪员工绩效,给予绩效指导
8	如何撰写考评评语
9	如何讨论员工发展
10	如何管理员工报酬

表 7-2　员工绩效管理的技能与方法培训主要内容

序号	主　要　内　容
1	如何参与工作目标和个人发展目标的设置
2	如何理解工作中需要的胜任力和特定工作行为
3	如何评价自我绩效
4	如何进行绩效自我管理
5	如何向主管提供绩效反馈
6	如何接受绩效信息和反馈,尤其是接受自己认为不准确的反馈信息时应该怎样做

目前,在我国许多企业中,对管理者的培训在很大程度上着眼于通用性绩效评估的技能与方法,而不是结合企业建立的绩效管理体系进行的针对性、咨询式的绩效管理培训。表 7-3 所示的是这种通用性培训的样例。事实上,企业更需要针对企业实际情况、新的即将要实施的绩效管理体系进行培训,即一种咨询式的培训。参考表 7-1、表 7-2 所示的内容,确定针对性的绩效管理培训内容。

表 7-3　管理者绩效评估培训内容样例

内　容　模　块	要点内容展开
绩效评估定义	
建立良好绩效评估系统的前期准备	• 确立组织的业务目标及其对人力资源管理的要求 • 进行工作分析,确定各项工作的职责和责任 • 选择恰当的方法评价员工的工作绩效 • 对员工传达对其工作绩效的期望 • 建立与工作绩效相关的反馈机制
绩效评估的重要性	• 影响组织的生产率和竞争力 • 作为人力资源管理决策的依据 • 有助于更好地进行员工管理、帮助员工发展
绩效评估的标准	• 绝对标准 • 相对标准 • 客观标准
衡量绩效评估的总原则	• 是否使工作成果最大化 • 是否有助于提高组织效率
绩效评估的主要方法	• 排序法 • 两两比较法 • 强迫分配法 • 量表评价法 • 关键事件法

内 容 模 块	要点内容展开
绩效评估的主要方法	· 混合标准评价法 · 绩效目标评估法
良好适用的评估方法符合的原则	· 最能体现组织目标和评估 · 对员工的工作起到正面引导和激励作用 · 能比较客观地评价员工工作 · 评估方法相对比较节约成本 · 评估方法实用性强,易于执行
绩效评估的操作	· 收集情报 · 上司评估 · 下属评估 · 自我评估
评估中的误差	· 晕轮效应误差 · 近因误差 · 感情效应误差 · 暗示效应误差
减少误差的措施	· 对工作中的每一方面进行评估 · 观察重点应放在被评估人的工作上 · 不要使用概念界定不清的措词 · 一个评估人不要一次评估太多员工 · 对评估人和被评估人都进行必要的培训

7.2.3 绩效管理培训师、受训者和培训时间

绩效管理培训由相关职能部门负责计划和实施。如果公司规模很大,设有专门的培训部或培训中心,则由该部门负责。如果公司规模一般,不专门设立培训部,则由人力资源部负责。培训师可考虑负责开发和设计绩效管理体系、具有较丰富的理论和实践知识的人力资源管理专家担任。绩效管理培训师人选来源包括企业内部资深的人力资源管理专业人员和外部人力资源管理专家。

受训者在前面讨论培训内容时已提及,主要包括直线管理者和员工。在规模较大的组织中,对直线管理者分批进行培训。首先,对直线经理们进行专门培训,然后再由这些直线经理作为培训师或指导者对下面的主管和员工进行培训。

培训时间的长短取决于培训目标和内容而定,通常在 2～3 天之间。

7.2.4 绩效管理培训形式与方法

不同的受训对象和不同的培训内容一般会采用不同的培训形式与方法。绩效

管理培训一般选择脱产的集中研讨会形式。如果是有关绩效管理的观念和意识性培训一般采用讲座法,如果是侧重于绩效管理的技巧和方法的培训,那么用的较多的培训方法是角色扮演和行为示范法。

1. 讲座法(lecture)

它指培训师用语言将他想要传授给受训者的内容表达出来的一种培训方式。在这种培训方法中,受训者是作为信息的被动接受者,培训师与受训者之间的沟通在大多数时候也是一种单向沟通——从培训师到受训者。采用讲座法的培训时间:依据培训目的、内容、对象而定,一般不宜太长;培训地点:宽敞、安静,不易受外界干扰的地方。

采用讲座法进行绩效管理培训,需要注意以下两个环节。

第一,准备环节。这主要包括选择合适的培训师和做好授课前的准备。培训师是演讲法的灵魂人物,培训质量全由他或她把握。培训师必须具有良好的仪表、谈吐、深厚的专业理论功底,能运用所编资料,有授课的经历,有有效组织学员的能力及评价技术,学习能力强。选择合适的教室和布置合适的教室位置,准备讲课内容资料和讲课设备,以及发给学员的讲课资料。

第二,实施环节。这主要包括演讲内容和演讲技巧。在演讲内容实施时,应遵循授课的阶段性,即,开始阶段——阐明培训的大致内容和重点;重点阶段——强调课程的主旨和要点;阐述阶段——举实例印证主旨;重复阶段——归纳或总结讲课内容。应注意的是,此阶段并非一成不变的。培训师应该根据讲课内容和自己一贯的风格来把握实施。为能有效地抓住听课者的注意力,让他们充分理解消化,应打破陈规,灵活自如,创新求变。

为了使演讲充分发挥效果,除了演讲的内容应符合对象外,演讲的技巧也非常重要。演讲技巧主要包括:①培训师的第一印象,包括仪表、着装及音调、音量与语速,给学员积极的暗示;②引出主题的方式,为激发听者的听课兴趣,导入主题的技巧非常重要,一般可采取开门见山直入主题,或以社会热点问题作开场白,或以格言、警句引出问题,或以幽默、笑话的方式引出话题等。不管以何种方式作开场白,都应迅速切入主题,切忌长久游离于主题之外,喧宾夺主;③演讲中保持讲述的条理性,授课内容提纲挈领。授课时讲师要保持清晰的条理,抓住演讲的重点,突破难点。这要求讲师必须在课前做好准备工作,不仅要收集大量的材料,而且要对材料进行归纳整理,找出授课内容的重点;④听觉与视觉结合,在授课中,若只凭声音的技巧来讲授,很容易变得僵硬、单调。因此,最好能用白板、幻灯片等辅助教具,配合自己的表情、手势,达到视觉与听觉的双重效果;⑤身体语言的重要性,讲课中,应注意自己的手势与动作,特别是手势应符合当时的语气与内容,身体姿势切不可单一、僵硬,应尽量放松自然。有时手中拿一小道具是放松的要诀,小小一根激光指示笔也能辅助培训师达到理想的效果。

在采用演讲法培训时,应充分认识它存在的不足。它缺少学员的参与、反馈及与工作环境的密切联系,强调学员的聆听,不大容易激发学员的兴趣或热情,而且由于是单向沟通,培训师难以快速获得学员的理解程度。针对这些不足,在演讲中,培训师应以20分钟为一段落,加强每段的兴奋点,以避免受训者因缺乏参与而导致注意力不集中,同时附加问答、举例等,提供学员参与的机会,提高培训的效果。

2. 角色扮演(role plays)

它是情景模拟培训的一种方式,指在一个模拟的工作环境中,将受训人员扮演其中人物,承担其中角色的工作职责的一种培训方法。通过这种方法,受训者能较快熟悉新的工作环境,了解新的工作业务,掌握必需的工作技能,尽快适应实际工作的要求。角色扮演的关键问题是排除参加者的心理障碍,让参加者意识到角色扮演的重要意义,减轻其心理压力。角色扮演对提高受训者的工作技能或改变工作习惯很有帮助。比如,在绩效管理培训中,让两个受训人员进行绩效评估面谈的角色扮演,一个扮演直接上司,即面谈者角色,另一个扮演员工,即被面谈者,就年底的绩效评估进行反馈。用这种角色扮演来体验如何合理有效地进行绩效评估面谈训练,更容易让受训对象认识到存在的不足,从而改进绩效评估面谈技巧。

3. 行为示范(behavior modeling)

它指通过为受训者观摩行为标准样例或录像和幻灯等,并进行实际操练的一种培训方法。比如可以将绩效规划或指导的具体情景录制成录像,而后提供给受训者观摩并讨论,从中学习有关好的做法和经验或者发现一些应改善的方面或问题。

在国外,近几年来,行为示范培训作为最受欢迎的人际关系和管理技能培训方法被广泛的应用。行为示范培训由四个流程组成:注意、回应、机械重复与激励。简单说来,培训的目的就是让受训者观察一个模式,记住这个模式做了些什么,做这个模式做过的事,并最终在工作中应用他们所学的东西。

国外许多实验研究表明,行为示范能成为一项成功的培训技巧。但最近也有实验研究指出行为示范存在着不少不确定的结果和未验证的假设,特别是有关受训者将培训内容应用于现实环境中的困惑。例如,在一个行为示范效果反馈分析研究中,研究者发现,大多数行为示范受训者认为行为示范培训仅仅依靠受训者的反应与纸上训练标准,并没有评估行为的产出。另外,当行为产出被评估以后,结果也不明显。

一些研究者指出,传统的行为示范可能是这个培训工程中最薄弱的一环。也就是说,现存的示范模式太简单或冗长或不现实。根据学习理论,现存的示范模式系统因缺少变化而对受训者缺乏吸引力。

然而,人际关系和管理技巧的培训要求受训者不是简单的重复培训行为示范模式,而是掌握处理事情的基本观念与规则;明确当某一事件发生时应采取的相关类型的行动。培训的意图是使受训者从模型中提炼出基本的观念并将之应用到相似的环境中去。对于这种类型的行为示范培训的研究表明,受训者行为与可变刺激相关。培训中不变因素可能导致培训效果的不佳。因此,国外学者提出,在人际关系和管理技巧的行为示范模式培训中应增加多样化或可变性,即使用多重相关情景,以提高行为示范培训的有效性。这种多重相关情景可以是正面的例子也可以是反面的例子。正面的例子在传统培训中被广泛使用,是因为它们明确地指出了希望受训者采取的行为。而反面例子虽然没有明确指出希望被训者采取的行为,但明确指出了什么是错误的。正面例子能提供更多的信息并且更容易被接受。但在使用正面例子的同时,巧妙地使用反面例子,不但不会减少正面学习的效果,而且会强化正面例子的印象和记忆。

绩效管理技能作为一种人际关系和管理技能,在绩效管理培训中应用行为示范法时,应注意行为示范法的特点,尽可能发挥其优点,提高其方法的有效性。

7.2.5 绩效管理培训计划过程中的注意事项

在绩效管理培训计划过程中,除了分析和恰当选择前面分析的主要因素外,一些成功企业的绩效管理培训计划活动的经验表明,培训计划的成功还依赖于一些其他因素,归纳起来有以下几点:

1. 寻求获得高阶管理层对绩效管理培训的支持

积极与高阶管理层沟通,赢得高阶管理层对培训的支持至关重要。高层管理层执掌公司的资源,洞悉企业战略发展目标与绩效管理之间的关系,如果绩效管理培训活动与战略发展目标紧密联系,管理层就会全力支持计划的执行并提供所需的资源。

2. 直线管理层对培训计划制定的参与

在制定绩效管理培训计划过程中,应该让直线管理层参与设计培训计划,这一点很重要。直线管理层对绩效管理培训需求与员工的了解,能帮助培训部门更准确地定位绩效管理培训的重点,同时基于直线管理层对培训计划与培训目标的理解,为培训活动的有效开展获得积极的支持。

3. 注意投入与效益产出的分析

绩效管理培训是企业一种投入,包括资金和人员工作时间的投入。企业运营过程中所能运用的资源是有限的,培训部门需要进行绩效管理培训的合理预算,在绩效管理培训活动正式执行前,培训计划需要提交公司管理层,经审批后才可执行。因此,能否充分展现绩效管理培训的效益对培训部门能否得到管理层对培训投入的承诺,起着至关重要的作用。

7.3 绩效管理培训实施与评估

制定的绩效管理培训计划需要付之行动。绩效管理培训计划实施过程是一个动态持续的过程。新的绩效管理体系实施之前,需要对相关管理者和员工进行培训。同时,在绩效管理体系实施过程中,需要不断对新的管理者或新的员工进行培训。培训评估是对培训实施有效性的检验和监控。绩效管理培训虽然不像其他有的培训评估那么复杂,但同样需要进行评估。

7.3.1 绩效管理培训实施

绩效管理培训实施由公司培训部或人力资源部具体负责实施。一般地说,公司在开发和设计绩效管理体系时就成立绩效管理或绩效评估委员会。绩效管理委员会一般由公司总经理、主管人力资源副总、人力资源部经理等构成。绩效管理委员会指导和监督绩效管理培训的实施。

1. 高阶管理层对绩效管理培训的重视和参与

在绩效管理培训实施中,公司高阶管理层起着至关重要的作用。高阶管理层的身先士卒,积极支持和参与绩效管理培训,其影响重大。高阶管理层不需要参与整个绩效管理培训课程,但如果他们花一天半天时间参与绩效管理培训,特别是有关绩效管理的技巧和方法的培训,强调绩效管理的规范化和科学性。这种行为的影响作用比高阶管理层嘴上强调绩效管理如何重要,不知要强多少倍。

高阶管理层可能经常会对下属谈绩效管理如何重要,谈绩效评估的科学性和公平性如何重要,谈通过科学合理的绩效管理调动员工的积极性和提高员工绩效是如何重要。但如果高阶管理层只停留于嘴巴上,自己不带头学习和掌握绩效管理技巧和方法,下属又怎会认真参与组织的培训呢?

2. 解释和说明绩效管理政策和制度

如果绩效管理培训服务于两个目的：即既向管理者和员工介绍新的绩效管理体系、提高他们对新绩效管理体系的认识，又培训管理者和员工相关的技巧和方法。那么，特别在介绍新的绩效管理体系的培训讨论中，受训对象可能会向绩效管理委员会成员提出许多他们不了解又想了解的问题，例如对绩效衡量标准的异议、新的绩效目标改变的原因、新的绩效管理体系与原有的绩效管理体系的差异等。或许受训对象会提出一连串问题。这时，绩效管理委员会成员就需要耐心地向受训对象进行解释和说明，力求使受训对象得到满意的答复，促使绩效管理培训顺利开展。

3. 确保正在实施的绩效管理培训持续成功

一般来说，企业每年都需要进行绩效管理和评估。诚然，新的绩效管理体系实施之前需要培训。一旦新的绩效管理全面实施后，就需要更新和继续绩效管理培训。绩效管理体系第一周期结束后，绩效管理委员会需要对绩效管理活动进行评估和书面总结，并就存在的问题或不足进行原因分析，提出解决对策和方法。在方法和对策中可能就包括对绩效管理培训的改进，因为在绩效管理活动的评估中包含对绩效管理培训效果的检验和评估。

另外，在绩效管理体系第一周期完成后，在第二周期实施以前，如果原有的绩效管理体系改进后，就又需要组织绩效管理培训。同时对新招聘进来或晋升的管理者需要进行绩效管理系统培训。国外很多企业规定：受训对象是遵循自愿参加原则，但对管理者而言，如果没有参加过企业现行绩效管理体系的系统培训，就没有资格当绩效评估者。因此，这种对管理者的"自愿参加"原则也就变成"全员参加"原则。

7.3.2 绩效管理培训评估

绩效管理培训是一项专项培训，具有非常明确的培训目标和现实操作性。"培训后即用"是绩效管理培训的一大特点。由于这一特点，一些企业往往忽视对绩效管理培训效果作专门评估，认为绩效管理培训的效果马上就会通过绩效管理体系的实施效果中反映出来。然而，从理论上看，绩效管理培训作为一项企业组织实施的培训活动，它需要进行规范化的效果评估，同时也是加强绩效管理培训管理、提高绩效管理培训有效性的必要环节。对绩效管理培训评估，同样适合采用柯克帕屈克（Donald L. Kirkpatrick）的评估模型。

1. 柯克帕屈克（Donald L. Kirkpatrick）的评估模型

评估的成功需依赖好的评估模式。一个模式或架构主要提供系统化思考的指导方针并协助有效地解决问题。在培训评估理论中，最著名且最常使用的首推威斯康星大学的柯克帕屈克教授于 1959 年提出的评估四层次模式，也称柯氏四层次培训成效评估模式。四层次评估模式包括学习者反应、知识迁移、行为迁移、组织影响，如图 7-2 所示。

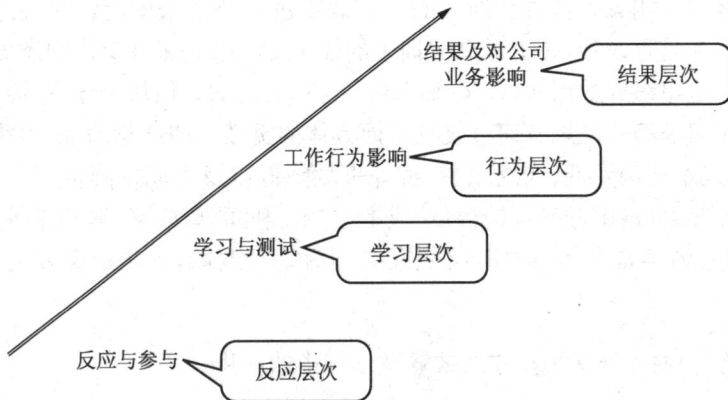

图 7-2　柯克帕屈克评估四层次模式

第一层是学习者反应层次（Reaction Level）。这一水平的评估是在自然状态下对情感的评估，因为无论培训师怎样认真备课，学员只要对某方面不感兴趣，就不会认真学习。因此，培训组织者要针对学员对有关训练方案的内容、设备、培训资料、培训步调以及培训时间长短的感受程度进行评估。观察、问卷、焦点小组访谈可用于评估学习者对培训的反应。这是培训效果测定的最低层次。通常以问卷来测定，可以问以下问题：受训者是否喜欢这次培训？是否认为培训师很出色？是否认为这次培训对自己很有帮助？哪些地方可以进一步改进？

第二层是知识迁移层次（Learning Level）。这一层次的评估是测量参与学习的人实际掌握的知识，其中既有认知的也有技能的。开发这一层次评估比开发学习者行为观察更困难也更耗时，但它对测量是否达到学习目标很重要。学习者知识迁移测验弥补了传统课程和在线课程中使用的传统测试过程。知识迁移测试的类型可以是识别（多项选择）、回忆（填空、简答）、问题解决、短文问题回答、个案研究和实际应用。可以运用书面测试、操作测试、等级情景模拟等方法来测定。主要测定受训者与受训前相比，受训后是否掌握了较多的知识，较多的技能，是否改变了态度。

第三层是行为迁移层次(Behavior Level)。这一层次的评估是为了记录学员是否真正掌握了培训内容并应用到工作中去,针对的是被观察到的可测量的学习者行为改变。学习的实际影响通常不是在传统的学习环境中测量的,而是在培训项目结束后进行认证测试。但这不能完全证明学习者的学习效果,因此,需要在工作中或对学习的实际应用进行测试。一些实践者建议(moore & alvarez,1999)应使用一个控制组或一个目标组的前测与后测。这一层次的评估可以得到全方位的观察,但是必须考虑培训之后有足够的时间进行行为的改变。可以通过上级、同事、下级、客户等相关人员对受训者的工作表现进行评估来测定,主要测定受训者在受训后行为是否改善,是否运用培训中的知识、技能,是否在交往中态度改变等。

第四层是组织成效层次(Results level)这一层次的评估从个体变为组织,主要测定学员对组织经营成果有何直接且正面具体的贡献。如产量增加、效率提高、不良率减少、成本费用降低、抱怨减少、意外事故降低以及离职率降低等。也可以通过事故率、产品合格率、产量、销售量、成本、技术、利润、离职率、迟到率等指标来测定,主要测定内容是个体、群体,组织在受训后是否改善,这是最重要的一种测定层次。

2. 柯克帕屈克评估模型在绩效管理培训中的应用

在绩效管理培训效果评估中,可应用柯克帕屈克四层次模式。首先,在绩效管理培训结束后,可通过问卷形式对受训者进行反应层次的评估。问卷内容侧重于培训目的的理解、培训方法、培训内容、培训师的培训技巧与专业知识和理论、培训组织工作情况、培训收获感受等方面。通过对受训这对绩效管理培训的情感反应,分析和总结绩效管理培训的经验与不足。

在绩效管理培训中,企业可以根据受训者和培训内容的特点,对受训者进行知识迁移,即学习层面的评估。通常,公司对人力资源职能管理人员进行的绩效管理知识、理论和方法的系统培训,公司对直线管理者进行的绩效管理技巧和方法的培训,都可以考虑学习效果的测定,以了解受训对象是否真的学到有关绩效管理的知识、理论或方法。

在绩效管理培训中,行为和结果层次的评估,可通过绩效管理体系的实施监控活动收集相关信息和资料来进行。每次绩效管理体系实施后,企业都会对绩效管理实施效果进行监控和评估,总结绩效管理体系实施的经验和不足,以改进和完善下一周期绩效管理体系的实施。绩效管理培训效果的行为评估,典型的可通过管理者对员工绩效规划、绩效目标设置、绩效指导和反馈等行为表现和技能应用水平方面进行测定,可通过员工对绩效管理的态度转变、对绩效评估的支持和配合表现来评估。在结果层次,典型的可通过员工对管理者绩效评估误差的投诉率来衡量,可通过员工生产率、积极性的提高还是降低等因素来衡量。

诚然,任何培训效果的准确评估都有难度和挑战性,绩效管理培训评估也不例外。评估绩效管理培训效果并不是最终目的,通过绩效管理培训评估不断改进和提高绩效管理培训的有效性才是最终目的。通用电气原总裁杰克·韦尔奇(Jack Welch)认为,详细评估培训带来的收益是非常困难的,与其花大力气计算培训的效益,不如去加大公司对员工培训的投入。通用公司在有必要的情况下使用调查方法进行培训的整编,但是他们强调的重点是培训而不是评估,他们认为培训的回报以各种有形的和无形的结果表现出来,例如增加的顾客满意度、员工职业发展计划等都是培训有价值的最佳证明。因此,通用电气公司对培训评估的看法及其做法,同样对那些进行绩效管理培训评估的公司产生启发。

本章小结

本章以荣耀有限公司的绩效管理体系在实施中走样为引导案例,以此说明绩效管理培训实施的重要性。本章首先分析了绩效管理需求分析模式和主要方法。然后,围绕绩效管理培训计划,分析了绩效管理培训目标、主要内容及可考虑采用的培训方法,并分析指出绩效管理培训计划制定中的主要注意事项。最后,讨论了绩效管理培训的实施和评估。

需要指出的是,由于现实中不少企业的绩效管理培训尚是空白,即使一些企业关注并在一定程度上实施绩效管理培训,正如第一节中的报道所描述的,大多处于简单或粗放型的阶段,因此,本章主要结合较科学的培训理论,依据绩效管理目标和特点,对绩效管理培训作了较系统的理论探讨,以期促进企业绩效管理培训实践的发展。

复习与思考

1. 什么是绩效管理培训需求分析模式?主要包括哪些内容?
2. 绩效管理培训目标主要有哪些?
3. 绩效管理培训内容主要有哪些?
4. 对直线管理者和员工进行绩效管理技能和方法培训方面有何差异?
5. 如何实施绩效管理培训?
6. 如何评价绩效管理培训效果?

第8章 绩效管理的实施与监控

本章学习要点

1. 绩效管理实施的试点与准备。
2. 绩效管理实施的主要步骤。
3. 绩效管理的评估与监督。
4. 绩效评估中政治行为的产生及遏制。
5. 绩效评估中主观偏差的表现与矫正。

案例

望洋公司从绩效考评到绩效管理

望洋公司是一家政府投资的IT公司,成立于1995年,以开发和销售ERP软件为主要业务。公司成立时,员工只有100多人。随着业务的不断发展,员工队伍也迅速扩大,目前已有600多人。

在1999年以前,该公司实行粗放式的绩效评估制度。每年到了年底,人力资源部让员工回顾一下本年度的工作,每人写一份书面总结,然后由部门主管根据员工的工作表现,分优、良、中、差、不合格5个等级,在员工书面总结上打分,并就员工绩效总评签个意见。由于考评标准相当模糊,主管们缺少对员工过去业绩和行为事例的记录,对员工的绩效评价全凭主观判断,因此,大多数主管给员工的评分都是"良"。最后交给人力资源部算是完事。主管们把评估员工绩效看成"交差",员工则不认同主管评价结果。绩效评价只是作为一个发放红包的依据,与员工晋升、调动、加薪似乎没有关系。至于红包的多少,全凭主管所定的考评等级。由于大多数员工都属于"良",也就成为一种变相的吃大锅饭。在分红包的操作中,有的主管是先想好了红包数额,再反过来调整绩效评估中各档的比例,如此,绩效评估也就失去了意义。绩效评估过后,公司老总要求部门主管与员工做一对一的沟通,很多主管采用非正式的谈话方式,将沟通的地方安排在饭桌上或打牌时进行,并没有结合评估就员工的优点和缺点给予明确的反馈信息,也没有传达公司的期望。

196

平时主管们忙于自己的业务,很少有时间了解员工的能力状况,给予针对性的工作指导。绩效考评成了走形式,不仅没有发挥应有的激励作用,还影响了人际关系。

这种方法实行了 3 年多,员工完全不把它当回事了。公司老总看在眼里,急在心里,如此下去,公司如何提升管理水平,促进公司持续发展?！1999 年初,公司老总给人力资源经理下了一道手谕:"产品要创新,管理也要创新。一个月之内,你必须想办法拿着一套先进的绩效管理体系来见我!"

人力资源部胡经理拿着老总的"手谕",简直急得像热锅上的蚂蚁。胡经理心里明白,凭自己现有水平,在这么短时间内拿出一份让老总满意的绩效管理体系,困难很大。引进"外脑",聘请外部人力资源管理专家一起设计公司绩效管理体系是一个可行的方法。胡经理把这想法打成报告,递交老总审批。两天后,老总回复予以认可。

在外请的人力资源管理专家指导下,胡经理与下属加班加点设计了一套新的、被称之为绩效管理系统的方案。

新方案把日常绩效管理列为保证年度目标达成的重要管理和控制步骤。在目标执行过程中,要求主管与下属经常就目标执行情况进行沟通反馈并主动对下属的工作给予支持或辅导。根据目标执行过程中环境的变化,在保证公司总体目标达成的情况下,主管与下属可以对工作目标进行调整。普通员工的工作目标每半年回顾一次,销售人员每季度回顾一次,年终进行总体评估。

新方案中设计的三种评价表既反映了过程与结果评价的平衡,又反映绩效管理的开发导向。这三种评价表分别是:业绩评估表、能力和态度评价表、未来发展建议表。

业绩评估表列出了员工的年度工作项目、每项工作所占的权重、完成该项工作所需要的资源和前提条件、完成时间、关键保证措施。在年初,根据 SMART 原则(即明确的、可衡量的、可达到的、与总目标相关的以及有时间限制的)设计个人目标,在考核期内,主管对下属的目标完成情况进行打分。年底通过加权平均,计算出总的得分,然后归入相应的总评档次(分为五档:优秀、良好、可接受、需改进、不可接受)。业绩评估结果与调薪比例相挂钩。

能力和态度评价表不仅列出了公司所要求的核心能力,即公司要求所有岗位都需具备的胜任力,还列出了具体岗位所要求的能力和态度。同时,公司对这些能力和态度给出了明确的定义,并列举出了具体的能力行为指标作为评估标准和例子。员工对照自己的岗位要求,先进行自我评价。然后,需要上级、同级同事、服务客户、被评估人的下属提供相应的评价。公司将这些评价结果汇总分析,最后给员工一个关于优点和缺点的评价报告。此评价结果只与晋升、换岗、培训挂钩,不与薪酬和奖励挂钩。

未来发展建议表列出了为改善工作绩效员工所应采取的措施建议,以及未来的一些行动计划,包括员工的近期发展目标、工作兴趣和职业发展设想。此表与能力和态度表结合使用,为制定新一年的培训计划、换岗计划和绩效评估方案提供了依据。

对业绩评为优秀的员工，公司不仅予以特别加薪，还给予海外旅游的特别奖励。对不能胜任工作的员工，纳入"绩效改进程序"，具体方法是：在30～60天的改进计划期内为员工设立绩效改进目标，制定详细的行动计划，并由经理向员工提供经常性的反馈和指导，另外，提供必要的岗位培训。改进计划期结束，如果评估合格，则继续聘用，否则予以解聘。

新方案设计好以后，在外聘的人力资源管理咨询专家建议下，公司选取拥有70多人的研发部作为初步试点单位。在试点之前，公司对研发部相关人员进行一些必要的培训，包括对新方案的总体介绍、新方案实施的目的及具体程序、新方案实施的必要技能等。

新方案的一轮试点完成后，参与的大多数人认为新方案还算公正、合理，能为薪酬管理、人员调配和奖惩以及员工培训提供依据，有助于保障组织目标的实现。但同时发现新方案也存在一些不足，主要表现为三方面：

第一，尽管事前对主管们进行了培训，但仍有一些主管对目标设定的科学合理性难以把握，表明新方案对管理人员的素质要求较高。

第二，在目标管理过程中，员工往往倾向于短期目标而忽视长远目标，或者是喜欢做容易看到有形结果的事，以追求业绩的取得。

第三，由于较多的人参与到评估中，评估时间延长，增加了员工的压力感。为此，引起少部分人对新方案产生异议。针对存在的这些不足，公司与人力资源管理咨询专家一起做了具体分析，并提出必要的改进措施的建议。针对第一、第二的不足，提出在新方案正式实施前，加强对管理者目标管理能力的培训，并根据公司战略目标进一步明确短期绩效指标与长期绩效指标的权重与意义，同时加强管理者和员工对绩效指标意义的认识和理解；针对第三的不足，根据岗位的性质和在公司中的重要性，公司将进一步明确相关人员的参与程度，但同时坚持认为：相关人员的参与是必要的，通过参与才可能主动地改进和提高工作绩效。

总的来说，公司老总对新方案还是感到满意，认为新方案存在的不足，是发展中的不足，需要进一步完善的问题。

〰〰〰〰〰〰〰〰〰〰〰〰〰〰〰〰〰〰〰〰〰〰〰〰〰

上述案例表明：望洋公司从绩效评估到绩效管理，反映公司对绩效评估和管理的不断改进过程。新方案从设计内容到实施都比以前科学合理。特别是，新方案在公司全面推行之前，公司重视对新方案的试点和改进，重视对相关人员的培训和指导，以监控新方案的实施效果。尽管望洋公司对新方案的实施试点和准备还有不少欠缺，但毕竟已经具备良好的开端。随着望洋公司业务不断发展的要求，相信望洋公司老总会要求人力资源部胡经理进一步完善绩效管理系统及其实施环节。

8.1 绩效管理实施的试点与准备

企业开发和设计了新的绩效管理体系后,确保新的绩效管理体系能达到预期目标的最有效方法就是在全面推行之前进行试点实施和做必要的准备。

8.1.1 绩效管理实施的试点

绩效管理的实施可以是一定规模的组织变革,绩效管理体系涉及面越大,这种变革的规模越大,影响程度也越大。试点实施是绩效管理系统监控的一个重要步骤。选择合适的试点部门或单位对试点能否成功很重要。适合于作为试点实施单位需要符合下列标准:

(1)试点单位高层管理者的支持。试点单位高层管理者愿意为绩效管理体系试点提供所需的资源,并对试点产生的影响和结果做好充分的思想准备,认识到作为试点单位可能不会得到立竿见影的回报,还可能打乱现有正常的运行体系。

(2)试点单位的一般管理者是适当灵活的,并愿意尝试和接受新事物。

(3)试点单位的绩效评估者与被评估者必须达到一定的数量,以满足有效抽样的条件。

(4)试点单位的岗位必须在公司范围内具有代表性。

(5)试点单位不能有什么烙印。如果试点单位是在公司中形象很差,单位绩效经常拖公司后腿,或者试点单位是公司的"宠儿",历来是公司其他单位的榜样,那么这种单位则不适合作为试点单位。试点单位应该是公司的一面镜子,具有代表性。

(6)试点单位处于相对稳定期,对试点单位的人员或管理没有非常规的要求,也没有其他的特殊项目分散试点单位的注意力。

通过试点实施,可以了解绩效管理体系在实际运行中的情况,是合适还是不合适,或者哪些方面合适哪些方面不合适,并能发现原来没有想到的困难和问题,从而在正式实施之前得以改进和完善。同时,绩效管理体系试点实施为所有参与者提供一个真实的学习机会,特别是为评估者提供学习如何评估的机会,认识和明确评估者和被评估者各自职责。此外,还起到一种"缓冲剂"作用,缓解部分员工和管理者对绩效管理体系的紧张和担忧心理,让员工在试点中逐步适应和接受。

8.1.2 绩效管理体系实施的准备

绩效管理体系的试点不仅提供了检验绩效管理体系自身的机会,同时也提供了检验有关绩效管理体系的支持系统,如培训系统和组织内沟通机制等。

绩效管理体系的试点实施完成后,接着,就需要为进入正式的绩效管理体系做好必要的准备,包括绩效管理实施的时间安排、绩效管理实施的有关文案、宣传和培训资料、表格等的制作和准备、绩效管理实施的正式动员和培训等。

1. 绩效管理实施的时间安排

依据开发的绩效管理体系,制定绩效管理实施的具体行动计划的时间安排。每个公司可根据实际需要,制定与绩效管理体系相适合的行动计划进度表。表 8-1 所示的一个样例。

表 8-1　绩效管理实施的行动计划进度样例

月　　份	行动计划内容
绩效管理期间的第 1~2 个月	成立绩效管理委员会,完成绩效管理的动员与培训,启动和完成绩效目标的设定或规划
绩效管理期间	绩效管理的促进与指导
绩效管理期间结束后的半个月内	完成绩效评估和面谈
绩效管理期间结束后的 1 个月内	绩效评估结果的应用,下一周期的绩效管理开始

2. 绩效管理所需的信息支持和文案准备

在当今信息技术时代,绩效管理需要信息支持。因此,企业需要建立信息管理系统。绩效信息系统是企业人力资源信息系统的一个子系统,在绩效管理实施前应该建立健全的绩效信息系统。

准备向全体员工分发的有关绩效管理目标、原则、流程和制度等文字材料,制作各种绩效评估表格,复印所需的各种相关的文字材料。

3. 组织绩效管理的动员和培训

不论在试点实施绩效管理体系之前,还是在正式实施绩效管理体系之前,都需要对相关参与人员进行动员和培训。可能所不同的是,在试点阶段,如果选择的单位是公司中的一个或几个部门,那么,动员和培训的对象是局部性,在正式实施阶段是全员性的。

绩效管理动员是对公司人员的一种"洗脑",也是组织与员工之间的沟通,让公司人员认识、理解和接受绩效管理体系,从而转变员工原有观念。在绩效管理动员中,参与者一般会有许多问题和疑惑,绩效管理委员会需要对参与者进行耐心、细致的解答和说明。绩效管理动员通常以员工大会讲解沟通形式,同时必要时辅之于小型座谈会解释沟通形式。绩效管理动员的主要内容见表 8-2。

表 8-2 绩效管理动员的主要内容

序号	内　　容
1	绩效管理体系的目标与目的
2	绩效管理体系的开发过程
3	绩效管理与公司其他管理体系的联系
4	绩效管理对各方包括员工、管理者和组织的益处
5	绩效管理周期的具体内容和各种构成因素,包括绩效管理的方法和程序,实施的具体计划以及如何发挥作用
6	在绩效管理的每个阶段,各方的期望与目的
7	绩效管理结果:绩效管理周期如何完成,绩效管理数据
8	提供培训

　　绩效管理培训与绩效管理动员有密切关系。从某种意义说,绩效管理动员是绩效管理培训中的一个部分,即绩效管理体系如何被员工认识、理解和接受的培训,是一种观念转变的培训。除了这种观念培训之外,常见的还有绩效管理的方法和能力的培训。绩效管理培训是绩效管理实施的主要准备工作之一。前一章对绩效管理培训做了专门讨论,在此就不重复。

8.2　绩效管理实施流程

　　绩效管理体系主要由三个环节构成:绩效计划、绩效促进和绩效评估。绩效管理实施围绕这三个主要环节,其流程相应的主要有:绩效计划、绩效促进与辅导、绩效评估与反馈、绩效评估结果应用、绩效管理监督与评估等步骤构成,如图 8-1 所示。在具体讨论绩效管理实施流程时,我们将结合 M 公司绩效管理实施流程实例

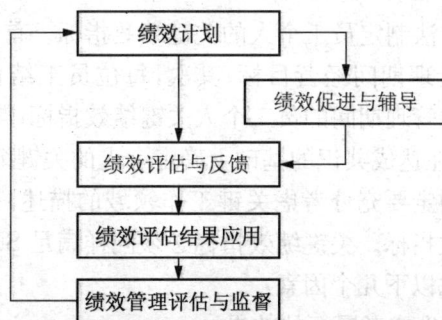

图 8-1　绩效管理实施流程

做进一步说明。

8.2.1 绩效计划

绩效计划是绩效目标确立的过程。绩效计划一般在绩效管理期间的第 1 个月完成。绩效计划的目标,其根本依据是企业发展的战略发展目标。企业依据战略目标制定企业年度计划和目标,然后分解和制定组织部门目标和个人目标,目标确立的过程必须遵循 SMART(具体、可衡量、可获得、相关和时间限定)原则。以 M 公司为例,在 M 公司,部门绩效目标获总经理批准后,部门经理和下属员工就绩效目标的分解达成协议,并逐级分解到员工个人。M 公司绩效计划分三个阶段进行。

1. 收集信息和准备讨论

在 M 公司,有助于员工个人绩效计划的信息主要来源于:部门绩效计划、团队绩效计划、目前岗位描述、员工个人和直接主管的关键工作领域(KRA)、顾客反馈。

2. 确定关键工作领域(KRA)

关键工作领域,也称关键成果领域。确定关键工作领域是根据企业绩效计划分配给部门和员工岗位的主要工作职责。在绩效讨论中,主管与员工需要讨论,并对员工岗位的关键工作领域达成共识。对于大多数岗位,5 个关键工作领域就已足够了。这些领域应该反映至少 80% 的工作内容。作为一个部门主管必须弄清楚这样三个问题:工作的总体目标、为达成工作总体目标必须完成的关键责任或任务以及人员管理的责任。人员管理的责任包括确定部门员工的工作任务、帮助设立员工的绩效目标和绩效衡量标准、帮助员工制订员工发展计划。

3. 确定关键绩效指标(KPI)

采用上下结合的方法制定员工个人的关键绩效指标。首先,公司、部门自上而下地分解和落实绩效管理期间经营目标;其次,每位员工结合所在部门的经营目标、岗位职责,制定绩效管理期间的员工个人关键绩效指标;第三,主管与下属通过绩效计划讨论和沟通,在达成共识的基础上确定个人的关键绩效指标。

关键绩效指标的制定要充分考虑关键工作领域的描述,每个关键工作领域至少要建立一个关键绩效指标。关键绩效指标必须同样满足 SMART 员工。设定关键绩效指标时需要考虑以下几个因素:

(1)质量。结果产生或者履行的效果。

(2)数量。在一定时间内完成的工作数量。

（3）成本。支出的金钱和产生的费用。

（4）时间安排。所要求的期限和时间表。

（5）关系。关系相处的效果,服务对象或客户的满意程度。

4. 绩效计划讨论与绩效计划确定

允许有足够的时间与员工共同讨论绩效计划。讨论绩效计划的主要内容包括:关键工作领域(KRA)和关键绩效指标(KPI)的设定、关键绩效指标最小值的确定和权重分配、绩效衡量的标准与方法、绩效与加薪、奖金和职业发展机会的关系。主管与员工在讨论过程中达成共识,共同制定绩效计划。并将由主管、员工各自签过名的书面绩效计划提交人力资源部备案。

8.2.2　绩效促进与辅导

绩效促进与辅导贯穿于绩效管理整个周期过程。绩效管理要取得成功必须持续进行,成为管理者日常工作管理的一部分,每年一次的正式绩效考评对员工绩效目标的达成是远远不够的。绩效促进与辅导作为绩效管理的过程介入,收集和跟踪员工全年的绩效信息,必要时给予沟通与反馈,并予以支持和指导,同时根据变化的业务环境的要求调整绩效目标。以 M 公司为例,在 M 公司,绩效促进主要分为以下几个步骤。

1. 收集绩效数据和事例

收集绩效数据是持续进行的。管理者采用多种形式收集所需的绩效信息,如客户的来信、工作观察的记录等。收集绩效数据和事例,不仅是管理者的责任,也是员工本人的责任。有用的数据和事例是绩效评估的有力依据。

2. 提供绩效目标实现过程中的反馈

绩效反馈对员工发展很必要。它既反馈员工工作的不足和习惯的错误行为,也反馈员工积极的工作行为和习惯。因此,绩效反馈既能改变员工的不足,又能强化员工的优点。

3. 提供指导和支持

指导是主管为鼓励员工努力工作、克服困难和问题及推进员工职业发展所采取的行为。主管的成功在很大程度上取决于对下属指导和管理的成功。

根据需要,与员工进行绩效改进的讨论。当员工出现不令人满意的绩效或消极的工作行为(如旷工、迟到、磨洋工等)时,主管需要与员工进行绩效改进讨论,并予以必要的指导。向员工指导和讨论的内容主要包括：

- 与员工沟通，让员工认识到所存在的问题，并正视所存在的问题。
- 与员工讨论问题解决的方法和途径。
- 共同选择合适的方法和途径，以最佳解决问题。
- 制订解决问题的行动计划。

同时，在实际管理中，鼓励和支持员工的绩效改建行动。如果员工的绩效问题不能通过指导和讨论来解决，主管需要考虑采用组织正式的行为校正措施和制度来解决存在的问题。

4. 根据业务需要调整绩效目标

M公司是一个高科技公司，产品所处的环境和市场经常发生变化。为了应对变化的市场和及时抓住机会，满足客户需求，有时需要在年度内调整公司的业务战略，由此影响部门和员工业务绩效目标的变化。绩效促进本身是一个动态过程。当公司业务战略变化时，随之有必要适当改变员工的绩效目标，以确保绩效计划的可获得性和现实相关性。

8.2.3 绩效评估与反馈

绩效评估一般是在绩效管理周期结束后的一定期限内完成，如结束后的半个月之内。绩效评估是评估员工在绩效管理周期内的绩效目标达成情况及员工在达成绩效目标过程中的能力和行为表现，并就员工绩效评估结果与员工进行绩效面谈反馈。以M公司为例，在M公司，绩效评估主要分以下几个步骤。

1. 准备员工绩效评估资料和计划面谈

在绩效考评之前，主管需要收集和整理员工在绩效管理期间内的绩效信息。收集信息的途径主要包括：员工的同级同事、外部客户、直接主管、所在单位的人力资源部、财务部。

同时，主管应该保证时间与员工进行绩效评估面谈，并制订面谈计划。如果主管平时与员工保持沟通和反馈，绩效评估面谈就不会令员工感到意外，并可能取得较好效果。绩效评估面谈是认可员工的贡献，总结员工在工作年度中的经验，并指出和分析存在的不足，与员工共同探讨改进工作、提高工作效率及职业发展的途径和方法。

2. 主管与上司沟通下属的绩效和考评等级的人数分配比例

在与下属进行绩效评估面谈前，主管与自己的上司就下属员工绩效评估结果及各等级的员工人数分配进行沟通。这一步骤有助于保证部门内部的公平。

3. 与员工作绩效评估面谈,讨论员工的绩效表现

通过与员工面谈的方式回顾和讲述员工在工作年度中的绩效,并依据当初制定的绩效计划目标对员工绩效予以评价。通过绩效评估面谈,就员工绩效评价尽可能达成一致意见。

4. 确定绩效考评结果和考评等级

公司将根据各部门绩效,确定各考评等级人数分配比例。在确定部门各考评等级的人员时,以相似工作内容、相似级别员工间的绩效比较为基础,采用按百分制考评分排序的方法,根据公司规定的绩效等级的人数比例,从高到低确定部门内各员工的绩效评估等级。各考评等级及其相应描述如下:

第五级:杰出。它指在各方面都表现出色,能超标准地实现所有目标和关键绩效指标。

杰出员工的主要衡量标准:能影响其他员工高质量完成工作;能作出有重大意义的突破性发现;能预见问题并采取预防性措施;被认为是所从事领域的专家;被同事、下级和主管认为有领导能力。

第四级:优秀。它指实际工作表现优于期望值,能超越完成预定目标和关键指标。

优秀员工的衡量标准:能完成全部目标并超额完成关键绩效指标;能和同事积极合作;能持续取得优质工作成果;能经常面对不断变化的工作环境和工作要求,准时或提前完成工作任务;能在工作领域作出重要贡献;能预见问题并执行应急方案。

第三级:良好。它指能够实现预定目标,包括完成所有目标和关键绩效指标。

良好员工的衡量标准:能在合理指导下完成工作任务;能在职责范围内作出贡献;能使用有效的方法解决问题。

第二级:待改进。它指工作需要改进;不能完全达到目标和关键绩效指标。

待改进的员工衡量标准:需要接受超常规的指导才能完成工作任务;有时能按时完成工作任务,有时则延期完成;任务完成结果的质量不稳定。

第一级:不合格。它指不能达到最低工作要求。

不合格的员工衡量标准:在完成目标和关键绩效指标方面远低于标准要求;经常不能按时完成工作任务;不能遵守公司政策和工作程序。

M公司员工绩效考评等级评分表见表8-3。

表 8-3　M公司员工绩效考评等级评分表

部门			部门员工人数	
序号	工号	姓名	考评分	考评等级
1				第五级:杰出
2				人数:
3				
4				第四级:优秀
5				人数:
6				
⋮				第三级:良好
⋮				人数:
⋮				
⋮				第二级:待改进
⋮				人数:
⋮				第一级:不合格
⋮				人数:

5. 完成考评文案记录

确定考评结果和考评等级后,接着需要完成系列的书面考评记录,包括"M公司员工业绩考评表"、"M公司员工能力和行为评价表"。主管和员工必须同意文案记录反映的讨论结果,双方在相关表格上签字,同时记录必要的员工工作改进或能力发展的信息。然后,文案记录移交人力资源部备案,以供考评结果的应用。

8.2.4　绩效评估结果的应用

绩效考评是一种管理手段,通过绩效考评结果的应用,发挥绩效考评的应有作用,以达到绩效考评和管理的目标。绩效考评结果为人力资源管理提供依据。在不同公司,其绩效考评结果的应用及应用的侧重点不同。以M公司为例,在M公司,绩效考评结果主要应用于物质奖励、员工晋升、培训、荣誉奖励、岗位轮换、绩效改进计划、能力发展计划、保留和辞退等人力资源管理活动中,然而,不同的绩效考评结果内容,其应用的侧重点不尽相同。例如,绩效考评结果除了与员工的晋升、培训、岗位轮换、荣誉奖励、保留和辞退挂钩外,更与员工的物质奖励、绩效改进计划挂钩。同样,能力与行为考核的结果除了与员工的晋升、培训、岗位轮换、荣誉奖励、保留和辞退挂钩外,更与员工能力发展计划挂钩。M公司绩效考评结果的应用见表8-4。

表 8-4　M公司员工绩效考评结果的应用

应用方面	业绩考评结果	能力与行为考评结果
物质奖励	*	
荣誉奖励	*	*
绩效改进计划	*	
晋升	*	*
培训	*	*
能力发展计划		*
岗位轮换	*	*
保留和辞退	*	*

8.2.5　绩效管理的评估与监督

绩效管理的监督可从多个层面进行,可以从绩效管理运行结果的调查和评估、可以加强管理层职责、可以通过妥善处理员工申诉等方面监督,以督促绩效管理实践达成绩效管理目标。在现实中,许多企业尚未注意绩效管理实施的跟踪评估和监督,包括上面所举例的 M 公司。像 M 公司一样,许多公司正在重视改进其绩效管理体系及其实施环节,但如何有效监督和评估绩效管理目前还是一个薄弱环节。

1. 绩效管理实施的跟踪评估

在绩效管理第一周期结束后,公司需要对绩效管理实施情况进行跟踪、调查、分析和评估。

比较简单的调查和跟踪是对绩效管理系统的某个程序方面。比如:如果希望填好的表格返回到人力资源部,那么监督表格是否返还了。如果没有返还,那么显然存在某种问题,由于某些原因系统没有收到,则需要对此调查,弄清原因。如果对一个较复杂的层次进行调查和分析,就要分析和评估表格所填写的内容。例如:对培训和开发有关建议进行分析,并对建议进行跟踪以确保采取必要的措施。这一点很重要,因为如果没能采取必要的措施,会导致系统失去诚信。如果绩效管理系统用于奖金分配,就应该对不同背景的员工获得的奖励进行监督,确保奖金分配的公平性和合理性。也可以对完成的表格进行内容分析,确保工作目标符合SMART(具体、可衡量、可获得、现实相关、时间限定)原则。如果不符合,这说明需要进行适当的培训,或者说明系统运行中存在更严重的缺陷。

作为一个正规的绩效管理系统,包括许多值得特别关注的程序和事件,除了上面提到的绩效考评表格的分析,还有对绩效管理反应的评估、对绩效评估实施的评估、对绩效反馈的评估等。

1) 对绩效管理反应的评估

通过收集管理者和员工对绩效管理反应的信息作为评估绩效管理的一部分。这种信息可通过问卷调查、正式和非正式的访谈等方式获取信息。这是一种范围较广的评估,通过绩效管理对管理者和员工多方面(13 个方面)的影响作用来反映绩效管理的效果。对绩效管理的反应调查的主要内容见表 8-5。

表 8-5　管理者和员工对绩效管理的反应

序号	问　题
1	目标与目标设置方面
	——在设置员工工作目标时,他们感受的参与程度如何 ——他们认为自己工作目标的清楚性和具体性如何 ——他们的工作群体对工作目标的明确性如何 ——他们对组织目标的明确性如何 ——他们对于对部门或组织目标所做的贡献有怎样的意识 ——对强调短期目标的认识 ——对实现目标困难的认识
2	工作其他方面,如工作要求
3	个人绩效的反馈
4	组织沟通方面
	——组织使命沟通 ——经营计划沟通 ——组织绩效沟通
5	组织环境方面
	——公开性和信任性的认知 ——公平感认知 ——授权意识 ——参与意识 ——团队工作感与合作意识 ——管理与监督风格的认识 ——学习与发展氛围的认识
6	组织的承诺
7	工作参与度与控制权
8	工作满意度

序号	问 题
9	员工的存在感受
10	动机的影响因素的认识,如努力与报酬之间的关系认识
11	员工的个人能力意识
12	可认知的绩效影响
13	报酬的认知与态度

　　表8-5中所列的内容是一些大的方面。现实中,需要对这些内容作进一步细化,才可能得到所需的信息。因此,绩效管理调查的问卷设计则非常重要。并不是列出一些主要问题就可作为一份问卷。国外许多学者对开发和设计绩效管理的问卷作了研究。如员工对绩效管理的目标设置意见调查、员工对绩效讨论和评价的公平性意见调查、员工对主管绩效奖励行为的意见调查。这些意见调查量表见表8-6、表8-7、表8-8。这些意见调查量表以员工为调查对象,收集必要的信息予以评价。

表8-6　员工对绩效管理的目标设置意见调查量表

答题时,请选用1～5这个范围的数字表示你对下列项目内容的认同程度,并在相应空格中打"√":1——强烈不同意,2——不同意,3——不确定,4——同意,5——强烈同意

序号	项 目	1	2	3	4	5
1	在决定我的工作目标方面,允许我有高度影响力					
2	在设定我的工作目标方面,我很少能发表自己的意见					
3	设立我的工作目标很多是由我自己控制的					
4	在决定我的工作目标时,我的上司通常征询我的意见和想法					
5	我的工作目标很清楚也很具体,我知道我该做什么					
6	我认为我的工作目标是模糊的					
7	我完全理解我的哪些工作目标重要,哪些则相对不重要					
8	完成我的工作目标,我应该比较容易					
9	我必需付出大量努力才能完成我的工作目标					
10	全部实现我的工作目标需要很高的技能和知识					
11	实现我的工作目标很难					

209

表 8-7　员工对绩效讨论和评价的公平性意见调查量表

答题时,请选用1~5这个范围的数字表示你对下列项目内容的看法,并在相应空格中打"√":
1——程度很低(少),2——程度低(少),3——中等,4——程度高(多),5——程度很高(多)

序号	项　目	1	2	3	4	5
1	对你绩效讨论和评价的中肯和诚信情况					
2	给你表达自己意见的机会多少					
3	评价你的绩效所采用的标准的一致性程度					
4	帮助你了解自己工作如何的反馈情况					
5	对你绩效讨论和评价的公正和坦诚程度					
6	体现对公平努力的兴趣程度					
7	考虑超越你的控制因素情况					
8	在给予建议之前,听取你的意见情况					
9	弄清楚你的期望和想法情况					

表 8-8　员工对主管绩效奖励行为的意见调查量表

答题时,请选用1~5这个范围的数字表示你对下列项目内容的认同程度,并在相应空格中打
"√":1——强烈不同意,2——不同意,3——不确定,4——同意,5——强烈同意

序号	项　目	1	2	3	4	5
1	当我工作做得好时,我的主管总是给我积极的反馈					
2	当我的表现特别好时,我的主管会给我特别的认可					
3	我的主管会很快承认我的工作质量的提高					
4	当我的工作做得比一般要好时,主管会赞扬我					
5	当我工作杰出时,主管会亲自给我嘉奖					
6	当我工作杰出时,主管会让其上司和其他人都知道我					
7	如果我工作做好,我知道主管会奖励我					
8	如果我的工作表现一贯好于一般,只要我愿意在这个组织中,主管会尽其所能来帮助我					
9	我的良好绩效经常得不到主管的承认					
10	我经常将工作做得很好,但仍然得不到主管的表扬					

2) 对绩效考评实施的评估

绩效考评作为绩效管理中的一个主要环节,它的实施效果如何? 对它的评估是绩效管理评估和监督的一个核心部分。这一评估侧重围绕绩效考评过程是否按

照预期的进行。评估绩效考评的主要问题如下：

(1) 在那些负有绩效考评责任的人当中,百分之几的人真正在接受绩效考评?

(2) 那些没有接受绩效考评的人是什么原因而未能得到?

(3) 绩效考评分的分布如何? 这种分布是否与以前绩效考评制度产生的分布一致? 这种分布是否是所预期的?

(4) 是否有绩效考评差错的迹象? 尤其是否存在明显的主观偏差例子,如趋中倾向、光环效应、近因效应等。

(5) 绩效考评结果的书面评语如何? 书面评语是否是深思熟虑的结果? 还是为了敷衍草写而成? 书面考评分析是要肯定评分的分配比例还是与此相矛盾?

(6) 是否所有的绩效考评程序和要求都得到落实或执行? 譬如,是否所有的绩效考评表格都完成填写? 是否所有的绩效考评表格都取得管理者和员工的认同? 如果公司有签名要求,直接主管、人力资源部经理和员工是否签名认可?

3) 对绩效反馈的评估

绩效反馈是管理者在绩效促进中的重要内容。向员工收集有关管理者的绩效反馈信息,用以评估绩效反馈的效果,是评估绩效管理的不可缺少的一部分。评估绩效反馈的主要内容见表8-9。

表 8-9　评估绩效反馈的主要问题

序号	问　　题
1	你对即将接受的访谈给予了多大程度的重视
2	是否有足够的时间为讨论做准备
3	面谈者是否提到了你工作中有突出表现的方面
4	面谈中是否提到或讨论到你工作绩效的薄弱方面
5	在面谈中是否提到(或讨论)你的培训和发展的需要
6	对于下一年工作目标,你是否同意面谈者的观点
7	是否讨论到你所不能控制的因素
8	面谈是否使你感到有必要提高你的工作绩效
9	面谈之后,你是否更清楚地意识到为提高工作绩效所要完成的工作
10	面谈中你能提出和讨论你的观点和感受么
11	讨论是否公开、坦率
12	你的上司对你工作进展的看法,你是否从中受到准确而有价值的反馈
13	达成一致意见的跟踪行动是否改善了你的工作绩效

2. 加强管理层的责任

在绩效管理实施过程中管理者是否胜任,直接关系到绩效管理的成功与否。在绩效管理实施中应该强化管理层的责任。管理层责任意识的强化将有力监督绩效管理的实施。管理层本身有责任率先用好绩效管理体系,投入足够的时间和精力行使绩效管理的职责,发挥绩效管理的作用。

20世纪90年代,美国学者 S. T. Thomas 和 R. Brets 曾对财富100家公司的绩效管理实践进行研究,发现不同类型人员的绩效管理和评估,其花费的时间不同。经理人绩效管理和评估活动花费的时间,每人每年平均为8小时,专业人员花费的时间,每人每年平均为6小时,一般员工少于4小时。这些时间的花费包括对人员的绩效反馈面谈和绩效指导、绩效评估、绩效的观察、绩效评语撰写和文案归档等活动。同时,两位学者的研究也指出:在这100家公司,只有少部分公司花在绩效管理的时间高于平均数,大多数公司停留于平均数水平或低于平均数水平。为什么管理层没有花更多的时间在绩效管理和评估方面? 研究者发现一个简单的原因在于:管理者通常对怎样合理评价下属绩效并不负有责任。在研究的100家公司中,只有22%的公司要评价管理者是否合理评价其下属绩效。正因为许多公司没有考评管理者对员工绩效管理和评估的这一责任,致使不少管理者虽然承担管理和评估员工绩效的职责,却并未真正意识到这一责任的重要性,从而在一定程度上影响绩效管理的有效实施。

3. 妥善处理员工申诉

在绩效管理过程中,特别在绩效评估阶段,应该建立和健全员工申诉的机制和政策,允许员工申诉,及时反映绩效评估中存在的问题或不足,调查和分析问题,解决问题,并改进现有的绩效评估体系。

任何一个绩效管理体系的实施都不可能使100%的员工都感到满意。有员工感到不高兴或不满意,这并不奇怪。但问题是要弄清楚是哪些人感到不高兴。如果是公司中那些工作绩效差的感到紧张和不愉快,说明绩效管理体系是有效果的。如果是那些绩效达到要求的人感到不满意,而真正绩效差的人却没有不高兴,则说明绩效管理存在问题或不足。如果是不满意的声音来自于那些承担很大的工作负荷、绩效优异的人员,公司应该聆听他们的意见,同时寻找和发现绩效管理需要改进的方面。

员工对绩效管理或绩效评估不满意,而提出抱怨或投诉。通常,投诉的内容主要包括两个不相关的问题:绩效评判问题和行政管理问题。

绩效评判问题指评估者的评价是否有效的问题。评估者给员工的评价权重是否合适? 评估者对员工的评价是否全面? 是否只盯着员工的不足方面? 是否存在光环或近因等主观评价偏差？是否利用权力打击报复员工或者利用权力为亲信谋利等问题。行政管理问题主要指公司的政策是否得到统一执行或者现有管理政策是否存在明显不足。举例而言,公司对绩效考评符合公司要求的每位员工增加5%～8%的工资。林立是从3月份调进公司的,年终绩效考评后,部门主管给他的加薪是3.5%。他不满意,乃向公司投诉。又如,公司实行绩效末位淘汰制度,但现有的绩效评估机制不健全,方法也存在不足,现有组织环境显然不适合这一政策,引起员工的投诉。相对来说,行政管理问题比绩效评判问题容易矫正。由于绩效评判问题涉及评估者的主观意图或偏差,绩效评估本身就是一种主观判断。因此,提高绩效评估的有效性就是尽可能地降低人的主观性、提高客观性,但不可能彻底消除人的主观性。员工的投诉难以避免,因此,公司必须建立员工的绩效投诉窗口和途径,健全投诉及其解决的机制。

通常,公司应建立明确的绩效评估申诉流程。如果员工对绩效评估不满,可提出申诉,但需要向人力资源部提交申诉书,然后人力资源部介入调查。根据调查情况决定是否受理。对不受理的申诉需要向员工解释原因,对受理的申诉决定是否进行协调解决。如果不能协调解决的申诉,需要上报绩效评估委员会,如果公司没有成立专门的绩效评估委员会,需要上报高层管理人员。图 8-2 所示的是绩效评估申诉的一般流程。绩效评估申诉流程应让每一个管理者与普通员工都知晓。为了配合绩效评估申诉的可操作性,公司需要设计相应的绩效评估申诉表,以便员工

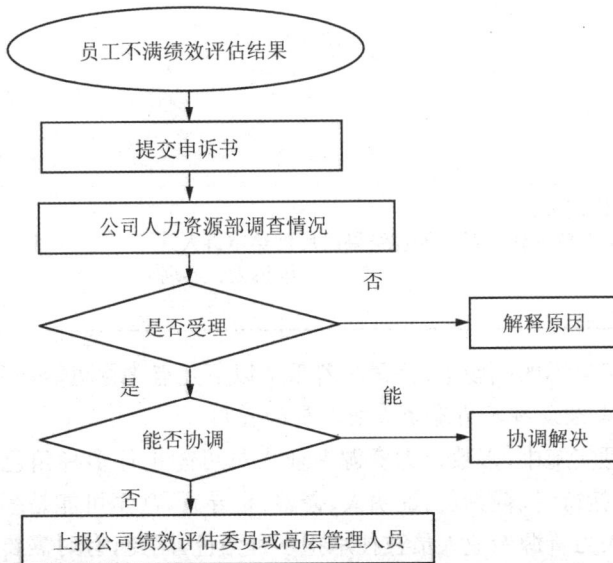

图 8-2　绩效评估申诉流程

针对性地提出申诉的理由,同时也让管理者对员工申诉进行规范管理。表 8-10 是绩效评估申诉表样例。

表 8-10　绩效评估申诉表

所在部门:	联系电话:	接收日期:　　年　　月　　日
申诉人姓名及职务:		
申诉事项与理由: 　　　　　　　　　　　　　　　　　　　　　　　签名: 　　　　　　　　　　　　　　　　　　　　　　　年　　月　　日		
调查核实情况及处理意见: 　　　　　　　　　　　　　　　　　　　　　　　签名: 　　　　　　　　　　　　　　　　　　　　　　　年　　月　　日		
审批意见: 　　　　　　　　　　　　　　　　　　　　　　　签名: 　　　　　　　　　　　　　　　　　　　　　　　年　　月　　日		
申诉处理结果反馈记录: 按照有关规定,以上意见作为最终处理结果已反馈给申诉人。 反馈人:(签名)　　　　　　　　　　　　申诉人:(签名) 　　　　　　　　　　　　　　　　　　　　　　　年　　月　　日		

在解决员工申诉的问题中,公司应着重从以下几点来尽可能地妥善解决问题。

1)充分而合理发挥人力资源专业人员的作用

在绩效管理实施中,多数人力资源专业人员可能担任多种角色,如仲裁者、中间人、投诉案件接待者、裁判员、证明人、警察、指导者,甚至可能是绩效管理体系的忏悔者。由于人力资源专业人员往往承担多种角色,因此,有时需要同时向多方提供满意的服务,实在不是一件简单的事。对人力资源专业人员来说,矫正明显有问题的管理政策相对容易些,困难的是部门中存在绩效评估的政治现象,员工向人力资源部投诉,人力资源专业人员觉得要履行其职责困难得多。

人力资源专业人员最合适的角色是扮演警察和指导者。在行政负责绩效管理体系政策和程序方面,人力资源部的作用是确保这些原则得到遵从和执行。如果这些原则是错的,那么就应该得到修正。但是在这些原则修正之前,人力资源部仍然有责任确保每个人遵循之。从这种意义上说,人力资源专业人员是一个警察的角色。在绩效评判方面,人力资源专业人员则更多是一个指导者。评估下属绩效是直线经理。当下属对直线经理的评价提出疑问,不认同直线经理的评估结论时,人力资源专业人员需要收集有用的信息,并将这些信息传递给直线经理,引起直线经理的关注,建议直线经理重新考虑和评价下属绩效。

总之,人力资源专业人员在员工投诉处理中起着重要角色。针对不同的投诉者和投诉内容,人力资源专业人员应该充分而合理地发挥其不同角色的作用。

2) 敞开门政策

在绩效评估活动中,许多组织向员工提供敞开门政策(open door policy),也就是说,如果员工认为直接主管的绩效评估不合理或不公平,可以有权利向高层管理者投诉,以引起高层管理者的注意,要求审核和解决。然而,敞开门政策的两难问题是:这种政策保证的只是审核,而不保证解决。员工有投诉的权利,但并没有说,如果评价不当,则要求管理层作出更改。

敞开门政策如果做得好,就需要高层管理者既审核下级管理者对员工的绩效评估,同时在发现下级管理者有错时需要加以更改。但这也可能带来负面作用。因为高层管理者对下级的支持是很重要的,特别是下级在制定一个棘手的决定时更需要上级的支持。在绩效评估中,一般来说,下级管理者在对员工作出评价之前,大多与上级进行沟通和得到认可才作出的。如果高层管理者更改下级的考评结果,可能会影响上下级管理层的工作关系。另外,当员工得到直接主管的低评分时,会很不高兴,并说他将找上级主管投诉。这时,直接主管也许会感到紧张和压力。

敞开门政策本是为了监督直接主管尽可能客观评价员工绩效,为员工提供反映意见或投诉的一条途径。但如果使用不当,可能会产生一些负面作用。

3) 同级同事或其他独立方评估

同级同事评估,指在通过与被评估人相似位置的人员作出评估。这种评估在一定程度上代表同类岗位的观点和想法,有利于矫正直接主管的不恰当的评价。但这种评价只能作为一种参考,因为同级同事的评估受到多种因素的影响。如果在一个崇尚权力的组织环境中,同级同事的评估可能受主管评分的左右。此外,同级同事的评估也可能受人际关系的影响。

许多公司在绩效评估中,建立一个相对独立的仲裁委员会。仲裁委员会成员可由工会、党委或高层管理者或董事会等成员构成,也可聘请外部人力资源管理专家参与。仲裁委员会相对独立于投诉者和被投诉者,在收集相关信息和听取相关方的观点基础上,从第三方角度作出评判,力求客观。

8.3 绩效评估中政治行为与主观偏差监控

在绩效评估实施中,政治行为和评判的主观偏差,是影响绩效评估效果的两个突出问题。在此,我们将专门讨论,以尽可能避免绩效评估中的政治行为和主观偏差。

8.3.1 绩效评估实施中的政治因素

在一些组织或部门的绩效评估活动中,可能存在一种政治行为或现象的干扰。绩效评估本是一种管理手段,是为绩效评估管理目标和组织目标服务的。如果绩效评估中掺入了政治因素,那么绩效评估就成为一种组织政治的手段,成为一些人争权夺利或排挤异己者的手段。

在一些企业中,常会听到这样的抱怨:"某某人靠个人手腕或关系,去年考核结果又得了优秀。这样的人都能被评为优秀,真不知道绩效考核考的是什么。"在多数人看来,某某人能力平平,业绩一般甚至在部门靠后。

1. 绩效评价中政治行为产生的原因

导致绩效评价出现政治行为的原因有多种,通常可以归结以下几点:

1) 公司资源的有限性

公司的各种资源,如权力、工资、奖金、高级管理职位、晋升机会、优秀的绩效评价等级等都是有限的,但这些有限的资源往往是同员工的个人利益紧密挂钩。如果绩效评价结果为优秀,则会得到更多的奖金或晋升机会等,也就诱发为争夺这些有限资源而采取政治行为。

2) 部门经理拥有绩效评价的权力,但却由公司"买单"

公司通常根据公司年终的财务绩效如实现利润等指标,以及员工个人的绩效评价等级,核发每个员工的奖金。这样,部门经理就有可能将绩效表现并不优秀的员工评为优秀,因为从其个人和部门的角度来说,这样做并不会造成什么损失。

3) 绩效评价方式、方法存在不足

大多数企业的绩效评价方式是以单纯的评价个人绩效为主;评估者主要是直接上级;评价指标比较笼统;评价方法缺乏针对性和具体性。通过不尽完善的评估方法和方式所得到的绩效评价结果,却与个人利益如奖金分配、职务晋升等紧密挂

216

钩。这样,则容易导致绩效评价中的政治行为,即员工个人为了获得良好的绩效评价等级,获得更多的利益,就会采取各种政治手段,如讨好、奉承上级,贬低同事的行为。

4) 组织管理集权、缺乏有力的监督机制

绩效评价中的政治行为与组织管理集权又缺乏有力的监督机制有关。在管理集权的组织氛围中,员工参与度很小,员工与管理者之间信息不对称,员工处于被动地位。即使有些员工明知道存在政治权利交易行为,或受到不公平的待遇,也难以通过合适的途径去反映和投诉。少数管理者利用手中的权力,打着绩效评价的幌子,借机庇护亲信或排斥异己者。

2. 遏制绩效评价中政治行为的方法

一个组织如果任其政治行为的猖狂,组织则不可能得到持续发展。因此,一旦发现绩效评价中出现政治行为,就应该设法遏制和解决。通常采取的方法主要包括以下几种:

1) 多层次评价绩效,强调绩效的整体性

改变企业的绩效评价对象,从评价个人绩效转变为评价集体绩效是一条提高绩效管理水平、有效遏制政治活动的有效手段。考评集体绩效水平,可以在一定程度上避免集体内部员工之间的不协作行为,减少集体内的政治行为。

这里所说的集体形式包括公司的一个项目小组、一个独立的部门、甚至是整个公司等。在设计绩效评价制度时,可以从三个基本的层次上展开:

第一个层面是公司级绩效评价,即对整个公司的绩效表现(如财务方面、客户满意度方面、企业内部业务流程优化方面以及员工发展方面等)进行考核,并将结果作为实施奖励的基础依据。为此,公司首先要确定公司的发展战略及战略目标,并将其转化为具体的年度绩效目标,最后将绩效目标的完成情况与奖金分配等挂钩。

同时,要将这些信息清晰准确地传递给所有的员工,让他们明白"皮之不存,毛将焉附"的道理,这一点非常关键。许多企业有发展战略、年度绩效目标等,但往往只是核心层有限的几个人清楚和理解,其他员工则很难得到这样的信息。在员工不能得到准确信息或理解不正确的情况下,很难形成高度的行动聚焦并产生强大的合力,影响绩效目标的实现。

第二个层次是部门级绩效评价(主要是侧重于部门的关键业务指标的完成情况),并将此作为公司奖金二次分配的基础,只有在部门整体的绩效评价结果为优的情况下,部门员工才有可能得到较高的奖金收入。评价部门绩效,可以从制度上迫使部门经理必须认真对待绩效评价,必须根据业绩、而不是根据自己的"好恶"来给下属确定绩效评价等级。因为,如果评价结果不公正客观的话,势必会引起实际绩效表现优秀的人的不满情绪,从而降低努力水平。这正是公平理论所揭示的管理意义:一个人会将自己的所得与付出之比,与他人的所得与付出之比进行比较,如果认为前者小于后者的话,通常会采取各种行动来改变自己的所得与付出之比,如降低投入(工作不努力),增大所得(采取政治行动),极端的甚至离开企业。同时,部门内部形成一种自我监督约束机制。由于部门绩效评价结果将与每个部门员工的利益挂钩,所以每个人都会有动力、主动性去做对部门整体有利、有意义的行为,这就会使得每个人会通过舆论的力量去限制或制止不利于获得良好部门绩效表现的行为发生。

第三个层次是个人评价。奖金最终还是要分配给每一个员工,因此,还必须对员工个人的绩效评价表现进行评估,作为部门内部奖金分配的依据。但这种个人评价是基于部门评价的基础上,增加了许多制约条件。

2)不断改进绩效评估制度

设计和选择科学合理的绩效考评方法,提高绩效衡量的合理性和有效性,同时将绩效评估活动作为绩效管理系统的一个有机组成部分,与绩效计划和绩效促进紧密结合。另外,加强组织内部的监督机制,建立和健全员工绩效投诉的途径和窗口,增强考评者的绩效评估的责任意识。评估管理者绩效评估的工作表现,并与管理者本人的绩效考评相联系。

3)营造积极向上、公平公正的良好文化氛围

绩效考评中出现的政治行为最终与其特定的文化土壤有关。遏制绩效评估中的政治行为,清其本源,净化环境,在组织文化建设中倡导一种积极向上、公平公正的绩效价值观。

8.3.2 绩效评估实施中的主观偏差及其克服

绩效评价终究是一种人对人的主观评价,提高绩效评价的准确性和客观性,其实就是尽可能降低人在评价中的主观性。如果一个评估者没有接受专门的绩效评估培训,只是凭经验进行评价,就可能有意或无意地发生评价的主观偏差。因此,如何克服评价的主观偏差是绩效评估实施中的一个主要内容。

1. 绩效评估中的主观偏差的主要表现

绩效评估中的主观偏差有多种形式,常见的主要有以下几种:

1)光环效应

光环效应指在绩效评估中,评估者未能区分被评估者绩效的不同方面,产生一好百好、一坏百坏的倾向。如果评估者因为被评估者的某方面能力很强,就认为该

被评估者在其他方面的能力或技能也很强；反之,如果因为被评估者的某方面能力很弱,就认为该被评估者在其他方面的能力或技能也很弱。例如,评估者要对两个计算机程序员进行绩效评估,程序员 A 的沟通能力很强,程序员 B 的沟通能力较弱。如果评估者因为程序员 A 的沟通能力很强,由此认为程序员 A 的编程技能也很强,反之,如果因为程序员 B 的沟通能力较弱,由此认为程序员 B 的编程技能也很弱。这种没有将不同的工作表现进行区分,而是以偏概全或一叶障目的绩效评估,就不可能得出客观、准确的评估。

2) 近因效应

近因效应指在绩效评估中,评估者对被评估者近期的业绩或行为印象深刻,忽略或淡化被评估者几个月或更长些时间之前工作表现的倾向。例如,每年一次的绩效考评,通常在年底进行,有些评估者往往非常关注员工年底的工作表现,如果哪个员工年底在某件事上出了差错,即便是小差错,也会被看作是一个"把柄",被"放大"而影响对员工全年的客观评价,反之,如果哪个员工年底在某件小事上表现较出色,而该员工以往的工作表现却一般甚至较差,也会改变对该员工全年的绩效评价。绩效评估者一旦产生近因效应,就不可能在既定的绩效考评期限内对被考评者进行较全面或客观的评价。

3) 趋中效应

趋中效应指在绩效评估中,评估者对所有被评估者的评分都是取中间状态或者评分没有差异的倾向。这种看似"辩证"地看待、评价员工,认为人都有所长、有所短,因而评价打分趋中,实际上却是不分主次、没有原则的一种表现,是一种"老好人"倾向。"老好人"心理使得评估者不愿按被评估者的实际绩效水平拉开得分差距。这种打分的"趋中"倾向,除了趋中于中间值,即常见的 3 分(一般绩效水平,1 通常是差,5 通常是优秀),还有另一种的趋中现象,即评分趋中于 5 分(优秀绩效水平),看上去大家都好,其实一样不拉开距离。通常评分值与奖金直接挂钩,如果按照实际绩效水平评分,必然有高低、优劣之分,导致有人奖金多,有人奖金少,甚至受罚。例如,企业在采用多源信息评价法时,让下属给上级领导打分,往往将下属召集在一个会议室,不重视地点的选择,在这种公开性场合,下属担心别人看到自己是如何打分的,担心日后"穿小鞋",提心吊胆,干脆全打满分,做"老好人"。评估者的评分"趋中",反映评估者怕得罪人或不想得罪人,从而不按照实际绩效水平给予客观评价。

4) 过宽或过严现象

过宽或过严现象指在绩效评估中,出现一些评估者对所有被评估者的评分都偏高,或者一些评估者给所有被评估者的评分都偏低的现象。这种现象又称为天花板效应或地板效应。有的评估者一贯要求比较高甚至比较苛刻,给予的评分值相对就低;反之,有的评估者一向对人对己都很宽松,给予的评分值就会偏高。不同评估者对同一个被评估者的评分可能差异性很大,这种差异性通常有两种情况,一种是评估者出于某种个人目的故意造成的,另一种就是评估者无意的过宽或过严倾向造成的。

5) 似我效应

似我效应指在绩效评估中,评估者往往对那些与自己相似的被评估者给予更高评分的倾向,而评价那些和自己不同的人的时候,做出的评价相对偏低。人们一般都认为自己工作是有效的,评估者也同样如此。如果评估者认为被评估者在某一方面如工作态度、想法或者个性特点、体貌等相似,则会给予更高的评价。

6) 暗示效应

暗示效应指在绩效评估中,评估者在评估下属的过程中受到上级管理者对下属评论或看法影响的现象。例如,部门经理认为员工 A 的表现在有些方面尚需改进,工作绩效在部门员工中偏后,按理给予的评分也是较低,但由于员工 A 喜欢与更高级管理者沟通,部门经理的上司认为员工 A 的表现很不错。这时,部门经理可能会受上司的影响,抬高对员工 A 的评分。

7) 感情效应

感情效应指在绩效评估中,评估者在评估被评估者时,往往受到与被评估者之间感情亲疏的影响。人是有感情的。如果被评估平时与评估者关系较密切,沟通或接触较多,感情较好,那么,评估者会给予更高评价,反之,则可能给予较低的评价。

8) 从众效应

从众效应指在绩效评估中,评估者以周围大多数人的价值观念、思维方式和行为方式作为自己的评价行为标准。比如,M 部门经理看到其他部门管理者对下属管理松散,评价时"和稀泥",A 部门管理者就可能不愿显得与众不同,也就不能认真地对待绩效评价。又如,销售经理对销售员 Q 进行绩效评价时,尽管今年 Q 完成工作任务,但由于 Q 的人际关系不好,其他相关管理人员和员工都认为 Q 的工作表现不好,销售经理心想,如果只有自己一人给予 Q 真实打分,就可能变成"另类",于是放弃自己看法,给予 Q 较低评分。

9) 刻板印象

刻板印象指在绩效评估中,评估者可能对某些人群有固定的看法,而这些看法是不符合实际的。在对员工进行评分时,评价分数的依据不是客观事实,而是根据刻板印象打分。例如,评估者对年纪大的员工"创造性"、"发展潜力"等维度打分很低,远远低于年轻员工。

10）对比效应

对比效应指在绩效评估中,当评估者把一个人的工作表现与其他人相比较,而不是与工作标准相比较时,就可能会产生对比效应。例如,将一个绩效较好的员工与工作绩效特别出色的员工一起评价时,这个员工得到的评价结果往往比他应该得到的要低;反之,将一个绩效一般的员工与工作绩效较差的员工一起评价时,这个员工得到的评价结果往往比他应该得到的要高。

2. 绩效评估中主观偏差的矫正方法

针对绩效评估中容易发生的主观偏差,减少和克服各种主观偏差,提高绩效评估的有效性,就非常必要。常用的绩效评估中主观偏差的矫正方法主要有以下几种:

1）加强评估者绩效管理和评估的培训

对评估者培训的内容主要包括三个方面:

第一,培训评估者对绩效管理体系的了解和认识。制度设计,理念先行。先有正确的理解,才有有效的执行。通过培训,促使评估者转变观念和态度、正确理解和有效执行。这方面培训侧重于绩效管理理念、绩效管理和评估方案设计原则和内容,绩效评估的目的和要求等。

第二,针对评估者容易产生的主观偏差,培训如何克服这些主观偏差。通常让评估者观看情景录像,即在录像中评估者是如何犯这些主观偏差而影响评估客观性的。受训者看完录像后,进行小组讨论和分析主观偏差发生的原因及避免主观偏差的途径和方法。

第三,不针对评估者容易产生的主观偏差,而是针对员工绩效的复杂性进行培训。通过讨论和研究绩效的实际例子,得出绩效的不同方面及衡量绩效不同方面的不同标准。这种培训的目的是帮助评估者学会看待值得关注的绩效多个方面,从而更客观、全面地评价员工绩效。

2）加强绩效管理制度对评估者行为的约束

在评估者的考评指标设计中,增加对其考核行为评价的指标项。如在"工作责任心"指标定义中增加"对考评工作的正确理解和执行"条款,并给予适当的权重。在绩效反馈和沟通环节,加强对评估者的评估情况的反馈,指出其在评估过程中的偏差和错误,并给予指导,帮助改进评估的有效性。

将量表评价法与关键事件法结合。纯粹的量表评分法主观性太强,由于每个人对评分标准的理解不同,即使有较具体的文字描述,仍然会在评分尺度的把握上有差异。将关键事件法应用到具体评分中,对于每一个等级的评分必须列举出一定数量的关键事例来佐证,这样就会减少不同评估的评分差异,同时使得评估者在平时就会关注、记录下属的工作绩效和关键事例。

本章小结

　　本章以望洋公司从绩效考评到绩效管理的转变为引导案例,说明望洋公司在新方案全面推行之前所作的试点与准备,以此展开讨论绩效管理的实施与监控。本章首先分析了绩效管理实施的试点和必要的准备事项。然后,分析了绩效管理实施的主要步骤,包括绩效计划、绩效促进与辅导、绩效评估与反馈、绩效评估结果的应用、绩效管理实施的评估与监督。在此基础上,本章针对绩效管理实施中容易发生的政治行为和主观偏差,进行专门的讨论和分析,以尽可能减少政治行为和主观偏差,从而提高绩效管理实施的有效性。

复习与思考

1. 绩效管理实施试点有什么作用? 绩效管理实施试点需要符合哪些条件?
2. 绩效管理体系实施需要做哪些准备工作?
3. 绩效管理实施流程是什么?
4. 绩效管理实施的跟踪评估工作内容主要有哪些?
5. 如何看待和解决员工对绩效评价的申诉?
6. 绩效评价中政治行为产生的原因有哪些? 如何遏制绩效评价中的政治行为?
7. 绩效评价的主观偏差主要有哪些? 如何克服这些主观偏差?

第 9 章　绩效管理的趋势与挑战

本章学习要点

1. 6σ 与绩效管理的结合。
2. 团队绩效管理模式与主要方法。
3. 绩效管理对员工开发的内容与方式。
4. 新劳动合同法下绩效管理的新挑战及应对措施。
5. 末位淘汰制的重新认识。

案例

GE 的 6σ:让质量成为每个员工的工作

　　1991 年,通用电气公司(GE)前任副总裁劳伦斯·帕西蒂(Lawrence Bossidy)离开了 GE,任联信公司的首席执行官,并于 1994 年开始实施 6σ 理论。据联信公司估计,公司这一年除节省了 3~4 亿美元的开支外,累积效益达 8 亿美元。1995 年 5 月,杰克·韦尔奇邀请帕西蒂给 GE 的高层管理者们作了一次讲座。GE 年轻的高级副总裁加里·雷纳(Gary Reiner)说:"这儿的员工都很佩服劳伦斯的理论。"当年 10 月,6σ 成了通用电气公司的管理政策。

　　年轻的高级副总裁加里·雷纳是 GE 贯彻韦尔奇 6σ 理念的关键人物。他说:"6σ 这种进步不是凭空说的,而是有数字为证的。全面质量管理听起来很虚,许多实施这种质量管理的公司最后都不了了之。"6σ 之所以区别于其他诸如全面质量管理和日本式的质量控制手段,主要在于它严格依照数据采集的统计分析为依据来细分管理活动,尤其遵守顾客的要求,特别是对顾客有帮助的要求加以高度重视,而且还以此为依据来找出误差的根源,并最终加以解决问题。

　　在经营过程中,GE 改进质量的 6σ 方案要求建立项目组。每个项目组要求严格通过四个步骤达到 6σ 水平,即通过检测、分析、改进和控制的四个步骤不断提高质量管理水平。

　　6σ 方案需要在公司内部有一个全新的"武士阶层"来推行其目标和程序。GE

为这种"武士阶层"（各种参与人员）起了不同的名字：冠军、黑腰带师、黑腰带、绿腰带。

冠军：指规定质量项目的高级管理者。这些高层管理者对 6σ 的成功负责。他们审批项目、提供资金、调解纠纷。冠军在 6σ 实施中不需要全天工作，但他们应该尽力工作以保证方案的成功。冠军培训期为一星期。

黑腰带师：检查和指导黑腰带。黑腰带师必须具有数量技能和指导能力，必须经公司冠军队批准，必须接受至少两周的学习指导的培训。黑腰带师的合格评估标准是：指导至少 10 名黑腰带成为合格者。

黑腰带：指专职质量管理人员。他们领导项目组，负责检测、分析、改进和控制影响顾客满意度和生产效率提高的关键程序，向冠军报告结果。成功完成两个项目才能获得黑腰带的资格。成功项目的衡量标准是：如果开始时质量缺陷小于 3σ，那么就需要使质量缺陷降低 10 倍，如果开始时质量缺陷大于 3σ，那么就需要使质量缺陷降低 50%。第一个项目在黑腰带师指导下成功完成，第二个项目则需要自主完成。

绿腰带：指黑腰带项目中的参与人员。他们在参与 6σ 项目的同时，仍承担公司的其他工作。参与的黑腰带项目结束后，项目组成员应在工作岗位上继续使用 6σ 的方法。1997 年，GE 有 15 000 名绿腰带。接着，GE 对 20 000 名工程师进行绿腰带培训，这样，所有的新产品都在 6σ 的要求下设计，同时，GE 计划向全体员工轮流提供 6σ 方法的培训。

在 GE，6σ 不仅仅是一种质量管理和改进的方法，而且不断演变为一种管理理念或思想，贯穿于员工的工作行为、绩效和激励回报的管理活动中。时任 GE 公司 CEO 的杰克·韦尔奇曾明确规定：没有腰带不能晋升。提高质量就是降低成本，视 6σ 为生命，确立每个员工的行为准则。在 GE（中国）公司，管理人员、公关人员的考核不易量化，是绩效考核中的难点；公司就给管理人员、领导人员确立行为准则，这些行为准则不仅是面对领导、管理人员，而且也是面对员工的。管理人员根据这些行为准则，可以对照自己的行为，可以清楚、明白地知道自己哪些方面做得好，哪些方面有差距。同时，员工也可以根据行为准则，评价管理人员或领导。这样，不管是自评还是他评，都能心中有数。能量化的尽可能用六个希格码标准量化，如公关人员的工作量化可以用接了多少个电话，回了多少个电话，用多少时间来回答，安排了多少采访等。

在 GE，6σ 的管理活动，使质量成为每个员工的工作。以数字为证的 6σ 与公司绩效和员工绩效的管理密切相关了。

〰〰〰〰〰〰〰〰〰〰〰〰〰〰〰〰〰〰〰〰〰〰〰〰〰〰〰〰〰〰〰〰〰

上述案例表明：6σ 质量管理模式追求的是零缺陷目标，是企业的一种行为。6σ 作为提高顾客满意度和生产效率的方法，与企业绩效密切相连。将 6σ 与绩效管理相结合，是绩效管理的一个新方向。除了 6σ，团队、员工开发与绩效管理的紧密结合，也代表绩效管理的发展趋势。

9.1 6σ 与绩效管理

6σ作为全面质量管理的延伸和发展,其管理方法和理念与绩效管理的结合,代表绩效管理的一个新趋势,同时也有力推进6σ的有效管理。

9.1.1 6σ 的由来

σ(Sigma),中文为西格玛,在统计学上是指"标准差",6σ意为"6倍标准差",在质量上表示每百万个产品的缺陷率(PPM)少于3.4。这些缺陷或失误包括产品本身以及产品生产的流程、包装、运输、交货期、系统故障等。可见,6σ管理不仅仅指产品质量,而是一整套系统的管理方法。在20世纪80年代,当时在伊利诺伊州的摩托罗拉公司将6σ首次应用于生产制造过程的质量管理,用于改进传呼机、移动电话和其他产品的质量。将6σ方法应用于生产制造过程的质量管理后,摩托罗拉在5.6σ水平(百万分之二十的失误率)时,节省的费用高达110亿美元,其全世界的生产力翻了三番。随着6σ鼻祖摩托罗拉公司的管理实践取得的丰硕成果,6σ开始受到业界人士的广泛注意。自1986年到1997年,摩托罗拉从4.2σ水平提升的5.6σ水平,销售上升了5.05倍,利润上升了6.03倍,股票上升超过7倍,总共获得了160亿美元的净效益。1998年,摩托罗拉公司的年度报告写道:"过去的10年中,6σ质量过程为我们取得的大部分进展提供了基础,在我们公司仍然是一项基本行动,同时它也得到其他好公司的采用。"

然而,正如章首案例所叙述的,对6σ最有作为的,还得首推韦尔奇和他的GE公司。作为化学工程师的韦尔奇,不仅像别人那样把6σ方法应用于生产领域,而且还把这一方法应用于包括商业在内的公司所经营的一切领域。

9.1.2 6σ 项目选择及其实施注意点

6σ管理强调从整个经营的角度出发,而不是只着眼于单个产品、服务或过程的质量,在于推动企业实现有效持续的质量改进以取得效益、获得可持续发展。

1. 6σ 项目的选择

6σ管理是以项目形式展开的。选择合适的6σ项目是成功实施6σ的关键。通常从以下方面考虑选择6σ项目:

·战略实施的关键点;
·目标展开的问题点;
·顾客关注或投诉的热点;

・统计数据的异常点；

・部门间的矛盾点；

・长期困扰企业的难点；

・财务效益的增长点；

・与竞争对手比较的薄弱点。

除了上述的 8 点，企业还可以从质量特性缺陷、资源效率提高、顾客需求满足等角度考虑和选择 6σ 项目。

2. 6σ 项目实施的基本条件要求

要在企业内成功推行 6σ，必须具备以下五个方面的基本条件：

1）建立数据采集系统

6σ 是数据运行的过程，只有数据才能描述过程，揭示波动规律，才能抓住问题本质。因此，实施 6σ 活动的企业必须建立数据库，制定相应的数据收集制度，以及进行数据准确性验证的测量分析程序。

2）规范清晰流程

6σ 关注过程，是一个持续不断的改进过程。因此，在企业内无论是生产过程还是管理过程都要规范具体的流程，这是 6σ 活动的载体。

3）确定关键因素

6σ 的创意之一是产生了一些新的评价指标，例如企业内所有活动的质量都可以用 σ 水平来衡量，又如，针对顾客关注、影响效益的关键质量特性及过程特性，建立评价指标。6σ 项目方法可以有效地将问题抽丝剥茧，营造出 6σ 漏斗效应，逐步将各个影响结果的原因，针对其影响力之深浅，予以排序，找出最显著的因子并加以严格控制。

4）掌握应用软件技术

在 6σ 的改进过程中，必须采用并灵活应用大量的统计工具，否则难以形成漏斗效应。MINITAB 软件是 6σ 实现的重要工具。经过数据的分类和分析，用 MINITAB 软件对数据进行加工，可方便地获得分析结果，使工作事半功倍。

3. 6σ 项目实施的评估

建立 6σ 项目评估机制，既可保证 6σ 项目的正常运作，又可在企业中共享 6σ 成果，推进 6σ 活动在企业内持续进行。通过运行 6σ 项目评估机制，了解和跟踪 6σ 项目实施进程，促进 6σ 项目的进展；同时，验证项目的有效性，采用统计方法验证 6σ 项目产生的经济效益以及质量缺陷下降的比率。此外，由于 6σ 项目是以团队形式进行，评估对象是一个团队，通过 6σ 项目评估，则促进团队成员相互学习，促进团队建设。因此,有效评估 6σ 项目非常重要,是 6σ 项目实施中的一个主要部分。

9.1.3　6σ 与绩效管理的结合

在绩效管理体系中,综合反映企业绩效与员工绩效的评价指标体系当推平衡计分卡(Balanced Score Card,简称 BSC)。平衡计分卡是通过财务指标、顾客满意情况指标、内部运营情况指标以及组织的学习和提高能力指标等四方面来反映企业的绩效情况。通过这四方面的评估指标,高级管理者能从企业经营战略层面较全面地评估企业的绩效表现。在平衡计分卡中,关键绩效指标(Key Performance Indicator,简称 KPI)是平衡计分卡中的核心内容。关键绩效指标如同"指示器",显示出企业各方面的运营质量。平衡计分卡作为一种绩效指标体系,将相互关联的信息根据不同的层次和权重汇总,呈现出企业经营绩效的"全貌"。

在绩效管理体系中,绩效计划,即绩效目标的确立是其中首要环节。平衡计分卡中的绩效指标体系为企业、部门和人员个体不同层面的绩效目标确立提供思路和方法。

然而,在绩效管理系统中,当企业的实际经营绩效低于绩效目标时,尚缺乏提升企业绩效的有效手段。6σ 管理法提供了一套持续改善企业质量和经营绩效的有效方法,从一个方面可作为绩效管理的补充。特别在生产质量和服务质量领域,当出现企业的产品质量长期低于企业管理层的要求时,可以通过 6σ 管理法,发现企业的实际运作绩效与 6σ 目标值之间的差距,再通过对流程的分析、改善以及流程重组来消除导致绩效不良、质量不稳的根本因素,或是设计出大幅度提高流程效率的新作业方式,从而使得企业运营质量有可能维持在较高的水平。同时,可为生产、服务及其质量管理领域工作的人员制定与 6σ 相关的绩效目标。

6σ 管理法与绩效管理相结合,不仅可推进 6σ 的成功实施,而且能提高绩效管理的有效性。6σ 管理法与绩效管理的结合主要体现在以下几方面:

1. 6σ 管理法与绩效管理在评估企业绩效时考察范围的互补

6σ 管理法在评估企业绩效时,考察的范围主要在预先界定的范围内考察关键的业务流程运作情况和结果。每进行一个 6σ 管理法的项目,很可能仅考虑某单一指标的运作情况。它着眼于对影响企业经营绩效的关键流程作深入考察和积极变革,从而主动介入、影响和推动企业运营质量的表现。绩效管理系统着眼于对企业经营绩效的全局把握,制定全局性的绩效指标,然后作进一步地分解或细分。

2. 6σ 管理循环与绩效管理循环的互动

绩效管理循环,通过绩效目标设定、绩效促进(包括绩效目标实现中的障碍确认、分析和克服)、绩效评估和监控等环节,实现对企业绩效和人员绩效的管理。6σ

管理法是通过定义问题、评估问题、分析问题、改进现状和持续控制构成 6σ 的管理循环。将绩效管理循环与 6σ 管理循环相结合，6σ 管理循环能强化绩效管理循环。在绩效促进环节中的"确认和分析绩效障碍"的同时，如启动 6σ 管理法循环中的"定义和评估"环节确定和评估所出现的问题，寻找绩效管理中亟待改进的内容；在绩效促进中的"克服绩效障碍"环节可以通过 6σ 管理法循环中的"分析和改进"阶段工作进行，深入分析和解决所存在的问题。再者，绩效管理中的"监控"可通过 6σ 管理法循环中的"控制"阶段对所解决的问题进行跟踪，确保改善的有效性。

3. 6σ 管理通过绩效管理的激励功能而强化

6σ 管理法本身不提供任何激励功能，不包括因为企业经营绩效改善而对相关人员进行激励的内容设计，因此，6σ 管理法的有力推进离不开企业绩效管理的激励功能的发挥。

可见，为了实现企业经营战略目标，全面提升企业绩效，6σ 与绩效管理的结合成为可能和必要。诚然，这种结合不是对所有工作领域，也不是企业所有绩效指标的提升工作都可以通过六西格玛管理法来实现。例如，企业销售额的提高、销售成本降低等财务指标的改进工作就可能不是 6σ 管理法所能影响的。与此同时，尽管销售业绩难以用 6σ 的具体数字设立具体目标，但销售人员的客户服务意识、与客户关系的维系和发展等仍可采用 6σ 管理理念进行管理。

将 6σ 管理方法和理念应用于绩效管理中，在绩效管理体系运作过程中，通过设立和考察、评估关键绩效指标(KPI)，寻找和发现企业、部门运作中存在的主要问题的同时，也发现人员工作绩效的差距和问题。然后，针对所发现的主要问题及其相关的主要流程，运用 6σ 管理法设立 6σ 项目。6σ 项目专注对影响这些关键绩效指标的业务流程进行分析和研究，找出不良绩效背后的原因，然后针对性地予以解决，在必要时进行业务流程的重新设计和变革，从而有效提升关键绩效指标的结果，以此提升企业的整体绩效。

9.2　团队与绩效管理

在日趋成熟的全球化市场经济环境中，企业之间的竞争归根结底就是人才的竞争，也就是人力资源的开发与管理水平的竞争。越来越多的企业开始接受并实施以人为本的人力资源战略。企业的人力资源管理战略也由"间接能力战略型"与"直接能力战略型"逐步向"权变战略型"转变。与此同时，对企业的绩效管理工作提出了新的课题。团队绩效管理作为个体绩效管理的一种互补形式，正成为绩效管理的一个新内容。

追求"高绩效团队"成为许多企业组织的口号与理想,但在现实中,往往是说得多做得少,或不知如何做,造成低绩效的团队或团队运作的失败。一些企业存在的"三只老鼠"现象,在一定程度上反映其绩效管理中的团队运作的失败。

"三只老鼠"的故事是这样的:三只老鼠一同去偷油喝。找到了一个油瓶,三只老鼠商量,一只踩着一只的肩膀,轮流上去喝油。于是三只老鼠开始叠罗汉,当最后一只老鼠刚刚爬到另外两只的肩膀上,不知什么原因,油瓶倒了,最后,惊动了人,三只老鼠逃跑了。回到老鼠窝,大家开会讨论为什么会失败。最上面的老鼠说,我没有喝到油,而推倒了油瓶,是因为下面第二只老鼠抖动了一下,所以我推倒了油瓶,第二只老鼠说,我抖了一下,是因为我感觉到第三只老鼠抽搐了一下,我才抖动了一下。第三只老鼠说:对,对,我因为好像听见门外有猫的叫声,所以抖了一下。"哦,原来如此呀!"

与此相似,一些企业的有关人员在绩效评估中也具有老鼠的心态。例如,在某企业老总召集的一次季度会议上:营销部经理 A 说:"最近销售做得不好,我们有一定责任,但是最主要的责任不在我们,竞争对手纷纷推出新产品,比我们的产品好,因此,我们很不好做,研发部门要认真总结。"研发部经理 B 说:"我们最近推出的新产品是少,但是我们也有困难呀,我们的预算很少,就是少的可怜的预算,也被财务部削减了!"财务部经理 C 说:"是,我是削减了你的预算,但是你要知道,公司的采购成本在上升,我们当然没有多少钱。"这时,采购部经理 D 跳起来说:"我们的采购成本是上升了 10%,为什么,你们知道吗?俄罗斯的一个生产铬的矿山爆炸了,导致不锈钢价格上升。"经理 A、B、C 不约而同地说:"哦,原来如此呀,这样说,我们大家都没有多少责任了,哈哈哈!"人力资源部经理 F 说:"这样说来,我只好去考核俄罗斯的矿山了!"如此,各部门经理都把导致企业低绩效的责任归之于外部原因,由各部门经理形成的中层管理团队,其成员缺少一种团队意识和团队绩效目标的认同,各自为自己及自己部门推卸责任。

9.2.1 团队与团队绩效管理模式

目前,企业中的工作团队主要为三种类型。第一种为任务型团队,此为跨功能或跨部门的团队形态,例如临时解决某个问题的团队,多属兼职的专业与技术人员,工作时间不长,为短中期。第二种为项目型团队,例如研发部门或业务部门围绕某个项目而展开,多属专职的专业人员,工作时间为中长期。第三种为固定工作团队,以正式组织结构而形成的团队,例如高层管理团队或中层管理团队、生产团队、服务团队、研发团队等。这三种团队大多是处于同一个工作场所的团队。与这种团队相对应的是一种新兴的网络化团队,又称虚拟团队,其成员不再依赖于一个看得见摸得着的办公场所而工作,而是就职于一个直接相互作用和面对面交流较少的不同工作场所或组织,主要依赖于现代通信与信息技术进行合作。而这里探讨的团队主要是有更多面交流的工作团队。

现代意义的团队绩效管理,并不与个体绩效管理相对立,而是包含个体在内的团队绩效管理,是一种以团队绩效带动个体绩效的绩效管理模式。这种模式是把"直接能力战略型"所进行的个体绩效管理方式与"间接能力战略型"所进行的团队绩效管理方式合二为一、融会贯通。努力从根本上避免单一的个体绩效管理中员工可能为突出个体绩效而不考虑大局等情况的发生,影响上下工序,或者不惜牺牲客户利益,使绩效管理工作陷入尴尬或失败的境地。同时,防止因强调团队绩效而忽视个体价值、能力及潜力等现象的发生。

以团队绩效带动个体绩效的绩效管理模式,是以突出团队绩效为主,以个体绩效为辅,最终实现以个体绩效为团队绩效服务的目的,形成团队合力,提升团队绩效,打造团队优势,提高核心竞争力。

9.2.2 基于团队绩效管理的团队绩效指标与个体绩效指标的确定方法

以团队绩效带动个体绩效的管理中,应遵循的一般程序是:首先,确定团队层面的绩效指标和个体层面的绩效指标,然后,确定团队和个体绩效所占的权重比例,在此基础上,明确考评的关键要素,最后,考虑如何用具体的绩效指标来进行评价。

1. 团队绩效指标的确定方法

团队绩效指标确定的主要方法有以下四种。

1)工作流程图法

工作流程图是描述工作流程的示意图,工作流程贯穿于各个岗位和部门中,向客户提供产品或服务的一系列步骤,客户既包括组织内部顾客也包括组织外部的顾客。通过具体的工作流程,明确团队的工作目标和职责、工作关系和对象。

2)客户关系图法

描述团队的客户以及说明团队能为他们做什么的最合适方法就是画一张客户关系图。这张图能显示出一个团队提供服务的内外客户的类型,以及客户需要从团队获得的产品和服务。利用此图,管理者及团队成员更清楚服务的对象及提供的服务。

3)组织绩效目标法

这种方法适用于那些为改进组织绩效目标而组建的团队,组织的绩效目标体现在缩短运行周期、降低生产成本、增加销售额、提高客户满意度、开发和应用新技术等方面。根据团队组建的目的细化和确定团队绩效考评指标。

4)绩效金字塔法

绩效金字塔的出发点是明确绩效的层次,企业根据组织和团队目标建立团队绩效指标,并根据团队绩效与组织目标的紧密程度区分团队绩效层次。通过绩效金字塔,能增强团队绩效的管理,促进团队目标的成功实现。

每一种方法都有其特点。一般地说,当客户满意度是团队的主要驱动力时,常用的方法是客户关系图法;当组织绩效目标必须得到团队支持时,常用的方法是组织绩效目标法;当团队和组织之间的联系很重要,但团队绩效和组织目标之间的关系却不很清楚时,常用的方法是团队绩效金字塔法;当团队的工作具有清楚明确的工作流程时,常用的方法是工作流程图法。不同的方法适合不同情景和需要,更多场合会考虑多种方法的结合应用,确定团队绩效指标。

2. 个体绩效指标的确定方法

如前所述,在个体绩效管理中,考核指标是基于岗位工作职责来确定的。在以团队绩效带动个体绩效的管理中,特别是在工作相互依赖性强又具有高工作自主性的研发团队中,建立团队绩效与个人绩效的强相关性就很重要。这在一定程度上可减少研发员工专注于个人成果而忽视团队目标的现象。例如,引入团队绩效系数来达到团队绩效对个体绩效结果产生影响的效果。以"T"代表团队绩效,"I"代表个人初始绩效,"T_i"代表由团队绩效排序衍生出来的团队系数。这样,团队成员个体绩效"P",则为:

$$P = IXT_i \tag{1}$$

在该公式中,T_i 由公司依据部门或团队绩效排序分布(分优、良、中、差四个层级),确定系数值。如果公司采用强制分布法对各部门或团队分配绩效等级比例时,可根据部门或团队的实际绩效情况考虑给予不同的个体绩效评价等级比例。例如,在 QQ 软件公司,研发人员个体的绩效最终划分为五个等级,即优秀(A+)、良好(A)、符合要求(B)、部分符合(C)、表现不良(D)。该公司根据部门绩效的优劣调增或调降部门成员 A+、A、B 的分布比例,如部门绩效优秀者,A+、A、B 等级人员所占比例上调 5%～10%,部门绩效差者反之。具体调整比例由管理委员会讨论后决定。当确定个体的关键绩效指标时,应特别注意以下三种基本方法:

1)个体绩效指标与企业文化及管理理念相一致

考核指标实际上是对员工工作行为、态度、业绩等方面的要求和目标,它是员工行为的导向。考核内容是企业组织文化和管理理念的具体化和形象化,在考核内容中必须明确:企业在鼓励什么,在反对什么,给员工以正确的指引。

2)个体绩效指标需要抓住关键,不能面面俱到

考核指标不可能涵盖该岗位上的所有工作内容,为了提高考核的效率,降低考核成本,同时也让员工清楚工作的关键点,考核内容应该选择岗位工作的主要内容。这些主要内容实际上已占据了员工 80%的工作精力和时间。不考核无关的内容。必须明白:绩效考核是对员工的工作考核,对不影响工作的其他任何事情都

不进行考核。比如说员工的生活习惯、个人偏好等内容则不宜作为考评的内容。

3）个体绩效指标测量的可操作性

在对岗位工作内容分析基础上，根据企业目标和团队目标的要求和实际情况，对考核指标进行分类。比如将考核指标内容分为"重要任务"考核、"日常工作表现"考核两方面。

"重要任务"是指在考评期内被考评的关键工作或任务，往往列举1至3项关键指标，如对于开发人员可以是考评期的开发任务，销售人员可以是考评期的销售额。"重要任务"考核具有目标管理考核的性质。"日常工作表现"的考核条款一般以岗位职责所要求的行为、能力、态度等，具有评估工作的过程性。如协作精神、工作热情、礼貌程度等，对于不同岗位的考评有不同的侧重。比如"工作热情"是行政人员的一个重要指标，而"工作细致"可能更适合财务人员。

9.2.3 团队绩效与报酬

在以团队绩效带动个体绩效的管理中，如何对团队及其成员绩效进行合理的评估并给予相应的报酬，对实现团队目标、提升团队绩效起重要作用。

团队绩效与个人绩效的评估有侧重之分，团队绩效指标一般重视的是：业绩、生产力、产品与服务质量、顾客满意、时间、成本等；个人绩效指标则重视的为：工作质量、创新、合作、沟通、责任感、主动参与等。绩效评估的等级不应太繁杂，通常分为3到5个等级。

团队和个体绩效评定后，应根据绩效给予团队成员报酬，以提高团队成员的工作积极性和团队绩效。绩效报酬是一种变动报酬，是报酬构成的一个重要部分。给予团队成员报酬时需要考虑报酬构成成分、岗位特点和团队类型等因素。

报酬一般分为财务性报酬和非财务性报酬两类。财务性报酬又分为固定薪资、变动薪资和奖金、福利等，非财务性报酬包括培训、表彰、晋升等。随着企业竞争的加剧，以往占个人薪资组合相当多的固定薪资已逐步缩减，改由强调个人绩效与能力的变动薪资和奖金来取代。

对团队管理岗位的成员，高阶主管的变动薪资在其报酬中所占的比率也高。一般而言，基层人员的固定薪资约 $70\%\sim80\%$、变动薪资约占 $20\%\sim30\%$；中阶主管的固定薪资约占 $50\%\sim60\%$、变动薪资约占 $40\%\sim50\%$；高阶主管的固定薪资约占 $30\%\sim50\%$、变动薪资约占 $50\%\sim70\%$，甚至占得更多。

对团队专业技术岗位的人员，一般以基于能力的宽带薪资结构为主，绩效变动薪资为辅。这种薪资结构大多分为3或4个大级别，可依职业生涯的阶梯区分，分别为：新近入门者、可独立作业的胜任者、团队领导者或专家。这种扁平宽带的设计，具有减少组织层级、促进工作重整、增加流动弹性、降低内部比较及鼓励专业成长等优点。

不同的团队类型,其报酬亦应不同。对任务型团队而言,固定薪资应参考市场薪资水准,调薪主要根据个人绩效。个人绩效一般由直属主管及团队主管来评定,奖金则由团队总体绩效和个人贡献来考虑确定。除财务性报酬之外,非财务性的报酬也需重视。

对项目型团队而言,固定薪资应依照其能力在市场的薪资水准,调薪则从个人绩效、团队绩效及个人能力等方面考虑决定,奖金则由团队总体绩效和个人贡献来考虑确定。除财务性报酬之外,非财务性的报酬也需重视。

对固定工作型团队来说,固定薪资应依照其技能在市场的薪资水准为主,调薪依个人绩效、团队绩效及技能来决定,奖金主要由个人绩效和团队绩效等因素来考虑决定。财务性报酬较重要,非财务性报酬相对较次要。

9.3 员工开发与绩效管理

从单一的绩效评估向系统的绩效管理的发展,通过绩效计划、绩效促进和绩效评估等主要环节,沟通和指导始终贯穿于其中,持续改进工作和开发员工的特征越来越突出。通过绩效管理实现员工发展的目标既是绩效管理的一个重要内容,也是绩效管理发展的必然趋势。

在绩效管理系统中,从多个途径提高员工工作能力和素质、发展员工职业。其中,通过组织对员工职业发展的积极引导,通过具体的绩效评估和讨论、反馈等活动,是改进员工绩效、开发员工潜能和职业的重要途径。

9.3.1 在绩效管理中对员工开发的积极引导

侧重于引导员工职业发展的自主性,这主要表现在以下三方面:

1. 引导员工树立正确的绩效考评意识

绩效考评是绩效管理中的一个重要环节,树立正确的绩效考评意识是开发员工的第一要素。如何引导员工树立这一意识,企业需要做好两点关键工作:

第一,让员工正确认识企业推行绩效管理和评估的目的,使员工以积极和平和的心态对待考核结果,消除员工不公平的心理负担,使员工始终处于一种激活的、向上的良好状态,在实现工作高绩效中实现员工的自我价值,并得到自我成长。

第二,企业需要实施科学而规范的绩效管理,才能提高绩效管理的效果,才能使员工真正确立正确的绩效考评意识。

2. 引导员工寻求提高绩效的方法

如果员工确立了正确的绩效考评意识,那么,人力资源职能管理者和直接主管

就要引导员工寻求提高工作绩效的方法。寻求绩效提高的引导方法主要以下几种:

1) 在计划和制定绩效目标时需要强化员工的参与意识

因为绩效管理要求让员工明确自己的工作及其要求,从而达成工作目标。让员工积极参与绩效目标的设立,使员工明白和接受组织对自己的要求,同时明白自己在组织中的地位和作用。

2) 引导员工认识绩效指标适度的重要性

目标太低而容易实现,起不到应有的挑战激励作用,员工的绩效也无从提高;目标太高而难以实现,容易挫伤员工工作积极性。适度的绩效指标既能挖掘员工潜力,又能促使员工获得较好的绩效。

3) 鼓励员工沟通和反馈

在工作过程中,如果员工不愿或不积极与主管沟通,只是埋头工作,可能得不到及时的指导和支持。一方面,与员工及时的沟通是管理者的职责,另一方面,员工与管理者的积极配合、主动沟通和反馈也非常重要。通过不断沟通,可以促使员工创造更高的绩效水平。

4) 引导员工注重团队绩效

如果员工只追求个体工作的高绩效,而不关心团队绩效,各人自扫门前雪,可能导致团队绩效不高。团队低绩效,企业绩效自然就不会令人满意。引导员工追求团队的高绩效,员工就会注意团结协作、互相学习,不断提高自身素质和能力。

3. 引导员工进行职业生涯规划

通过绩效促进和绩效评估,促使员工提升任职胜任力,提高工作绩效。与此同时,引导员工规划职业生涯发展。员工职业发展有外在职业发展和内在职业发展两种。前者是以工作内容的确定和变化、工资待遇、职务职位的变动为标志,后者是以员工对职业的内在需求、兴趣爱好和专长等为特征。内在职业发展主要是以美国麻省理工学院教授施恩(E. Shein)的职业锚为理论基础。施恩在 20 世纪 70 年代研究提出 5 种职业锚,后在 80 年代作了研究补充,提出 8 种职业锚,其内容主要如下:

技术/职能型:这种职业倾向的人追求在技术/职能领域的成长、技能的不断提高及应用这种技术/职能的机会。他们喜欢面对专业领域的挑战,通常不喜欢从事一般的管理工作,因为这意味他们不得不放弃在技术/职能领域的成就。

管理能力型:这种职业倾向的人追求并致力于工作晋升,倾心于全面管理,独立负责一个部分,可以跨部门整合其他人的努力成果。他们想承担总体责任,并将公司的成功与否看成自己的工作。具体的技术/职能工作仅被看作是通向更高、更全面管理层的必经之路。

自主/独立型:这种职业倾向的人希望自由安排自己的工作方式、工作习惯和生活方式。追求能施展个人能力的工作环境,最大限度地摆脱组织的限制和制约。他们宁愿放弃提升或工作发展机会,也不愿意放弃自由与独立。

安全/稳定型:这种职业倾向的人追求工作中的安全与稳定感。他们因能够预测到稳定的将来而感到放松。他们关心职业的稳定性和工作的保障性。在熟悉的环境中维持一个安全可靠的工作,向往组织的可靠性。

创业型:这种职业倾向的人希望用自己能力去创建属于自己的公司或属于自己的产品(或服务),而且愿意去冒风险,并克服面临的障碍。他们想向世界证明公司是他们靠自己的努力创建的。他们可能正在别人的公司工作,但同时他们在学习并寻找机会。一旦时机成熟了,他们便会走出去创立自己的事业。

生活型:这种职业倾向的人希望将生活的各个主要方面融为一体,平衡个人、家庭和职业的需要,因此,这种人需要一个能够提供"足够弹性"的工作环境来实现这一目标。生活型的人甚至可以牺牲职业有关方面,如放弃职位晋升来换取三者的平衡。他们的成功观比职业成功更广泛。相比于具体的工作环境、工作内容,生活型的人更关注自己如何生活、在哪里居住、如何处理家事及怎样自我提升等。

服务型:这种职业倾向的人追求他们认可的核心价值,希望用自己的知识、技巧帮助别人。他们追寻这种机会,这意味着即使变换公司,他们也不会接受不允许他们实现这种价值的变动或工作提升。

纯挑战型:这种职业倾向的人喜欢解决高难度的问题,战胜强硬的对手等。对他们而言,参加工作或职业的原因是工作允许他们去战胜困难,他们需要新奇、变化和困难,如果事情非常容易,则感到厌烦或缺乏耐心。

不论是外在职业发展还是内在职业发展,归根到底都是以满足需求为目标的工作经历和内心体验。外在职业发展强调一种外在需求,内在职业发展则强调一种内在需求。两者相辅相成。只有将外在诱因与内在动机相结合,同时以内在职业发展倾向为本,才能更好地为员工计划职业生涯发展。因此,管理者在引导员工进行职业发展规划时,需要引导员工反思:以工作业绩和收入等提升为标志的外在职业生涯发展的同时,是否以潜能开发、价值观和工作动机激发为根本因素的内在职业生涯也取得长足发展。

9.3.2　在绩效评估和讨论中重视对员工的开发

在绩效管理系统中的绩效评估环节,通过与员工进行绩效讨论、绩效面谈或反馈等方式重视对员工能力和职业的开发。同时,在员工综合绩效评估表中一般都需要包括有关员工开发的内容。表 9-1 所示的内容通常是在管理者对员工工作绩效评价的基础上,需要与员工讨论确定的部分内容。

表 9-1　职业发展计划的问题样例

序号	职业发展计划的问题
1	是否马上需要改变工作岗位
2	是否需要接受学习和培训？学习和培训内容是否仍然是有关当前工作领域
3	是否做好在同级别不同岗位上工作的准备
4	是否做好在不同部门相似岗位上工作的准备
5	是否为工作晋升做好准备
6	何时需要更换工作： □　1 年以内　　□　1～2 年　　□　2～4 年　　□　现在尚未能预测
7	如果存在职业发展的制约或限制因素，请列出：

　　在绩效讨论中，有关员工职业计划和员工个体开发计划的主题，既是绩效评估的延伸和应用，也是下一周期绩效目标制定的一个依据。

　　管理者在与员工讨论职业发展规划时，需要注意整合员工的期望与组织的需要。如果员工善于进行职业规划，则往往会取得长期的成功。在管理者与员工的讨论中，双方应明确以下几个问题：

　　(1) 为了提高当前工作绩效，明确员工有哪些需要。

　　(2) 明确员工需要做什么才能履行其他岗位的职责。

　　(3) 确定员工对公司的潜在贡献或价值。

　　(4) 在员工期望与组织需求之间尽可能保持一致或匹配。

　　图 9-1 所示的是 F 公司员工职业发展规划图。根据员工职业发展规划图，进一步确定员工职业发展档案，见表 9-2。

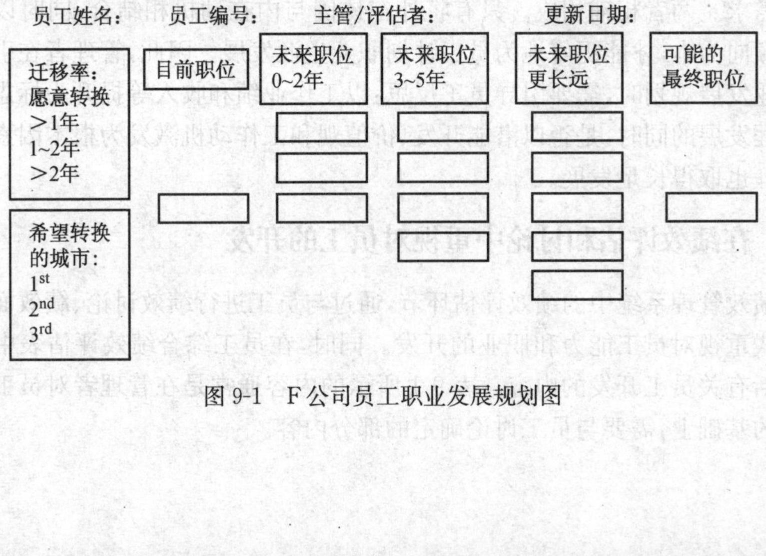

图 9-1　F 公司员工职业发展规划图

表9-2 F公司员工职业发展档案

员工姓名：　　　　　　　　未来职位：

员工主管/评估者：　　　　　未来职位部门：　　　　　　更新日期：

未来职位所需能力	熟 练 程 度												能力差距	优势或需改善之处
	未来职位熟练程度						员工对应能力的熟练程度							
	0	1	3	5	7	9	0	1	3	5	7	9		
1														
2														
3														
4														
5														
6														
7														
8														
9														
10														
11														
12														

熟练程度定义

0＝该职位不需要被评估该技能/员工没有被评估该技能

1＝该职位不需要该技能/员工没有显示该技能

3＝该职位只需要小程度地显示该技能/员工展示部分该技能

5＝该职位需中等适度显示该技能/员工能展示中等适度该技能

7＝该职位需要充分展示该技能/员工能充分展现该技能

9＝该职位需要该技能达到专家级的程度/员工拥有该能力到非常熟练的地步并可以用来指导他人并给以他人相应的咨询

　　职业发展规划是员工个体开发计划的背景条件。换言之,管理者与员工在讨论职业发展规划的基础上,制定员工个体开发计划。员工个体开发必须符合员工已制定的绩效评价指标,并与公司要求的能力和价值观相一致。同时,员工个体开发又是来年员工绩效目标制定的一个考虑因素。员工开发包括多种形式,如合适的工作配置、工作指导、教育和培训、特定的项目经历等。员工个体开发计划是一个丰富的自我改进计划,它是员工与管理者进行绩效讨论的结果。表9-3 所示的是 M 公司专业技术人员的个人开发计划。

表 9-3　M 公司专业技术人员的个人开发计划

员工个人信息：

员工姓名：　　　　　　　　工号：　　　　　　　　部门：

目前岗位：　　　　　　　任职时间：　　　　　　　主管姓名：

<table>
<tr><td colspan="4" align="center">工 作 经 历</td></tr>
<tr><td>起始时间</td><td>公司名称</td><td>岗位/专业职称</td><td>专业技能或成就</td></tr>
<tr><td></td><td></td><td></td><td></td></tr>
<tr><td></td><td></td><td></td><td></td></tr>
<tr><td></td><td></td><td></td><td></td></tr>
</table>

<table>
<tr><td colspan="2" align="center">学 位 和 证 书</td></tr>
<tr><td>获得的学位和证书名称及获得日期</td><td>接受的培训内容和日期</td></tr>
<tr><td></td><td></td></tr>
<tr><td></td><td></td></tr>
<tr><td></td><td></td></tr>
</table>

你对目前工作的看法

1. 挑战性和内容丰富性：　□　很强　　□　强　　□　一般　　□　没有
2. 与个人特征的符合情况：□　很好　　□　好　　□　一般　　□　不好
3. 发展空间/前景：　　　□　很好　　□　好　　□　一般　　□　不知道
4. 期望的职业发展导向：　□　行政管理　□　技术管理　□　专家　　□　营销
5. 其他(请描述)：

<table>
<tr><td colspan="3" align="center">关于上次考评的工作改进和改进需要</td></tr>
<tr><td></td><td>员工提供</td><td>主管提供</td></tr>
<tr><td>主要改进的地方</td><td></td><td></td></tr>
<tr><td>还需要改进的地方</td><td></td><td></td></tr>
</table>

<table>
<tr><td colspan="3" align="center">在以后 1～3 年内的个人职业发展计划</td></tr>
<tr><td>阶　　段</td><td>工作内容</td><td>期望提高的技能/经验</td></tr>
<tr><td></td><td></td><td></td></tr>
<tr><td></td><td></td><td></td></tr>
</table>

计划:从直接主管得到的支持(可多选)	
方　　法	具体说明
工作指导	
特定项目	
任务分配	
其他:	

希望得到的培训,参考公司提供的培训科目填写				
想要改进的技能/经验	培训课程名称	国内/国外	预计费用	培训时间

直接主管意见:

　　　　　　　　　　　　　签名:　　　　　　日期

高层管理层的意见:

　　　　　　　　　　　　　签名:　　　　　　日期

　　总之,绩效管理中的员工开发功能越来越受到更多企业的关注。未来导向的绩效管理是重视员工开发的一种绩效管理倾向。随着知识经济的不断发展,企业知识型员工的不断增加,人工成本的日益增大,员工开发则成为绩效管理的一个重要部分,也是绩效管理发展的一个必然趋势。

9.4　新劳动合同法与绩效管理

　　2007 年 6 月 29 日,经全国人大常委会表决通过的《劳动合同法》,从 2008 年 1 月 1 日开始实施。新《劳动合同法》尽管没有直接对绩效管理作出规定,但由于绩效考核的结果会影响到薪酬调整、岗位调整和解雇等人事决策,这些决策又涉及到劳动合同的履行、变更和解除,因此,《劳动合同法》中有关劳动合同的履行、变更和接触的规定必然对企业绩效管理产生新的挑战。
　　"根据员工年度考核结果,对于考核等级为'不合格'的员工,公司可考虑调整岗位;对于年度考核等级连续两年为'不合格'的员工,公司有权选择依法解除劳动合同。"类似于这样的规定,以往我们可以从许多企业的绩效考核制度中看到。但随着新《劳动合同法》的实施,这样的做法如果不及时调整,企业将面临着法律诉讼的风险。

9.4.1　新劳动合同法对绩效管理的挑战

《劳动合同法》对绩效管理的影响主要体现在对绩效不佳的员工处理上。绩效管理应该实现奖优罚劣、盘活人力资源的目的。奖优一般不会出现法律风险,但罚劣尤其是对不合格的员工进行惩处,在《劳动合同法》下,将遇到很多障碍。在以往的绩效管理中,对绩效考核结果不佳的员工,企业往往单方面采取调整岗位甚至解雇的方式,但在《劳动合同法》实施后,这种方式已行不通。《劳动合同法》对企业变更劳动合同予以严格限制。

1. 新《劳动合同法》严格限制企业变更劳动合同的主要条款

《劳动合同法》第 35 条规定:用人单位与劳动者协商一致,可以变更劳动合同约定的内容。变更劳动合同,应当采用书面形式。变更后的劳动合同文本由用人单位和劳动者各执一份。

《劳动合同法》第 40 条(二)规定:劳动者不能胜任工作,经过培训或者调整工作岗位,仍不能胜任工作的,用人单位提前 30 日以书面形式通知劳动者本人或者额外支付劳动者一个月工资后,可以解除劳动合同。

第四十四条　有下列情形之一的,劳动合同终止:

《劳动合同法》第 44 条规定:有下列情形之一的,劳动合同终止:(一)劳动合同期满的;(二)劳动者开始依法享受基本养老保险待遇的;(三)劳动者死亡,或者被人民法院宣告死亡或者宣告失踪的;(四)用人单位被依法宣告破产的;(五)用人单位被吊销营业执照、责令关闭、撤销或者用人单位决定提前解散的;(六)法律、行政法规规定的其他情形。

上述规定有利于保护劳动者免受企业的随意调岗调薪,保证劳动合同的平稳履行,保持劳动关系的稳定。但另一方面,这些规定对企业的绩效管理,尤其体现在绩效考评结果的应用环节,也产生一定的限制,对绩效管理提出更高要求。

2.《劳动合同法》有关企业变更合同的严格限制对绩效管理提出高要求

如前所述,新《劳动合同法》并未直接对绩效管理作出任何规定,而是通过对劳动合同变更和解雇的严格制约而影响或冲击企业的绩效管理。这种影响主要表现为以下几方面:

1) 绩效管理必须为员工岗位调整提供充分依据

对于绩效不好的员工,企业往往会单方面采取调整岗位的做法。为此,以前许多企业在劳动合同中约定企业可根据员工工作表现和经营需要调整员工工作岗位。这种做法在原有的法律环境下具有一定的可操作性,但在新《劳动合同法》实施后,企业调整员工工作岗位将受到严格限制。

岗位的调整涉及到劳动合同的变更。变更劳动合同具备的首要条件就是当事人双方的协商一致。现实中,劳动合同的变更大多由企业提出,企业应当纠正"企业掌握合同变更的自主权"这一不合时宜的合同变更理念,不能单方面强制地变更劳动合同。

一般情况下,《劳动合同法》只允许在劳动者不能胜任工作时,用人单位可以变更劳动合同,重新安排劳动者工作岗位。这就要求企业通过有效的绩效考评,提供充足的证据说明员工"不能胜任工作",方可调整员工岗位。

2)绩效管理为企业灵活而有效的劳动付酬提供充分依据

《劳动合同法》规定企业在劳动合同中应当约定劳动报酬。这一规定迫使企业必须在劳动合同中约定工资标准,而且一旦约定,企业不能自行调整,但人力资源管理又需要保证企业在薪资上的自主权,为了在法律规定和人力资源管理之间保持平衡,在具体操作上企业必然会加大绩效加薪、浮动薪酬和长期激励的比例。绩效加薪或浮动薪酬都需要依据绩效评估的结果,因此,这对绩效管理提出了更高的要求。

3)绩效管理必须为解雇员工提供充分的理由和依据

《劳动合同法》规定,劳动者不能胜任工作的,经过培训或者调整工作岗位,仍不能胜任工作的,企业可以解除劳动合同。根据这一规定,以不能胜任为由解除劳动合同需要满足三个步骤:劳动者被证明不能胜任工作、经过培训或者调整工作岗位、仍然不能胜任工作。

根据《最高人民法院关于审理劳动争议案件适用法律的若干问题的解释》第13条规定,因用人单位作出的开除、除名、辞退、解除劳动合同、减少劳动报酬、计算劳动者工作年限等决定而发生的劳动争议、企业负举证责任。也就是说,解除劳动合同由企业负举证责任,所以企业对不能胜任工作的员工解除劳动合同需要举证证明员工"不能胜任工作"、"经过培训或调整工作岗位"、"仍不能胜任工作",负有三次举证义务。其中,第一和第三两个步骤都要求企业通过绩效考核提供充足的证据说明员工"不能胜任工作",且经过培训或调整工作岗位的一段时间后,"仍不能胜任工作"。这就对企业的绩效管理系统提出更高的要求。

9.4.2 新劳动合同法下企业绩效管理的应对措施

新劳动合同法对企业绩效管理提出了新挑战。为了迎接挑战,让绩效管理更有效地服务于企业的劳动用工及其他人事决策,企业应增强绩效管理的应对措施。

1. 重视绩效计划的基础工作与沟通

如前所述,绩效计划制定的基础是工作分析。在绩效管理中,绩效计划环节需要制定绩效目标、绩效标准及绩效行动计划等。对员工进行绩效考核的主要依据就是预先制定的绩效目标,而绩效目标的内容在很大程度上是通过工作分析而形成的岗位说明书,借助岗位说明书来制定绩效目标和评估指标,可以使绩效管理更具科学性和针对性。一份清晰的岗位说明书可以让员工清楚自己的岗位职责是什么,本职工作中应达到怎样的要求,也是在劳动争议中的重要证据。国外学者曾对绩效考评导致的法律诉讼案件进行研究,认为使组织胜诉的最重要因素是:企业必须肯定绩效考评的内容确实基于工作分析,绩效标准与工作相关,考评的内容是具体的工作内容,而不是考评者的意见或者主管的意见。

绩效目标的制定应当与员工沟通,并要求员工确认。企业制定的绩效目标应当明确告诉劳动者。在劳动争议处理中,企业通常要承担举证责任,如果企业以劳动者没有完成绩效目标对劳动者进行惩处,则首先必须证明绩效目标已经告诉劳动者。企业可以在绩效计划制定及辅导反馈过程中与劳动者进行沟通,为降低法律风险,企业可以在绩效计划制定及辅导反馈的过程中要求员工签署有关书面文件,以此证明劳动者对绩效目标了解并认可。

2. 加强绩效评估指标的可量化或可行为化

前面章节在讨论绩效目标和绩效评估指标时,都谈到必须符合 SMART 原则,即具体的、可衡量的、可获得的、相关的和一定时间期限的原则。在劳动合同法下,绩效评估指标在符合 SMART 原则的基础上,还应特别可量化或可行为化。对绩效评估指标能量化的,尽量量化,不可量化的也要尽量可行为化,避免使用如"进取心"或"忠诚度"等抽象的指标,除非企业可以用量化的数据或可观察的行为去定义它们。在劳动争议中,绩效评估指标的量化或可行为化分析较易成为法律证据,无法量化或行为化的主观评估难以被司法部门采纳。同时,绩效考核指标应该包含多个相互独立的指标,对于司法部门来说,只有一个笼统模糊的绩效考核指标是不可行的,司法部门一般会要求将这些独立的评价结合起来,分配权重,进而产生一个总分。

3. 注重绩效信息的收集

企业应重视从多种渠道收集绩效信息。绩效考核是一项评鉴活动,因此,一定要讲求证据,要使员工的绩效得到真实而具体的反映,并成为员工行为是否符合绩效标准的最有力的佐证。绩效信息收集是一个绩效监控的过程,同时也是为考核收集证据的过程。法律规定的证据包括书证、物证、视听资料、证人证言、当事人的陈述、鉴定结论、勘验笔录等多种形式。各种证据之间的证明效力并不相同,按照最高人民法院的规定:物证、档案、鉴定结论、勘验笔录或者经过公证、登记的书证,其证明力大于其他书证、视听材料和证人证言;证人提供的对与其亲属或者其他密切关系的当事人有利的证言,其证明力一般小于其他证人证言。许多企业在劳动争议中让单位的员工作为证人或提供证言,但常常难以得到争议处理部门的认可。因为职工为单位提供劳动、领取报酬,两者之间有一定的利害关系,当职工为单位提供有利证言时,其证明效力较低。由于举证的困难,故企业败诉率较高。在司法实践中,客户意见可以作为判定是否胜任的依据,而上级对下级的评估则难以为司法部门采纳。这就要求企业要注意通过不同的信息渠道获得绩效信息,尤其要注意通过第三方如客户、供应商来收集绩效信息。值得注意的是,无论通过何种渠道,评价者与被评价者有着日常的、实质性的接触是非常重要的。另外,尽可能地让一个以上的评价者各自独立完成同样的工作绩效评估,这样可以减少个人偏见和错误问题。在司法实践中,由单个评价者决定一项人事行为往往导致企业败诉。

企业在绩效评估过程应当收集辅助材料。由于劳动争议中企业负有举证责任,因此,企业在评估过程中应当尽可能收集可以作为证据使用的辅助材料,如员工的绩效报表、客户的投诉信函等。考核开始前可以要求员工提交任务报告或定期述职,所有报告应通过书面形式并有员工签字。绩效不佳的员工在绩效评估中可能会争辩、解释,企业可以要求员工用书面形式做解释或辩解,也可以将解释或辩解做成谈话记录要求员工签字确认,这些都可以作为争议处理时的证据使用。

绩效数据应当要求员工确认。企业应当要求员工在绩效考核的文件签字确认,这样证明员工对绩效考核的结果予以认可。然后,考核结果不佳的员工常常拒绝在考核结论上签字,对此,企业可以将绩效考核的过程分为事实调查和性质认定两个环节,在绩效数据收集完成之后无须立即得出考核结论。企业可以先要求员工对收集回来的具体事实和数据予以签字确认,在员工确认基本事实后,企业再依据员工确认的事实得出是否胜任的考核结论。

4. 选择合适的绩效评估方法

正如本书第4和第5章所讨论的,绩效评估方法有多种多样,每种绩效评估方法各有特点,包括优势与不足。在国内一些企业中,往往采用目标管理、关键绩效指标、平衡记分卡等考评方法,容易忽视图尺度评价量表法、行为锚定法等行为表现性评价技术的应用。从绩效管理理论上看,目标管理、关键绩效指标、平衡记分卡等是侧重于战略性的绩效考核工具,它们能够将员工的绩效与整个组织的战略相承接,使得个人绩效的提高能指向组织整个企业的绩效。而行为表现性评价技术则通过直接为考评者提供具体的行为等级和考评标准的量表,为考评者建立一个统一的考评标准,它们不仅有利于管理者对员工做出客观的有效评价,还有利于引导和开发员工的行为。在法律诉讼中,一套科学合理的行为表现性评价技术体系更容易获得法律的支持和认可。因此,在新劳动合同法下,战略性绩效评估工具的实施离不开行为表现性评价方法的支撑。

以员工个体比较为基础的绩效评估方法有较大的法律风险。以员工个体比较为基础绩效评估方法如排序或排名法、强制分配法等,尤其是基于绩效排名的末位淘汰法,在新劳动合同法下受到特别的挑战。对末位淘汰法,本章在随后一节中将作专门讨论。企业必须明确一个概念,在绩效评估中处于末位不等于不胜任工作。在 10 个劳动者的竞争中可能 10 个人都胜任工作,但总有一个处于末位;可能 10 个人都不胜任,即使处于第一名也不符合工作要求。因此,以员工个体比较为基础的绩效评估方法难以证明员工能否胜任工作,从西方国家的司法实践中也可以看到,采取这种绩效评估方法的企业也可能面临较大的法律风险,容易成为法律诉讼的对象。

5. 提升绩效评估的公平性

绩效评估终究是由人做出的评估,不可避免带有人的主观性和认识偏见,因此,为了尽可能降低评估者的主观性,提高评估的客观性和公平性,需要对绩效考评者进行必要的培训,加强对考评者的监督,提供被考评者申诉的途径。

首先,为了减少考评者主观因素造成的误差,需要加强对考评者的培训,应该向考评者提供关于使用评价工具的书面指导,指导他们如何使用绩效评价系统,其中包括指导他们在作出判断时如何使用绩效评估标准,而不是简单地把它交给考评者。并在培训中增强考评者的考评责任意识。

其次,建立绩效考评的审查与申诉系统。企业高层管理者应该对所有的绩效评价结果进行审查,同时应当建立并完善绩效评估申诉途径或系统,允许员工对他们认为的不公正的评价结果作出申诉。在绩效评价结果最终决定前,员工有权利通过书面的或口头的方式对其自身的评价结果进行回顾和评论,企业要重视员工的绩效评估申诉,并及时作出回应和有效处理。

9.4.3 末位淘汰制及其改变

末位淘汰制,在一些企业中是绩效评估结果应用的一种制度。它与绩效排名密切相关,但又不等同。新《劳动合同法》颁布以来,末位淘汰制遭到许多质疑。国内有学者称:在新劳动合同法下,末位淘汰制将会变成非法行为。也有学者称:新劳动合同法淘汰了末位淘汰制。如何看待新劳动合同法下的末位淘汰制?末位淘汰制是否在新劳动合同法下一无是处而被彻底淘汰？在此，我们从以下几方面讨论末位淘汰制。

1. 绩效排名与末位淘汰

末位淘汰与绩效排名密切相关。在绩效评估实施中，一些企业实行绩效排名，并在排名基础上实行末位淘汰制。

美国 GE 公司前 CEO 杰克·韦尔奇(Jack Welch)以采用员工绩效排名闻名。他将员工依照绩效排名，被评为倒数 10% 的员工，如果工作表现无法进步，可能面临被辞退的命运。在韦尔奇的领导下，GE 公司的绩效突出，引起许多公司纷纷效仿，带动一阵员工排名风潮。

类似的排名系统用在美国福特汽车公司，却发生了截然不同的结果。福特公司前 CEO 一度将员工依照绩效，评为 A、B、C 三级，而且规定一定要有 10% 的员工属于 C 级。公司希望借此淘汰表现不佳的员工，让公司的绩效更好。然而，后来有 6 名员工控告公司，排名方式不够公平合理，结果公司赔出上千万美元之后，决定修改这个做法。后来，福特公司对员工绩效评定的 A、B、C 分别代表高绩效者、绩效达标者和绩效有待改进者，对绩效有待改进的员工，重点是帮助他们如何改进绩效，而不是淘汰这些员工。

根据统计，美国财富五百强企业有近 1/5 对员工的绩效进行排名。执行员工排名的公司中，有的是采用百分比，绩效最佳的 20% 为明星员工、中间的 70% 为一般员工、最差的 10% 为不佳员工；有些的公司采用评分等级，将员工绩效分为 1 到 3 个评估等级，或者 1 到 5 个评估等级。有的公司则将员工绩效，按照先后评分顺序，从第一名排到最后一名。

公司对表现好的员工，给予奖金和成长机会，表现差的员工则要求改进，或者请他们出门。理论上，公司找到了该奖励和该惩罚的员工，分别给予胡萝卜与棍棒，从而促使公司取得更好绩效。但是实际上，实行员工排名有利也有弊。

一般而言，企业实行员工排名和末位淘汰是连在一起的。企业按照一定比例对考评得分排名靠后的员工执行淘汰制度。淘汰的方法包括：调岗、降职、降薪、下岗和辞退等。

2. 绩效排名与末位淘汰的利弊

在国外理论界，对绩效排名与末位淘汰有不同争议。持赞成者认为，员工排名简单而且公平，是衡量员工绩效的良好工具。平时可以改进或淘汰表现不佳的员工，在不景气时，如果公司需要裁员，更可以帮助公司精简人员。此外，一般主管偏向于当老好人，除非必要，不会告诉员工他们做得不好，实行员工排名，迫使主管正视员工绩效,并且要告知员工。如此一来,员工知道自己的表现如何,以及是否需要改进,可以激励员工努力工作。持反对者认为,公司应该注重创造团队合作,排名会造成员工之间彼此竞争,职场的达尔文主义将打击工作士气。除了员工感到不舒服,主管也被迫比较员工的能力和表现,即使所有的员工绩效都符合标准或要求,主管还是不得不列出绩效相对不佳的员工,让这些员工受到不应该受到的评价及处罚。

概括而言,绩效排名与末位淘汰有其积极方面也有其消极方面。

绩效排名与末位淘汰的积极作用主要表现在以下几点:

(1) 有效激励员工,提高个人和整体绩效,避免人浮于事。

(2) 在机构臃肿、冗员过多的企业中,有利于精简机构、分流人员。

(3) 有利于企业将外部竞争压力内化给员工,使其认识到企业所处的竞争环境,促使其树立积极进取的态度和竞争意识。

(4) 有利于企业管理队伍的建设,淘汰掉管理能力弱的人员,组建能力强、水平高、素质好的管理队伍。

(5) 改善企业形象,推动企业发展。实施“末位淘汰制”会在社会中树立企业优质、高效的企业形象,通过淘汰整合后的员工队伍更有利于企业战略目标的实现。

绩效排名与末位淘汰的消极作用主要表现在以下几点:

在绩效排名与末位淘汰的压力下,容易造成员工之间的相互猜疑,减少相互合作,造成企业内部人际关系紧张。

绩效排名与末位淘汰会加大员工的心理压力,工作带来的过大心理压力会影响员工的心理健康,造成心理障碍,影响其工作绩效和其未来职业生涯的发展。

绩效排名与末位淘汰会破坏员工对企业的忠诚感。没有了职业上的稳定,员工往往重视眼前利益而忽视长远利益,不愿意忠诚于企业,为企业做贡献。

绩效排名与末位淘汰如果处理不好,则容易造成劳动纠纷。用人单位以“员工绩效考核排名末位”为由,解除与劳动者的劳动合同,这也不符合我国《劳动合同法》解除劳动合同的规定的。

3. 对“末位淘汰制”的重新认识

绩效排名与末位淘汰的利弊并存,是一把双刃剑。一概否定末位淘汰制在劳动用工制中的作用,并不是一种科学的态度。关键是:企业如果采用末位淘汰制,如何用其所长避其所短,且不违背我国新劳动合同法。为此,企业应谨慎采用末位淘汰制,并从以下几点重新认识末位淘汰:

1) 末位淘汰是淘汰不胜任的员工

绩效评估排名末位,但与考核不合格或不胜任工作不是一回事。如果因为绩效评估在末位,用人单位单方面解除劳动合同关系是不合理,也不符合新劳动合同法。例如,一个组织中,可能有 100 个人参与考核,结果大家都超过了 80 分,或者都完成一定的工作任务,这时就不能因为某员工绩效排名最后而称其该员工不胜任工作将其解雇。另外,不同行业和岗位,其绩效表现和度量也不同。如零售行业或销售岗位的绩效容易量化,且在短时期内容易反映出来。如果这种行业或岗位的绩效末位者则可能与其不胜任工作有很高相关性。而科研机构或研发岗位的绩效不容易量化,且绩效表现的时间周期也较长。如果这种行业或岗位的绩效末位者就很难表明其不胜任工作,且创造性很强的工作更需要一个宽松的工作环境。因此,末位淘汰不是淘汰绩效末位者,而是淘汰的不胜任工作者。识别和反映员工的不胜任工作是末位淘汰的关键。

2) 末位淘汰不是简单的辞退员工

末位淘汰是淘汰不胜任的员工,但不等于就将不胜任工作的员工解雇。新劳动合同法规定:如果员工不胜任工作,可对其调整工作岗位或进行培训,仍不能胜任工作才能将其解雇。也就是说,企业对员工进行绩效考评,其结果表明某员工不能胜任工作,企业将其调换工作岗位,或者进行培训再上岗。企业经过绩效考评,仍然表明某员工不胜任工作,可将其淘汰出局,辞退某员工。

3) 末位淘汰的文化和制度保障

末位淘汰制的良性实施需要有一定的文化和制度作保障,才能真正扬其所长。GE 公司是推行"末位淘汰制"比较早也比较成功的企业。GE 公司将自己企业的"末位淘汰制"称为"活力曲线"。前 CEO 杰克·韦尔奇曾说过:"我们的活力曲线之所以能够发挥作用,是因为我们花了 10 年的时间在 GE 公司建立起一种绩效文化。我不会在一个并不具备这样文化基础的企业里强行使用这种活力曲线。"可见,末位淘汰是基于一种绩效文化,并反映或提倡绩效文化。同时,末位淘汰必须基于一套科学而有效的绩效管理体系。它主要包括:根据各部门情况制定的明确合理的绩效目标和绩效衡量标准;科学的绩效考核方法和程序;公开、公正的绩效考核结果和反馈渠道。如果企业不具备科学而有效的绩效管理体系,就可能淘汰的并非不胜任工作的"末位"员工,而真正不胜任工作的"末位"却没有被淘汰。这样,既不利于组织创造一种公平竞争、积极向上的良好组织氛围,挫伤部分员工的积极性,更可能违背劳动合同法,引致员工法律诉讼的风险。

4. 末位淘汰制的改良

依据对末位淘汰的重新认识,结合新劳动合同法对企业变更劳动合同的严格限制,末位淘汰制应不是国内许多企业以前简单理解的末位淘汰制,在具体实施中应对末位淘汰制做必要的改良,才可能充分发挥末位淘汰制的积极作用。

即使在国外,尽管没有像新劳动合同法对企业变更劳动合同的严格限制,但一些企业也尽可能采用改良的末位淘汰制,以扬其所长,避免不必要的麻烦。例如,高科技公司洛克希德马汀(LockheedMartin)根据公司采用改良式的员工绩效排名,实施效果很好。该公司将员工表现分为特优贡献、高度贡献、成功贡献、基本贡献以及不足贡献5类,主管将员工依绩效分类后,不打分数或评比,而是给予具体的评论及建议。公司相信,员工绩效排名制度能否成功,主管是一大关键。因此,公司给予主管评估员工的正式训练。对于各个绩效类别,公司给予严格界定,主管在评估员工时,必须根据界定的客观标准。在评估时,主管先从成功贡献这个类别开始,因为大多数的员工都属于这一类,他们做了公司所要求他们做的事,他们是公司的基石,公司希望他们继续这样做。当主管评估员工为特优贡献或不足贡献时,必须列举明确的事例。这个评估系统的理念是鼓励员工。在比例上,只有不到1%的员工,被评估为不足贡献,当员工被评为这一类别时,公司不是开除他们,而是为他们拟定绩效改进计划,希望他们能够往基本贡献,甚至成功贡献前进,成为公司的基石。此外,主管必须负起正确评估员工的责任,公司分配5个类别各占多少百分比,但是如果某个工作团队的表现杰出,主管可以调高表现佳的类别比例。

可见,改良式的末位淘汰更强调员工绩效的改进、胜任力的提升,而不是简单解雇员工;更注重公平、公正、积极向上的绩效文化氛围,而不是简单增强竞争的压力氛围。

总之,在实行改良式的末位淘汰制,能尽可能减少员工绩效排名的负面影响。企业可根据所处的具体情况实行灵活变通的员工绩效排名。这种做法值得企业的思考和探索。

本章小结

本章以 GE 公司 6σ 管理让质量成为每个员工的工作为引导案例,表明 6σ 与绩效管理的结合正成为绩效管理的发展趋势之一,以此展开讨论绩效管理的发展趋势及面临的挑战。本章着重分析了绩效管理的三个发展趋势:6σ 与绩效管理,团队与 6σ 与绩效管理,员工开发与绩效管理。这三个趋势将进一步预示绩效管理与企业经营目标、与企业持续发展、与员工同企业共同发展之间的内在联系及其管理理念。最后,结合我国 2008 年 1 月开始实施的新劳动合同法,讨论了新劳动合同法对企业绩效管理提出的新挑战,接着讨论了企业绩效管理的应对措施,并专门讨论了在劳动合同法广受质疑的末位淘汰制。

复习与思考

1. 如何认识 6σ 与绩效管理相结合的意义?
2. 什么是团队绩效管理模式?
3. 在团队绩效管理中,如何衡量团队绩效指标和个体绩效指标?
4. 如何发挥绩效管理对员工开发的作用?
5. 2008 年开始实施的新劳动合同法与绩效管理有关的条款主要有哪些?
6. 在新劳动合同法下企业绩效管理的应对措施有哪些?
7. 在新劳动合同法下,如何重新认识绩效评估中的末位淘汰制? 如何进行有效改进?

参 考 文 献

[1] Ainsworth, M., Smith, N.. Making it Happen: Managing Performance at Work, Sydney: prentice Hall, 1993.

[2] Adames, B. Managing People. Adames Media Corporation, 1998.

[3] Borman, W. C., Motowidlo, S. J.. Expanding the Criterion Domain to Include Elements of Contextual Performance. In N. Schmitt, & W. Borman (Eds.), Personnel Selection in Organizations. New York: Jossey-Bass, 1993.

[4] Bredrup, H., Bredrup, R.. Performance Planning to Ensure Business Achievements, In A. Rolstadas (ed.), Performance Management: A Business Process Benchmarking Approach, London: Chapman & Hall, 1995.

[5] Becker, B. E., Huseid, M. A., Ulrich, D.. 人力资源计分卡[M]. 北京:机械工业出版社,2003.

[6] Brown, A.. Organizational Culture, 2nd edn.. London: Pitman, 1995.

[7] Bruns, W. J.. Performance Measurement, Evaluation, and Incentives. Harvard Business School Press, 1992.

[8] Carson, K. P., Cardy, R. L., Dobbins, G.. H.. Upgrade the Employs Evaluation Process. HR Magazine 37, November 1992.

[9] Dessler, G.. Human Resource Management (9th *Edition*). Prentice Hall, 2002.

[10] Fletcher, C.. Appraisal: An idea whose time has gone? Personnel Management25, September 1993.

[11] Flanagan, J. C.. The critical incident technique. Psychological Bulletin,1954(51).

[12] Gomez-Mejia, L. R., Balkin, D. B., Cardy, R. L.. Managing Human Resource [M]. 北京:北京大学出版社-培生教育出版集团,2002.

[13] Grote, D.. The Complete Guide to Performance Appraisal. American Management Association, 1996.

[14] Heisler, W. J., Jones, W. D., Benham, P. O.. Managing Human Resource Issues, San Francsco, CA: Jossey-Bass, 1988.

[15] Harringon, H. J., Lomax, K. C.. Performance Improvement Mothods, McGraw—Hi, 2000.

[16] Igbaria, M., Kassicieh, S. K., Silver, M.. Career Orientation and Career Success among Research, and Development and Engineering Professor. Journal of Engineering and Technology Managemen, 1999(16).

[17] Kaplan, R. S., Norton, D. P.. The Balanced Scorecard—Measures that Drive

Performance. Harvard Business Review, 1992, 69(1).

[18] Kaplan, R. S., Norton, D. P.. Using the Balanced Scorecard as a Strategic Management System. Harvard Business Review, 1996, 73(1).

[19] Kleiman, L. S.. Human Resource Management: A Management Tool for Competitive Advantage [M]. 北京:机械工业出版社,2003.

[20] Kotter, J. P., Heskett, J. L.. Corporate Culture and Performance. New York: Free Press, 1992.

[21] Lee, C.. Smoothing out Appraisal Systems. ,HR Magazine 35, March 1990.

[22] Milkovich, G. T., Newman, J. M.. Compensation. Mcgraw-Hill Irwin, 2002.

[23] Mondy, R. W., Noe, R. M.. 人力资源管理[M]. 北京:经济科学出版社,1998.

[24] Mohrman, A. M., Resnic-West, S. M, Lawler, E. E.. Designing Performance Appraisal System. Jossey-Bass Inc. & Jossey-Bass Limited, 1989.

[25] Noe, R. A., Hollenbeck, J. R., Gerhart, B., Wright, P. M.. Fundamentals of human Resource Management. 清华大学出版社(影印版),2004.

[26] Noe, R. A.. 雇员培训与开发[M]. 北京:中国人民大学出版社,2001.

[27] Parker, G., Kropp, R.. Team Workout. American Management Association, 2001.

[28] Quinn, R. E., Faerman, S. R., Thompson, M. P., McGrath, M. R.. Becoming A Master Manager. John Wiley & Sons, Inc, 1996.

[29] Robbins, S. P., Judge, T. A.. 组织行为学(第十四版)[M]. 北京:中国人民大学出版社,2012.

[30] Russell, J. E.. Career Development Interventions in Organizations. Journal of Vocational Behavior, 1991.

[31] Sherman, A., Bohlander, G., Snell,S.. Managing human resource,Eleventh edition. 东北财经大学出版社,1998.

[32] Schein, E. H.. Organizational Culture and Lerdership, 2nd edn. . San Ffrancisco, CA: Jossery-Bass.

[33] Spencer, L. M., Spencer, S. M.. Competence at Work. John Wiley & Sons. , 1993.

[34] Slater,R.. 杰克·韦尔奇与通用之路. 机械工业出版社,2000.

[35] Smith,M.. 绩效管理从运营入手. 世界经理人,2004 年 12 月.

[36] Torrington, D., Hall, L.. Personnel Management: HRM in Action, 3rd edn. Hemel Hempstead: Prentice Hall, 1995.

[37] Thomas, S. L., Brets, R.. Research and Practice in Performance Appraisal. SAM Advanced Management Journal, Spring 1994.

[38] Van Scotter, J. R., & Motowidlo, S. J.. Interpersonal Facilitation and Job Dedication as Separate Facets of Contextual Performance. Journal of Applied Psychology, 1996, 81, 525-531.

[39] Williams, R. S.. Managing employee performance. Thomson Learning, 2002.

[40] Wei, C.. 让员工的灵感变成现实. 世界经理人. 2004 年 12 月.

[41] Warener, J.. The Janus Performance Management System. 电子工业出版社, 2005.

[42] Warener, J.. The Janus Performance Management System. 电子工业出版社, 2005.

[43] Yukle, G.. Leadership in Organizations. Prentice Hall, Fourth Edition, 1998.

[44] Zeus, P., Skiffington, S.. The Complete Guide to Coaching at Work. The McGraw. Hill Companies, 2002.

[45] 安德烈·A·德瓦尔. 绩效管理魔力[M]. 上海:上海交通大学出版社, 2002.

[46] 理查德·威廉姆斯. 业绩管理. 东北财经大学出版社, 1999.

[47] 保罗·尼文. 平衡计分卡. 中国财政经济出版社, 2003.

[48] 萧鸣政. 人员测评理论与方法. 中国劳动出版社, 1997.

[49] 赵曙明、马稀斯、杰克逊. 人力资源管理. 机械工业出版社, 2003.

[50] 赵日磊. 摩托罗拉的绩效管理, IT 时代周刊, 2004-10-15.

[51] 廖泉文. 人力资源管理. 高等教育出版社, 2003.

[52] 石金涛、顾琴轩、唐宁玉., 现代人力资源开发与管理., 上海交通大学出版社, 2001.

[53] 冉斌主编. 绩效指标词典. 中国经济出版社, 2005.

[54] 饶征、孙波. 以 KPI 为核心的绩效管理. 中国人民大学出版社, 2003.

[55] 毕意文、孙永玲(美). 平衡记分卡中国战略实践. 机械工业出版社, 2003.

[56] 彭剑锋. 人力资源管理概论. 复旦大学出版社, 2003.

[57] 吴必达. 成功企业如何管人. 企业管理出版社, 2000.

[58] 刘元. 谨慎使用"末位淘汰制". 21 世纪人才报, 2004-03-30.

[59] 刘利国. A 公司专业技术人员基于 KPI 的职业管理实践研究. 上海交通大学 MBA 学位论文(2003 届), 顾琴轩指导.

[60] 杜拉克. 杜拉克管理思想全书[M]. 北京:九州出版社, 2001.

[61] 王剑东. 六西格玛(6σ)与战略人力资源[J/OL]. http://www.hroot.com/publish/html/7613.htm.

[62] 顾琴轩, 黄培清. 研发人员职业倾向与职业成功发展[J]. 科学学与科学技术管理, 2004(12).

[63] 顾琴轩. 组织行为学[M]. 上海:格致出版社/上海人民出版社, 2015 年第四版.

[64] 顾琴轩, 王莉红. 研发团队社会资本对创新绩效作用路径——心理安全和学习行为整合视角[J]. 管理科学学报, 2015(5).

252